本书为北京外国语大学中华文化国际传播研究院所主持的北京外国语大学"双一流"建设重大标志性项目"文明互鉴：中国文化与世界"（2021SYLZD020）研究成果。

望东方

从古希腊到1800年的西方中国报告

下卷

武斌 / 著

北京大学出版社
PEKING UNIVERSITY PRESS

图书在版编目 (CIP) 数据

望东方：从古希腊到 1800 年的西方中国报告 . 下卷 / 武斌著 . —北京：北京大学出版社，2023.1
ISBN 978-7-301-33611-3

Ⅰ.①望… Ⅱ.①武… Ⅲ.①汉学—研究 Ⅳ.① K207.8
中国版本图书馆 CIP 数据核字 (2022) 第 222232 号

书　　　名	望东方：从古希腊到 1800 年的西方中国报告（下卷） WANG DONGFANG：CONG GUXILA DAO 1800 NIAN DE XIFANG ZHONGGUO BAOGAO（XIAJUAN）
著作责任者	武　斌　著
责任编辑	严　悦
标准书号	ISBN 978-7-301-33611-3
出版发行	北京大学出版社
地　　　址	北京市海淀区成府路 205 号　100871
网　　　址	http://www.pup.cn　新浪微博：@ 北京大学出版社
电子信箱	pkupress_yan@qq.com
电　　　话	邮购部 010-62752015　发行部 010-62750672　编辑部 010-62754382
印　刷　者	北京鑫海金澳胶印有限公司
经　销　者	新华书店
	720 毫米 ×1020 毫米　16 开本　16.25 印张　260 千字 2023 年 1 月第 1 版　2023 年 1 月第 1 次印刷
定　　　价	68.00 元

未经许可，不得以任何方式复制或抄袭本书之部分或全部内容。
版权所有，侵权必究
举报电话：010-62752024　电子信箱：fd@pup.pku.edu.cn
图书如有印装质量问题，请与出版部联系，电话：010-62756370

要从西方历史中发现西方对中国的敬意,我们必须回到1500—1800年这一时段。

——[美]孟德卫:
《1500—1800中西方的伟大相遇》

如果推举一位智者来评判哪个民族最杰出,而不是评判哪个女神最美貌,那么他将会把金苹果判给中国人。

——[德]莱布尼茨:
《中国近事——为了照亮我们这个时代的历史》

欧洲王公及商人们发现东方,追求的只是财富,而哲学家在东方发现了一个新的精神和物质的世界。

——[法]伏尔泰
引自[德]利奇温:《十八世纪中国与欧洲文化的接触》

目　录

第六部分　风从东来：中华文化的格调与气质

第十六章　欧洲的"中国风" …………………………………… 651
　一　对中国风情的迷恋 …………………………………… 651
　二　茶文化在欧洲的流行 ………………………………… 677
　三　图像里的中国风情 …………………………………… 695

第十七章　中国趣味的新风格 …………………………… 713
　一　中国风格与欧洲艺术 ………………………………… 713
　二　瓷器与制瓷技术在欧洲的传播 ……………………… 736
　三　中国造园与建筑艺术在欧洲的推广 ………………… 761

第十八章　欧洲"中国风"的外溢扩散 ………………… 803
　一　中国风在俄罗斯 ……………………………………… 803
　二　中国风从欧洲吹到美洲 ……………………………… 816
　三　中国风的衰落与复活 ………………………………… 823

第十九章　中国文学在欧洲的传播与影响 ……………… 829
　一　《赵氏孤儿》与《好逑传》 ………………………… 829
　二　欧洲作家们的中国知识 ……………………………… 848

  三　哥尔斯密的《世界公民》……………………………………… 859
  四　歌德：视线所窥，永是东方 …………………………………… 862

未尽的结语　被发现的中国 …………………………………………… 871
  一　近代欧洲的黎明时期 …………………………………………… 871
  二　从相遇与到相识 ………………………………………………… 875
  三　从历史中发现西方对中国的敬意 ……………………………… 878
  四　自东徂西的文化势能 …………………………………………… 884
  五　文化参照系：西方对中国的发现与认识 ……………………… 887

主要参考文献 …………………………………………………………… 890
附：全书总目录 ………………………………………………………… 898

第六部分
风从东来：中华文化的格调与气质

迷恋、流行、推广和复兴
现代世界生活里的中国智慧

第十六章
欧洲的"中国风"

一 对中国风情的迷恋

1 弥漫欧洲的"中国趣味"

在近代欧洲与中国的文化交流中,中国文化在思想层面对欧洲的影响是巨大和深远的。不仅如此,中国文化对欧洲的影响还深入、渗透到人们的日常生活领域,影响着人们的生活方式。由于中西贸易的发展,中国丰饶的物产,如瓷器、漆器、丝绸以及其他工艺美术品,在欧洲广泛传播,对欧洲人的日常生活和审美情趣,都发生了很大影响。在当时的上层社会中出现了以使用中国物品、模仿中国式样为时尚的"中国趣味"或称"中国风格"。中国的瓷器、漆器、绘画的丝织品、壁纸等成为人们多方搜求的珍品,中国古代艺术的新奇、精致、柔和、纤巧、优雅特色深受人们喜爱。中国的园林、建筑和绘画艺术也对欧洲产生了很大影响,在欧洲的文学艺术领域也可以看到被中国文化浸染的痕迹。在这个时代,中国风吹拂着欧洲大陆,在那里出现了被称为"洛可可风格"的艺术和社会风尚。

描绘18世纪欧洲上层人士生活的绘画，
集中展现了当时的"中国热"，包括中国丝绸、瓷器、茶等。

从16世纪开始，各国的东印度公司把大量的各式各样的中国商品贩运到欧洲，商人、传教士和旅行家们向欧洲人介绍他们在中国的传奇经历和各种奇异风俗，特别是传教士们持续地发回关于中国历史、地理、现状，以及种种文化方面的报道，在欧洲的文人学者也纷纷对这些来自遥远中国的商品和报道发表评论，于是，在欧洲大陆吹起一阵"中国风"。德国学者利奇温指出："开始由中国的瓷器、丝织品、漆器及其他许多贵重物的输入，引起了欧洲广大群众的注意、好奇心与赞赏，又经文字的鼓吹，进一步刺激了这种感情。商业和文学就这样地结合起来（不管它们的结合看起来多么离奇），终于造成一种心理状态，到18世纪前半叶中，使中国在欧洲风尚中占有极其显著的地位,实由于二者合作之力。"①法国学者维吉尔·毕诺也说:"中国无疑在18世纪是风靡一时。"这是一个"以中国为时髦之风气的鼎盛时代"。他还说道:"中国热的高峰发生在1745年和1755年间,即当蓬巴杜夫人为此定下基调,并在身边囤积中国古玩作消遣时,这正是东印度公司获得巨额利润(后来就减少了)的时代,也是布歇绘制他的中国仕女像的时代。当时,所有的人都希望在其房间布置一些带有中国内容的画屏。""远东贸易的发展、东印度公司的创建以及科尔伯对它的巧妙要求,所有这一切都在公众舆论中形成了一股强大的新奇潮流,它不仅在南特和圣-马洛的商贾中如此,而且在所有那些关心游荡的灵魂,以及关心胡椒与桂皮交易的人也是如此。"②

英国18世纪出产的中国风陶瓷雕像《中国乐师》

这种追求"中国趣味"的风尚,弥漫于大街小巷,成为人们街谈巷议的时髦话题。赫德逊指出:"除了我们在谈到洛可可风格时提及的大量中国艺术品之外,当地流行的已有不少关于中国及其制度的极为准确的论述

---

① [德]利奇温:《十八世纪中国与欧洲文化的接触》,商务印书馆,1962年版,第13页。
② [法]维吉尔·毕诺:《中国对法国哲学思想形成的影响》,商务印书馆,2000年版,第ⅰ、ⅲ、488页。

和有关中国哲学文献最重要的作品的还不错的翻译。……十八世纪一般受过教育的公众却更多知道中国。"① 那时候出版了许多有关中国的书籍,其中有旅行家的游记和报道,传教士们的书信、报告、著作和翻译的中国文献,欧洲的专家学者、作家撰写的有关中国的评论,还有一些作家、剧作家以中国为题材或由头撰写的剧本或小说等文学作品。这些书籍都广为流传。正如英国学者克拉克指出的那样:"到18世纪中期,数量庞大的关于伟大亚洲文明的著述日益成型,从而在欧洲的受教育阶层引起了广泛的激情和争论,正如一位历史学家所言,这些人'被关于中国的想象弄得如痴如醉'。"②

关于"中国",是当时出版界和新闻界的热门题材。1662年9月13日,英国皇家学会的发起人之一、著名作家约翰·伊夫林(John Evelyn)在一封信中提到一本关于中国的新书的出版事宜,同时说到当时有关中国书籍的热门情况:

> 我已经尽我的能力,把你那本关于中国的书籍译完了。你的提要差不多与正文一样长,这是不必要的,所以删了。不过译本里曾有空白,你如认为适当,可以把它补上。再者,这本东西是否有些作用,还得考虑一下。近年来出版了一大批特别关于那些国家(中国和鞑靼)的书籍,都还确实可靠。就其主要的而言,如鲁德照的书是用意大利文写的,布朗的书是用法文写的,孟德尔斯洛的书是用德文写的,再有平托的书是用西班牙文写的,到了现在都有英文译本了。我想你不妨翻翻那些书,再把它们与你的那本书比较一下,看看这本书是否更为确实,是否更有教育作用。否则,未免有点像俗语说的"炒冷饭"了。这一点也请斟酌。③

报纸杂志更是如此,有关中国的一切,都是报纸杂志专栏作家们热衷的选题,似乎不谈论中国,就赶不上时代的潮流,就显得落伍,显得不时尚。

---

① [英]赫德逊:《欧洲与中国》,中华书局,1995年版,第301页。
② [美]克拉克:《东方启蒙:东西方思想的遭遇》,上海人民出版社,2011年版,第59页。
③ 引自范存忠:《中国文化在启蒙时期的英国》,上海外语教育出版社,1991年版,第9页。

比如创刊于 1717 年的英国《旁观者》报,就曾连续刊登一系列有关中国的文章,内容涉及瓷器、茶叶、长城、园林艺术、孝道、封赠制度等诸多方面。范存忠教授说到 18 世纪 40 年代英国报刊,"翻阅一下 18 世纪那些日益大众化的杂志、小报和期刊,就会为英国人对于中国的兴趣和了解感到吃惊。"①

美国学者马弗里克这样总结了法国的中国热风尚。他写道:

> 向往中国和追求中国文物的风尚……在路易十四执政以前的半个世纪已经开始,直至路易十五执政的这个世纪中期,它达到一个高潮。……它包括中国的轿子、瓷器、漆器、丝绸、爆竹、万花筒以及用纸来做纸牌和名片之类的许多新用法。饮茶成为一种时尚;园林一改过去人为地讲究对称,而是按照中国式的自然风格加以重建;连蓬巴杜夫人也赶时髦,把自己的头发梳理成日本式的。美术受到崇尚中国运动的影响,这表现在华托及其他人的绘画之中。文学作品同样追求这一风格,伏尔泰的剧本《中国孤儿》就是其中一例。……在 18 世纪,遥远的中华帝国成为许多法国改革家心目中的典范。②

这种追求中国趣味,模仿中国样式的风尚广泛流行于各个艺术领域,一切来自中国的工艺品,如瓷器、漆器、丝绸、餐具、陈设、家具、各种小摆件、小手工艺品等,都成为人们热烈追求的对象,同时出现了许许多多体现中国趣味、中国风格的仿制品。中国风格的造园艺术风靡欧洲,到处都出现了中国式的或英一中式的花园和园林,中国风的装修设计也大为风行,出现了许多所谓"中国房间",铺中国地毯、墙面贴中国壁纸、陈设中国漆绘家具、使用中国餐具,摆放着中国瓷器。中国风深入欧洲人的日常生活的层面。法国学者弗里德尔(E. Friedell)在《现代文化史》中指出:"在洛可可时代的心理中,中国是一个模范国家,不单是艺术方面,就是智慧方面也然。在这个世纪之初,所谓中国货如同图画、花瓶、雕刻、墙纸、漆

---

① 范存忠:《约翰逊与中国文化》,引自许明龙:《欧洲十八世纪中国热》,外语教学与研究出版社,2007 年版,第 114 页。

② [美]马弗里克:《〈中华帝国的专制制度〉英译本绪论》,[法]弗朗斯瓦·魁奈:《中华帝国的专制制度》,商务印书馆,1992 年版,第 10—11 页。

器、丝绒等东方物品大为流行,盛极一时;小说中宣传中国的情形,至于使读者们个个都憧憬于神话式的理想国之中,里边有幸福安乐、泰然无忧的人民,有学识最高的政治管理者,生活优裕,直如华胥国一般。历史家们以伏尔泰为首,也极力炫耀中国以为是一个理想至治之世,道德、宗教与行政全然超然不群。"①法国汉学家陈艳霞概述了18世纪法国的情景:

> 我们发现,法国在18世纪出现了许多瓷器收藏家、品茗家和中国式建筑的崇拜者。楼亭、园林和佛塔等都美化了法国的一些山丘,而各种古玩则装饰了那些富丽堂皇的房间。
> 这个时代的法国装饰艺术普遍浸透着远东的审美观:素描画家、油画家以及织造品、彩纸、丝绸织物、挂毯的制造者都是通过主要由传教士们提供的画册、素描和艺术品而受到中国史料的启发后才创造出来的。考狄曾写道:"中国甚至在壁炉上也能得到一块保护地。那里铁板上的中国瓷人,即将取代路易十四的太阳或法国的百合花图案。"
> 如果说中国的形象侵入了法国人住宅的里里外外,那么大家在法国首都巴黎的街头上所看到的中国影响,可以说也算不少。法国国王、使节和官廷中所有达官贵人都竞相使他们宫中的绘画变得更美,那都是一些真正的艺术绘画,都是诸如杜图尔(Dutour)、于埃和克雷潘(Crépin)这样一代著名宗师们的代表作,其中的动物画、花卉草木画和风景画……等,都蕴含着向往遥远东方的梦幻。②

有一位包考克博士(Dr. Pocock)在1757年游历英国,一周之内似乎处处都见到中国的东西:中国鸭、中国鸡、中国鱼、中国画、中国船、中国建筑,如此等等。而英国作家何瑞思·沃尔波尔(Horace Walpole,1717—1797)到法国后,却说:"在巴黎,人们更新潮流就像他们更换情人一样频繁。"伏尔泰也说到当时人们对中国的物品的痴迷。他说:"我们到中国去寻找瓷土,就好像我们这里一点瓷土都没有似的;去找绸缎,就好像我们

---

① 朱谦之:《中国哲学对欧洲的影响》,上海人民出版社,2006年版,第71页。
② [法]陈艳霞:《华乐西传法兰西》,商务印书馆,1998年版,第2—3页。

缺少绸缎一样;去找一种泡在饮料里用的小草儿,好像在我们土地里一点草药都没有。"①

这股中国热不仅深入日常生活的各个领域,而且流行于社会的各个阶层,上至宫廷国王王后、贵族政客,下至黎民百姓,都以自己的方式和能力追逐这股时尚潮流。法国学者米恒夫人研究了18世纪法国"中国热"的社会基础和地理范围,认为参与"中国热"的人主要是王室、贵族、官吏、律师、医师、艺术家、学者和富商;还有军人、神职人员、金融家和产业阶级等。"总而言之,法国18世纪'中国热'的特征是:法国的重农派学者具有理想和神秘的中国之形象,他们把中国视为'最智慧的国家';商人们是具有'遍布珍异物和财富'的中国之理想,他们将中国以及整个东方视为财富之源;自由职业者们怀有崇尚'以深厚情趣和雅致而生活'的中国之信念,形成了浪漫中国之形象;学者们却形成了一种有关'文化高度发达'的中国之观点,将这个视为礼仪和文明之邦。"②

18世纪末,英国的马嘎尔尼作为英国国王的特使出访中国。法国学者佩雷菲特描写他的心情时写道:

> 他可以想象已经到过中国。他用中国瓷盅喝中国茶。在他的中国漆器做的文具盒上镶着带蒙古褶眼睛的贝壳人物。他最有钱的朋友家的花园不用"法国式"的几何形图案,而学中国的园林艺术:人们可以在品种繁多的树木夹杂的美色中,在洁白的大理石小塔下,沿着那没有用的拱形小桥跨越小溪散步。整个欧洲都对中国着了迷。那里的官殿里挂着中国图案的装饰布,就像天朝的杂货铺。真货价值千金,于是只好仿造。在布里斯托尔和利摩日等地都生产中国古玩。赛夫勒或梅森的瓷器,契本达尔的家具或里昂的丝绸使欧洲人的口味习惯"中国模式"。③

---

① [法]伏尔泰:《哲学辞典》上册,商务印书馆,1991年版,第328页。
② [法]谢和耐:《中国与基督教——中西文化的首次冲撞》(增补本),"耿昇代重版序",上海古籍出版社,2003年版,第38页。
③ [法]佩雷菲特:《停滞的帝国——两个世界的撞击》,生活·读书·新知三联书店,1993年版,第29页。

马嘎尔尼这时还没有想到他的这次出使中国是一次失败之旅,所以他的心情是愉快的,他是带着对中国文化的热烈向往和热爱之情出发的。

总之,在"18世纪,中国成为最炫目的魅力之源"[①]。在那个时代,迷恋中国的物品与风情,成为普遍流行的社会时尚,成为一种大众流行文化。而这种大众流行文化,首先是从物质文化、从对中国的商品的追捧和迷恋开始的。

2 充满异域风情的中国商品

17—18世纪欧洲流行的"中国风",首先和大量中国物产涌入欧洲人的生活有关。来自遥远中国的、充满异国情调的、新颖奇特的各类物产,大大地开阔了人们的眼界,丰富了人们的知识,满足了人们极大的好奇心。所以,在那个时代里,痴迷地追逐新奇的中国物品,在生活的各个领域、各个方面拥有、收藏、使用、品评鉴赏中国的东西,成为社会普遍流行的时尚。

外销的红彩描金花卉人物黑漆象牙雕针线盒

---

① [美]J.J.克拉克:《东方启蒙:东西方思想的遭遇》,上海人民出版社,2011年版,第23页。

"中国商品像是拨开了蒙在欧洲人艺术和审美之眼上的一层雾障,像是为欧洲人指引出生活的快乐之门,因而大受欢迎。"①大量的中国商品涌进欧洲后,在当时的欧洲人看来,这些东西是先进的、高品质的、高档次的、精致的、充满异域风情的,因而也就是时髦的、时尚的、流行的,在那个时候,拥有和享用来自中国的商品,是一种身份的标志,是跟上时代的象征。在当时的欧洲社会,人们以拥有中国物品为时尚和荣耀,中国物品是高雅与先进的象征。皇室、贵族以及上流社会的富人阶层,大量地搜罗来自中国的东西,引领社会的消费时尚,即使是普通百姓,也希望拥有一两件中国丝绸的服装、几件中国瓷器和漆器,甚至是一把扇子、一件小饰品等等,以跟上社会的潮流。所以,大家都趋之若鹜,乐此不疲。

外销的象牙雕缎面绣花鸟扇

在巴黎、伦敦等许多城市里,都有专门出售中国商品的商店或店铺。葡萄牙是最早开展东方贸易的,由于中国瓷器和其他物品的输入,葡萄牙

---

① 张国刚、吴莉苇:《启蒙时代欧洲的中国观——一个历史的巡礼与反思》,上海古籍出版社,2006年版,第353页。

首都里斯本很快成为欧洲专门销售中国古董和中国手工艺品的中心,不少专门经营中国瓷器和手工艺品的商店也蓬勃兴起。1580 年,里斯本大街上已经有 6 家专门出售中国瓷器的商店。最吸引人的是里斯本的格尔明街,那里以销售中国瓷器著名。此外,还有许多出售中国商品的售货亭和货摊。当时,诗人斯卡尔隆(Scarron)写道:

请告诉我现在葡萄牙的售货亭,
至少我们会看到一些新奇的事物。
所有的财富都来自中国,
完美的瓷器是如此值得称赞和夸耀。①

早在 17 世纪初,在巴黎就有一些专门从事贩卖中国商品的商人和店铺。1610 年 11 月 24 日,当时是王储的路易十三的日记记载:"被带到一画廊及一商店,在那里有中国文物。"一星期后,1610 年 12 月 1 日,又记载:"一早被带往画廊,进入一商人房间,这商人拿出中国商品。"②当时路易十三才 9 岁。"瓷器、漆器、丝绸等这类当时被称为'中国货'的贸易在 17 和 18 世纪时非常繁荣兴旺。17 世纪末,大家在巴黎共计算到近一打'中国货'的商贾。"③巴黎的圣日耳曼大街和圣罗兰大街的大型集市上,有大量的中国瓷器和古玩出售。路易十四的首席大臣马扎林主教的中国收藏部分来自圣日耳曼集市。法国诗

在哥德堡的东印度公司拍卖会上出现的漂亮的中国丝绸袜子

---

① 引自朱培初:《明清陶瓷和世界文化的交流》,轻工业出版社,1984 年版,第 38 页。
② 周功鑫:《法国路易十四时期中国风尚的兴起与发展》,台北故宫博物院:《17、18 世纪(1662—1722)中西文化交流会议论文》(2012 年),第 6 页。
③ [法]安田朴:《中国文化西传欧洲史》,商务印书馆,2000 年版,第 525 页。

人斯卡尔隆颂赞巴黎圣日耳曼店家的商品：

> 带我到葡萄牙人的店里，
> 在那里一览珍奇，
> 中国来的新品。
> 我们会看到灰色琥珀，
> 美丽漆具，
> 高雅瓷器，
> 来自那宏伟国度，
> 或谓，来自天堂之境。

巴黎的中国瓷器店

亚伯拉罕·普拉德（Abraham du Pradel）的《1692年巴黎通讯地址实用手册》中有一章《珍品和首饰交易》，其中说：

> 开店经营，并且买卖画作、中国家具、瓷器和水晶的商人以及那些拿这些货物互相交换的人……都是有身份地位的人……
> 在坎康普瓦街的多利尼（Dorigny）先生，和巴黎附近的莱蒂埃

(Laittier)先生、小姐,通常都有很好的中国货品。①

所以,在当时买到和拥有中国的物品并不很难。作家居赞(Cousin)在诗中写道:

多么伟大的国家啊!
不用出巴黎,
在皇宫里,
您就拥有了中国的工艺品。②

在英国也早就设立了专卖中国商品的商店。据说早在1609年,伦敦就有了第一家瓷器店。1700年,英国诗人普莱尔(Prior)写道:

英国只有一些少量的艺术品,
上面画着鸟禽和走兽。
而现在,从东方来了珍宝:
一个漆器的橱柜,一些中国的瓷器。
假如你拥有这些中国的手工艺品,
你就仿佛花了极少的价钱,
去北京参观展览会,
作了一次廉价的旅行。③

英国作家笛福在1724年写道:"如果没有茶器贸易的显著涨势,茶、咖啡和巧克力也不可能有如此大的消耗量;由此,我们看到城市里出现了许多专售名贵茶器的高雅商店。"④据1774年的《伦敦指南》中记载,在伦

---

① 引自[法]亨利·柯蒂埃:《18世纪法国视野里的中国》,上海书店出版社,2006年版,第29—30页。
② 同上书,第94页。
③ 引自朱培初:《明清陶瓷和世界文化的交流》,轻工业出版社,1984年版,第80页。
④ 引自[英]简·佩蒂格鲁:《茶设计》,山东画报出版社,2013年版,第76页。

敦至少有这种专门出售瓷器、漆器和其他中国工艺品的商号52家。这些商家兼有商贾和艺术家的双重身份,他们根据顾主和市场的需要,设计造型和装饰图案,委托东印度公司的商人带到中国制造他们需要的瓷器等艺术品。到18世纪英国的乔治时代,即使是在偏僻的乡村杂货店里,也能买到东方缎带等一些时髦的奢侈品。

法国诗人瑟内塞(Sénecé,1643—1737)在一首诗中描写了当时流行的中国商品魅力:

> 中国的扇子和同一个国家的晨衣,
> 在夏天,为了能驱赶使人疲倦的苍蝇,
> 为了保证太阳猛烈照射时也有徐徐凉风,
> 公主啊,中国人会以最殷勤的方式提供服务,
> 他们肯定会让你在夏日里有与众不同的魅力:
> 一边感受到怡人的清凉,
> 一边还要把宫廷里追逐奉承的撵走。
> 这是他们可靠的手工艺品中的一件宝物:
> 那是什么呢?
> 那是人们找了良久还没有找到的一件发明。
> 一个上了中国彩釉、装饰着金子的盒子
> 我们国王的杰出的女儿、妻子和母亲,
> 请你们允许这件看似无声的礼物
> 为你们献上我们的热情,它仿佛在宣告:
> 人们为你们画上了心意,
> 这彩釉就是他们真挚情谊的象征啊,
> 就好像金子代表了他们的忠诚。①

在那个年代里,品种多样、制作精美、丰富多彩的中国商品走进了欧

---

① 引自[法]亨利·柯蒂埃:《18世纪法国视野里的中国》,上海书店出版社,2006年版,第30—31页。

洲人的日常生活,丰富了他们的生活内容,提高了他们的生活品质,改变了他们的审美趣味,甚至在一定程度上改变着他们的生活方式和生活态度,使他们的日常生活丰富起来、精致起来、美化起来。所以,这些中国商品成为一种时尚、时髦,成为一种风向标,同时也成为个人的品味、地位和身份的象征符号。不仅如此,他们也通过这些看得见、摸得着而且每天就在生活周围存在的物质化的东西,获得了一定有关中国的知识,至少激起了他们对于中国的想象。关于中欧贸易对于文化传播的意义,张国刚教授指出:

> 瓷器、丝绸、茶叶这些极具中国风味的物品经由中西贸易进入欧洲,通过给欧洲人造成的感官冲击而告诉他们,这就是传说中的丝国,是个泛滥着瓷器般优雅而眩目光泽的国度,是块薄雾轻纱般飘缈精致的土地,是个如碧绿的茶叶在水中舒展状的悠闲世界。随着中西贸易规模的扩大,这些商品经历了一个从高档奢侈品步入寻常百姓家的过程,逐渐成为欧洲人生活中的一部分,其中所蕴涵的对中国的想象也随之成为欧洲人关于中国的普通认识。①

3 对中国奇珍异物的收藏

那个时候流入欧洲的中国物品,除了通过商业渠道进入欧洲人日常生活中的之外,还有少量的到过中国的传教士、旅行家等带回去的礼品。这些传教士和旅行家有的在中国居住多年,还有一些人可能没有到过中国,但在东方活动,比如在菲律宾、印度、日本等地进行传教或旅行,也会收集到不少各类中国物品。1980年,西班牙奥斯定会建立了一座"东方博物馆",将该会曾在东方从事传教活动的传教士们400年间带回西班牙的中国物品和菲律宾艺术品展出。这些展品中的绝大多数都是中国的历代文物,其中有:周代青铜器、汉代铜镜、唐俑、宋瓷、明清山水画卷等。此

---

① 张国刚:《从中西初识到礼仪之争——明清传教士与中西文化交流》,人民出版社,2003年版,第64—65页。

外还有许多民间风俗、民间信仰的文物,如老子的雕像、八仙和玉皇大帝的画像、观音菩萨的泥塑等;牧童回乡、河畔停舟、雅士抚琴、文人挥毫、福禄寿合欢等题材的画卷;还有皇帝的龙袍、官服、印章、刺绣。除了奥斯定会之外,其他修会的传教士们所带回的中国物品分别珍藏在各地的教堂或修道院中。

在那个时代的欧洲,收藏是一种社会风尚,而收藏的重点,主要是来自东方的奇珍异物。许多贵族和社会名流都在家里专门开辟了"中国工艺品陈列室"。"欧洲一切富裕的人都搜集包括中国的瓷器和漆器在内的物品。""当时的搜集收藏家们很多,他们囤积瓷器、漆器和中国的珍贵物。"①荷兰有一位收藏家帕劳德乌斯(Paludanus),共拥有87只收藏柜,藏品范围很广,有地理学、植物学、动物学等方面的标本,也有各种人工制品,如瓷器、漆器、服装等工艺品,这些东西大部分来自中国和印度、日本。1592年,符腾堡的腓特烈一世公爵曾专程赶到荷兰的恩克赫伊拜访他,参观他的藏品。1633年,帕劳德乌斯去世后,他的部分藏品捐给了荷兰的莱顿大学,莱顿大学专门建造一栋楼,用来收藏和陈列他捐赠的藏品。这种形式便成为近代欧洲博物馆的前身。

许多皇室和贵族以及上流社会的人都有收藏中国物品的雅好,或多或少也要收集一些中国的工艺品,以显示自己的文化和时尚品位。16世纪下半叶中国商品进入法国,就受到亨利四世宫廷的欢迎和关注。亨利四世从东方购进了许多瓷器和纺织品,还从中国购买了大量的生丝,在里昂创办皇家丝织工场,以满足宫廷的需要。亨利四世的王后玛丽·德·美第奇指示廷臣为她提供中国式的漆釉书桌和柜橱,还特许一名经营中国商品的商人出入卢浮宫。路易十三的首席大臣黎塞留主教是雅好艺术的收藏家,曾在他的官邸里展示他丰富的收藏,包括中国漆的屏风、漆床以及400多件中国瓷器。马扎林主教的中国文物收藏也十分丰富,在他1649年的收藏的清册摘要内记载:"两件中国方式制的箱柜,黑底上满饰螺钿。4件瓷瓶及丝绣的中国床罩。"1653年的清册记载:"一系列中国家

---

① [法]安田朴:《中国文化西传欧洲史》,商务印书馆,2000年版,第525页。

具、织品、中国纱、15件中国锦缎以及10件完整的巴黎制的中国式哔叽。"①1658年,路易十四的堂姐蒙邦斯耶夫人曾访问过马扎林的府邸,她在《回忆录》中说:"他领着两位王后(法国王后和英国王后)和我,走进一条长廊,那里面摆满了应有尽有的宝石、首饰、家具、绸缎……所有中国来的最美妙的工艺品……我敢肯定法国从来没有人见过这样精湛的工艺珍品,比博览会的展品还要丰富多彩。"②17世纪中叶的法国王后奥地利的安娜(Anne d'Autriche,1601—1666)也拥有一架12扇的屏风,一面是皮革,一面是丝绸。

17世纪的英国作家伊夫林在日记中记载了他在一些贵族家里看到的来自中国的东西。1682年,他在一位名为伯恩的博士家里看到了一箱子珍贵的东西,在走廊里还有一个日本式的屏风,还有另外的一个屏风,上面画的是中国的风景和中国人的生活场面。1683年,在普斯麦斯公爵夫人(Duchess of Portsmouth)的家里,他看到了日本的柜子和屏风。1684年6月22日,伊夫林在日记中写道:"一名叫汤生的耶稣会士"让他看了一些"由日本及中国耶稣会士寄来的珍品",这是由英国东印度公司转运到巴黎的货物,暂在伦敦停留。伊夫林说,他这辈子还没见过类似的东西,他的珍品清单如下:

最醒目的是巨大的犀牛角以及金碧辉煌的背心。那背心以金线编织刺绣,颜色鲜活,既优雅又活泼,欧洲压根儿见不到。还有一条镶着各式珍贵宝石的腰带和锐利到不能碰的匕首,刀刃的金属光泽也不是我们常见的,偏淡偏青。至于扇子,倒像是此地女士们惯用的样式,只是大得多,有个雕琢精美的长柄,扇面上则布满了汉字。③

伊夫林说,这些物品几乎让人误以为直接来自弗兰西斯·培根的乌

---

① 周功鑫:《法国路易十四时期中国风尚的兴起与发展》,台北故宫博物院:《17、18世纪(1662—1722)中西文化交流会议论文》(2012年),第6页。
② 引自严建强:《"中国热"的法国特征及其解释》,中国中外关系史学会编:《中西初识二编》,大象出版社,2002年版,第4页。
③ 引自[美]史景迁:《大汗之国——西方眼中的中国》,广西师范大学出版社,2013年版,第86页。

托邦小说《新大西岛》,其中又以闪亮的黄色羊皮纸为最。当时这些珍奇而雅致的物品之外,还有另一批神秘而又邪门的物品:

> 画有山水风景、神像、圣人、毒蛇的印刷品,造型恐怖邪门,都是他们膜拜的对象;还有人物和乡村,画在玻璃般透明的棉布上,相当罕见;另外就是花卉、树木、野兽、飞鸟等,精细自然地画在丝般的材质上。至于各式各样的药剂,根本不是我们的药师和医生所能调配。特别是其中一种药,印刷术称为"拉泰各迪"(Lac Tygridis),样子像菌菇,却有金属般的重量,看起来又像某种物质的凝结体。①

1693年,伊夫林还在玛丽王后(Mary of Modena)的宫殿里,见到稀有的箱子和珍贵的瓷器,还有镜子、架子、立轴、半浮雕的东西和人像。安妮女王的陈设中也有大量来自东方的物品,有二三百个瓷制的杯子、瓶子、盘子等。

到了18世纪,这种风潮仍然持续不衰。法国大臣贝尔丹也是一个中国物品的迷恋者,有一个完整的陈列室,这个陈列馆就在他位于巴黎林荫大道的府邸中。他通过各种渠道搜集的中国物品,包括中国的艺术品,成为他的珍异品陈列馆中最重富有特色的部分,其中还珍藏着钱德明神父从中国为他收集来的各种中国乐器。当时一个大量印刷的广告说:"贝尔丹先生非常乐于让人参观其陈列室,甚至将其中的各种物品,都通报给那些希望能从对它们的研究中,获得某种收获的学者和艺术家们。"②实际上,这个"珍异品陈列馆向当时的所有学者开放,变成了一座真正的中国博物馆。"③

法国有一位贵族肖恩公爵(Chaulnes),是文学艺术的热情资助者,他拥有关于自然历史、古代文化和中国古玩的大量收藏,据说这些藏品装满了他府邸的好几个房间。根据他的藏品目录,我们可以看到当时在法国

---

① 引自[美]史景迁:《大汗之国——西方眼中的中国》,广西师范大学出版社,2013年版,第87页。
② 引自[法]伯德莱:《清宫洋画家》,山东画报出版社,2002年版,第190页。
③ [法]陈艳霞:《华乐西传法兰西》,商务印书馆,1998年版,第3页。

流行的中国物品的多样和丰富性。根据这份目录,肖恩公爵的关于中国的藏品有:

(1) 很多漂亮、最上乘的男女服饰。

(2) 一面橄榄绿色的丝绸的中国旗,镶上了彩色的边和金边。

(3) 一艘5法尺长、4.5法尺高的中国小帆船,带有布席做的帆和狭长的小旗等。

(4) 中式软垫,6法尺宽,20法尺长。

(5) 一面上了黑漆的中国盾,直径是18法寸。

(6) 一个彩色瓷制的中式观象台,用铜装饰,上面的地球仪也是铜的。

(7) 一个中式的珍珠盒子,9法寸长,5.5法寸高,4.5法寸宽。

(8) 一个铜制的水盆,上面点缀着10法寸高的山岩,下面是一只鹤,还有不少的小树和两个小孩,一个手里拿着一只母鸡,另一个就做出舀山岩里流水的姿势。

(9) 镀金的木料做成的3个喜剧演员,大概5法尺高。

(10) 两座塔,体积和676号盾上的水果核一样大。

(11) 瓷制的茶壶,放在红木的盒子里,带有一些削斜的圆圈和白铜的装饰。

(12) 一种器具,25法寸高,13法寸宽,包含10个铃铛和一个抽屉,里面有漆成红绿色、金色的玳瑁筷子和象牙筷子。

(13) 一把中式刀,30法寸长,铜制的护手上有蓝色的饰带,刀鞘是白色鲨鱼皮做的。

(14) 彩色绘画的瓷器作品,1法尺宽,14法寸长,上面画的是鸳鸯。

(15) 11法寸长、8法寸宽的茶瓶。

(16) 两面中国旗,带有4法尺长的红色棍子。

(17) 一束斑蝥的羽翼。

(18) 一顶中国妇女的软帽,金丝细工作成,上面镶饰了珍珠和红宝石。

(19) 4枚中式针,上面装饰着用最鲜艳颜色的羽毛做成的花。

(20) 另外 3 枚用充金的玻璃丝和劣质红宝石做的针。

(21) 一个彩色的象牙制成的中式小灌木丛,放在一个周边装饰着玳瑁的斗形座里面,点缀着 3 只白色的水鸟。

(22) 一束象牙做成的中国水仙,它们的根茎和叶子有不同的尺寸,总的来说 4 法寸宽 10 法寸高。

(23) 坐在双轮轻便马车中的一位中国夫人,还有一个奴仆在赶马车。

(24) 两个桃花心木做成的凳子,15 法寸高,13 法寸平方。

(25) 一个六边形的中国灯笼,是用纸板按照当时流行的式样切割而成的,黄色的薄纱绕在外面,再在上面画上鸳鸯,10 法寸高,直径也是 10 法寸。

(26) 细工镶嵌的带柄小暖炉,7 法寸高,5 法寸宽。

(27) 时尚的象牙花瓶,周围带有 9 个象牙的柄。

(28) 八角形的珍珠塔,按照当时流行的式样切割,30 法寸高,底座最大的直径是 6 法寸。

(29) 两个六角形的灯笼,用鸡蛋果木做成,外面围绕着紫色纱印有图案。15 法寸高,直径是 7 法寸。

(30) 用黑色的老漆做成的支架,是用来支撑中国的镜子的。

(31) 两副扑克牌,一副 36 张的大一点,另一副 60 张的小一点。

(32) 一幅木制的中国印象主义画。

(33) 一副眼镜。

(34) 一个玻璃的笼子,28 法寸长,14 法寸高,0.7 法寸深,里面有一位大叔式的人物和一只金母鸡。

(35) 一把弯匕首,8 法寸长。

(36) 一种中国游戏,鸡蛋果木制成的盘子,镶嵌着象牙,16 法寸长,1 法尺宽,18 法寸深,人们用 15 个黄杨小木柱和 15 个用鸡蛋果木做的小柱子在里面玩。19 法寸的棋盘,是用纸板做成的,上面覆盖着蓝色的缎子,边上还装饰着鸳鸯。

(37) 两个筐,一个里面有 200 个黑色景泰蓝做成的女子,另一个里的 200 个女子是用蓝色景泰蓝做成的。

(38) 用作窗玻璃的贝壳状装饰。

(39) 一种中国游戏的解释,被传教士刻成了中文和法文。

(40) 一本关于多米诺骨牌的书。

(41) 一本关于棋类游戏的书。

(42) 一本关于解剖的书,里面有 7 本插图。

(43) 一本关于一种妇女游戏的书,共 5 册。

(44) 一张北京地图,3×0.5 法寸平方。

(45) 一本关于中国漆的书。

(46) 几册书,分别论述的是中国的所有游戏。

(47) 一个瓷制的衣帽撑子,10 法寸高,6 法寸平方,它是两件中的一个,另一个可转动的是为了易于分散中国帽子上的羽簇。

(48) 一个中式环,直径是 3 法寸。

(49) 一个用藤编织的帽子,中心的直径是 6 法寸,那里的图案也是最精细的。最大的直径是 19 法寸,50 法寸高,带有一个上等玳瑁做成的托盘。

(50) 一副中国马鞍辔,带有两个柄,0.5 法尺长,2 法尺宽。

(51) 一张竹制的女士用床,5 法尺长,3.5 法尺宽。①

从这一长长的目录中我们看到,这位贵族的中国物品收藏是极为丰富的,有服饰衣帽、首饰、瓷器、漆器、象牙、木器等材质的工艺品,有家庭用品如床、家具、茶壶、刀具、衣帽架、灯笼等,有各种游戏器具和图书等,甚至还有北京地图、绘画作品,可谓蔚为大观,令人目不暇接。

4 丝绸的风行

早期来华的欧洲人对中国的丝绸抱着极大的热情,称誉中国丝绸的精美华贵。16 世纪中期来过中国的葡萄牙传教士克路士在《中国志》中说,在中国的城市里"有很多卖丝绸缎的商人。因为在同一国度,也在印

---

① [法]亨利·柯蒂埃:《18 世纪法国视野里的中国》,上海书店出版社,2006 年版,第 116—119 页。

度和暹罗,人们都大量用丝绸。他们有华丽的锦缎和线缎不愿送给我们,因为我们不能付给它们在该国所值的价钱。"①门多萨的《中华大帝国史》中说:"那里生产的绒、绸、缎及别的织品,价钱那样贱,说来令人惊异。特别是跟已知的在西班牙和意大利的价钱相比。他们在那里不是按尺码出售丝绸及其他任何织品,哪怕是麻布,而是按重量,因此没有欺诈。""他们有大量的丝绸,质地极佳,而且十分便宜。""达官贵人的服装使用不同颜色的丝绸制成,他们有上等的和极佳的丝绸;普通穷人穿的是另一种粗糙的丝绸和亚麻布、哔叽和棉布,这些都很丰富。"②17世纪中期来华的波兰耶稣会士卜弥格也说到丝绸,他说:"如果说丝织和养蚕,那在世界的东方,除了中国没有第二个国家能够掌握这种工艺。他们有许多质地最好的丝绸,在我看来,在全世界,没有一个有钱人不穿这种柔软的布料,它也大量地出口到了许多国家,可是人们却只知道比希拉和大马士革用金线和银线缝制的美丽的丝织品。据统计,中国的织造作坊每年要给朝廷的国库输送两百万担这种细软的丝绸。……虽然整个帝国都养蚕,但是没有一个地方生产的丝绸比得上浙江省和它的省会杭州的丝绸,因为那里早在基督诞生前约1636年,就有生产丝绸的记载。"③葡萄牙传教士安文思在《中国新史》中说到丝绸时指出:"大家都知道全中国丝绸生产的丝又好又多。古人根据所知信息,把中国称作丝国,今人则从经验得知,所以亚洲和欧洲的许多国家都通过商队和大量船只装载中国的生丝和熟丝。由于这种丝的产量很大,丝织品甚多,其数量之大令人难以置信,既有素花的也有交织金银的,看来颇为丰富,全国人民都穿丝绸。"④

传教士李明在《中国近事报道》一书中对中国的丝绸的生产和销售情况有更为详细的介绍。他指出:

> 他们的丝绸无疑是世上最美丽的料子。几个省份都出产丝绸,

---

① [葡]克路士:《中国志》,[英]C.R.博克舍编注:《十六世纪中国南部行纪》,中华书局,1990年版,第89页。
② [西]门多萨:《中华大帝国史》,中华书局,1998年版,第10、30—31页。
③ [波兰]卜弥格:《卜弥格文集——中西文化交流与中医西传》,华东师范大学出版社,2013年版,第187页。
④ [葡]安文思:《中国新史》,大象出版社,2004年版,第86页。

但质地最优、加工最细的则首推浙江省的丝绸。因为当地土壤适于桑树的生长,空气又有一定的热度和湿度,更适应用以采丝的蚕儿的特性。所有人都从事养蚕业,蚕丝贸易极其昌盛,仅浙江一省即可提供全国所需的蚕丝,以及欧洲大部的需求了。

然而,最美的丝绸则出自南京省,那里集中了最优秀的工人。皇宫中自用或向亲王们馈赠的丝绸料子皆由此提供。广州的丝绸不失为优质的料子,尤其受到外国人的称赞,该省的丝绸销售量很大,甚至居全国各省之冠。①

李明还比较了中国的丝绸与欧洲生产的丝绸的不同之处,说中国有许多丝织品是欧洲没有的。他特别注意到在原料上掺金银丝线的方法的不同,以及面料图案的制作方法上的不同。他还介绍了中国丝绸上不同的图案,说到龙的图案,有五趾龙和四趾龙之分,五趾龙是属于皇帝专用的,仅仅用在为皇帝缝制的龙袍上,四趾龙的图案是大家都可以用的。李明还注意到中国有一种产于山东的丝绸,即柞蚕绸,人称"茧绸"。他说这种茧绸经久耐用,质地密实,用力挤压也不会撕裂。

16—18 世纪,丝绸在中西贸易中成为大宗货品,因而得以推广,成为社会的普遍需要。中国丝织品因其明亮的色彩,异国情调的纹样和相对低廉的价格,受到欧洲上层社会妇女们的欢迎,成为她们的主要服饰之一。特别是中国丝绸有一个独特的地方,即行走时衣裙摩擦会发出轻轻的丝鸣。在当时欧洲的社交场合,这种丝鸣声是上流社会妇女展示魅力的一个重要手段。在这个时代,"富人抛弃金银线挖花的呢绒织物,转而爱好丝绸。后者逐渐传播,在一定程度上得到普及,并成为某种社会身份的标志。"②这个时代的欧洲对于中国丝绸的需求远远超过以前的时代,各种丝织品,比如服装、地毯、挂毯、窗帘、床罩等等一起输入欧洲。莎士比亚在《驯悍记》中写道:

---

① [法]李明:《中国近事报道(1687—1692)》,大象出版社,2004 年版,第 137 页。
② [法]布罗代尔:《15 至 18 世纪的物质文明、经济和资本主义》第 2 卷,生活・读书・新知三联书店,1993 年版,第 174 页。

室内的帷幕都用古代的锦绣制成，

象牙的箱子里满藏着金币，

杉木的厨里堆垒着锦毡绣帐、绸缎绫罗、美衣华服、

珍珠镶嵌的绒垫、金线织成的流苏

以及铜锡用具……①

在路易十四时代的法国，宫廷男女服饰都以刺绣、折裥、蝴蝶结装饰，贵妇人的高跟鞋面有些也是以中国丝绸、织锦为面料，上面绣有各种精美的图案。伦敦的贵妇人以中国丝绸服装视为时髦。这些服装往往绣着象征吉祥如意的麒麟、龙凤等图案，古典华贵，深得贵妇们的欢心。有些妇女喜欢穿着中国刺绣的服装，披着中国刺绣的披肩、围巾，口袋里装着有中国刺绣的手帕，甚至请中国刺绣工匠绣制丝绸名片。18世纪中期以后，中国的丝绸披肩风靡欧洲，色彩以白色和艳色为主，每年进口量高达8万多条，其中法国就占了四分之一的份额。在西班牙还流行一种被称为"马尼拉大披肩"的丝巾，是经过"马尼拉大帆船"贸易然后经墨西哥转运到西班牙的。这种丝巾是当时妇女们用来增加魅力的重要服饰，流行一时。据现代学者研究，这些"马尼拉大披肩"原产地是广州，所以应该称为"广州大披肩"。在这些丝巾上，往往都绘有穿着中国民间服装的人物形象，有具有浓郁中国特色的花园、院落、居室等，还有"武松打虎"等中国历史故事的图案。

18世纪晚期，中国的手绘丝织品成为欧洲社会最为流行的样式。到1673年，中国花样渐趋"平民化"，已经有了印花丝织品，以代替高价的手绘丝织品。《漂亮使者》杂志说："最近又有了印成的材料，几乎同手绘的一样美丽；最初的印花品只供给作为花边装饰之用。他们又做印成的绸，但今人多用缎来代替它。它非常美妙，使人一眼难于辨认究竟是绘制的还是印花的。"②鉴于这种绘制或印花的丝织品的消费越来越广，法国的一些丝织厂纷纷仿效，专造各款绘花或印花的丝织品，再加上中国的商

---

① 《莎士比亚全集》第3卷，人民文学出版社，1984年版，第246页。
② 引自[德]利奇温：《十八世纪中国与欧洲的文化接触》，商务印书馆，1962年版，第32页。

标,以满足人们的嗜好。

5 日常生活场景中的中国风

18世纪吹拂欧洲大陆的中国风,表现在室内装饰、瓷器、漆器、家具、纺织品、绘画、园林和建筑等诸多方面,是一种从欧洲人眼光中看到的中国风格。这种中国风格和中国趣味,在一定程度上影响了欧洲人的审美情趣,并且渗入他们的日常生活中,改变着他们的生活场景,提高了他们的生活品质。实际上,这些带有异国情调的瓷器、漆器、室内装饰和园林艺术,就构成了他们新的生活场景的一部分。

白晋《中国现况》1697年巴黎版插图

不仅如此,在日常生活的其他领域,也随处可见中国风的余韵和影响。一切广告、书籍插图、舞台布景、演员化妆,都以中国风尚为引人注意、争尚新奇的创造。例如中国折扇在17、18世纪法国特别流行。欧洲古代没有扇子,到17、18世纪,法国宫廷贵妇不论冬夏,都一定手持中国式绢制聚头扇,即折叠扇,以代替16世纪时流行的羽毛扇。这些扇子都是从广州进口的。这些专供外销的扇子与中国传统扇子有明显的区别,它们色彩艳丽，纹饰华美，材质多样。据记载，1822年广州十三行一带有5000余家专营外销商品的店铺，有大量的匠人专门从事外销工艺品的生产和制作，涉及漆器、银器、瓷器、纺织、绘画、雕刻等各个行业，同时所有这些工匠都不同程度地加入制扇业的行列，因此广州外销扇是一种集合多种精细工艺于一体的精美的工艺品。英国诗人盖伊在一首诗中说到流传到英国的扇子。他说，扇子上或者各种人物，其中有女子，有的细眉细眼，莲步姗姗，有的吹笛击钹，自得其乐；有老者踞坐而餐，神态俨然；也有彩车上的兵勇，好像是七颠八倒。

饲养孔雀、金鱼也成为中国风的一部分。蓬巴杜夫人最先获得来自中国的金鱼，不久饲养金鱼之风便在巴黎和维也纳流传，此后就流传于整个欧洲。

还有许多象牙雕刻艺术品被传入欧洲。一位到过中国的瑞典人说：象牙加工之后称为象牙制品。中国人用象牙制作的物品数量很多；由于他们的技艺精湛，象牙制品在市场上需求很大；这表明象牙的消费量是很大的，而且数量正在不断增加。中国人用象牙制作的圆球和微缩船艇，是雕刻艺术的最好样板。广州是中国最重要的象牙贸易和牙雕制作中心，广州制作的牙球和微缩船艇，是雕刻艺术中的精华之作。当时，欧洲人士到访广州时，都会买上一件名贵的牙雕作为馈赠亲朋好友的礼物。来自中国的精致、小巧的工艺品也很流行，既可以点缀装饰自己的宅邸，也可以作为馈赠亲友的礼品，显示自己高雅的品味和情趣。马嘎尔尼的秘书巴洛在《旅行在中国》中说："看来似乎最优美、最完美无瑕的顶峰，就是广州的象牙雕刻。"

在巴黎，一度出现了许多称为"中国"的社交场所。有一家"中国咖啡室"，有两位穿中国服装的女招待，另有一个真正的中国仆人，招待接送顾客。著名空想共产主义者巴贝夫（Gaius Gracchus Babeuf）和他的朋友曾以这家咖啡室为大本营。1761年，在罗隆地方开设了一家"中国舞场"，在场内可以看到中国的陈设和中国彩灯，以及当时很普遍的中国烟火。

另外，还有所谓"中国浴室"，采用中国、波斯以及土耳其等东方式风格建筑。当时有一位诗人写了一首关于"中国浴室"的诗，题为"咏位于意大利大道之中国浴室，前称东方浴室"。诗中写道：

> 这该是多么神奇的地区啊！甚至不出巴黎城，
> 你们在王宫中就会看到中国的女子。
> 自北京来的一支管弦乐队，
> 以洪亮的声响演奏出了马尔丹的一首独奏曲。
> 但这在中国的浴室却是另一种技巧。
> 你根据一座雅致的亭榭而绘出了这座建筑物。
> 在石堆的泥浆岩石下，
> 有一个外表美观的纸板塔。
> 所以巴黎人在其住宅的附近，
> 就可以手持拐杖而欣赏广州。①

中国的皮影戏最初由德国采用，继而传入法国，1767 年后称为"影戏"。最初仅在某些沙龙中表演，但不久就成为通俗的娱乐。

欧洲人还把中国情调引进到他们的娱乐游戏中。中国服装舞会和化装舞会首先在巴黎、维也纳出现，后来又在其他宫廷举行。舞会上最早出现中国人装扮的是 1655 年，不久后戴着锥形帽垂着八字胡的中国人成为舞会的基本造型之一。1685 年凡尔赛宫举办的一次假面舞会上，路易十四的弟弟勃艮第公爵一晚上便换了好几套装扮，最后出场时，他变成了一个中国人，给人留下深刻的印象。这种娱乐在 18 世纪中变得非常风行，普及到民间。甚至法兰西学院的学生也经常携带化装面具。1700 年元旦，法国宫廷采用中国节日庆祝形式来迎接 18 世纪的第一个新年，参加者身着中国式丝绸刺绣服装，皇家乐队用笙、笛、锣等中国乐器演奏音乐，似乎已经象征了这个世纪的情调。18 世纪初，英国作家丹尼尔·笛福形容说："女王本人喜欢穿中国服装出现。我们的屋里充满了中国的东西。"

1697 年，传教士白晋回到法国，赠送给王室一部画册《中国现况》，其中有许多中国皇室贵族和官员的便装和盛装画像，这些服装的图样后来成为法国上流社会竞相模仿的样式。有一则传说讲到，传教士李明回到

---

① ［法］安田朴:《中国文化西传欧洲史》,商务印书馆,2000 年版,第 529—530 页。

法国后,作勃艮第公爵夫人的忏悔牧师。有一天,公爵夫人匆忙找来李明,李明以为夫人要忏悔,夫人却说:"不是想要忏悔,而是因为你曾在中国传教,所以想请你为我设计一套中国服装。"

二 茶文化在欧洲的流行

1 饮茶习俗在欧洲大陆的流行

持续了3个多世纪的茶叶贸易,把数量巨大的中国茶叶运抵欧洲,为那些从事这种远程贸易的欧洲各国东印度公司以及其他商人创造了超额的巨大利润,积累了前所未有的财富,为以后资本主义的发展奠定了雄厚的基础。

但是,从事这种远程贸易,首先是在中国有巨大的货源,同时还要有广泛的市场需求,即茶叶要成为深入欧洲人日常生活中一种普遍的消费需求。这就是说,近代西方大规模的茶叶贸易,是以在欧洲人中普遍流行饮茶为基础的。饮茶,不仅仅是消费一种饮料,而且成为一种生活方式,成为一种普遍流行和接受的民间文化。从这个意义上说,近代西方大规模的茶叶贸易,正是中华文化传播的一种特殊方式和渠道。但是,正如布罗代尔所说的:"茶传入欧洲的过程既漫长又艰难:必须输入茶叶、茶壶、瓷质茶杯,然后引入对这一异国饮料的嗜好。"[①]

在欧洲最早开始饮茶的是荷兰人,时间大约是在17世纪初。在欧洲,首先是荷兰人充分认识到茶叶的好处,成为最早开始饮茶的国家。茶叶在欧洲最初不是被当作饮料,而是被视为药物放在药店出售,药师会在茶叶中加上珍贵药材,例如糖、姜、香料,成为当时的成药。茶的价格也相当昂贵。如1684年阿姆斯特丹每磅茶叶的价格高达80荷兰盾,一般人

---

① [法]布罗代尔:《15至18世纪的物质文明、经济和资本主义》第1卷,生活·读书·新知三联书店,1992年版,第293—294页。

是消费不起。饮茶的荷兰人主要是来往东方的商人、水手及达官贵人,每个富贵之家都有自己的茶厅。到17世纪后半期,茶叶已经成为荷兰食品杂货店中的商品,而且不论有钱人或是贫穷人,都可以随时买得到,也买得起,因而流行起来了。很多人家专辟茶室品茗啜茶,将此当作一种高尚的消遣。

同时,人们对饮茶是否有益争论不休,不少博物学家、医生、教会人士卷入争论,意见尖锐对立。茶叶这种植物也引起了荷兰一些科学家和文人的研究兴趣。荷兰自然科学家威廉·瑞恩在1640年写下了《茶的植物学方面的观察》一文,从植物学的角度对茶叶进行了研究。1641年,荷兰著名医学家尼克勒斯·迪克斯出版了《医学观察》一书,其中涉及对于茶叶的论述,这是最早从医学的角度来赞扬茶叶的著作。书中写道:

> 无论是什么植物都不能与茶叶相提并论,这种植物,既可以免除一切疾病,又可以益寿延年。除了增强体力外,茶叶还可以防止胆结石、头痛、发冷、眼疾、炎症、气喘、胃滞、肠病等,并且可以提神醒脑,对于夜间的思考和写作工作,效果很好。只不过茶具都是很珍贵的,中国人对于茶具的喜爱程度,就像我们喜欢珍宝一样。①

另一位荷兰人,巴达维亚的医生及自然科学家贾克布·邦迪尔斯在1642年出版了《东印度的自然与医学史》,其中写道:

> 你对中国的茶叶有何看法?
> 中国人认为这种东西很神秘并且很珍贵,如果不用茶来待客,就好像未尽到地主之谊。茶叶在中国人心目中的地位就好像咖啡在伊斯兰教徒心目中的地位一样,此物为干性,可抑制睡眠,并且对患有气喘病的病人有益。②

---

① 引自[英]威廉·乌克斯:《茶叶全书》上卷,东方出版社,2011年版,第30页。
② 同上。

邦迪尔斯医生是在欧洲大力宣传推广茶叶的第一人,他对于茶叶在欧洲的普及推广,功绩最为显著。他劝告人们每天都要饮茶8杯到10杯,但即使饮50杯到100杯,甚至是200杯,也不会有问题。荷兰莱顿大学教授科内利乌斯·博特科伊(Cornelieus Bottrekoe)也力排众议,于1649年写了《茶、咖啡和巧克力》的论文,推崇饮茶的好处。1658年在荷兰出版的纽霍夫的《荷兰东印度公司出使中国记》中,也有对中国人饮茶习俗的介绍,着重说明饮茶对于健康的好处。纽霍夫写道:

> 普通民众仅仅饮用茶。中国人始终是喝热饮料,无论是白开水、酿酒还是煮米粥。当我习惯了这一切之后,便大肆地称赞这些中国人和责难我们的欧洲人。……欧洲人特别喜欢喝冷东西,他们甚至还贮存雪和冰以在夏季冰镇其饮料。因为中国人在饮热饮料时会解渴消乏除其烦恼,这就是他们为什么几乎从来不会像我们那样吐痰,也从不会得肾结石和胃中消化不良等疾病;他们不会像在我们之中那样受痉挛和窒息之苦,也不会受脚和手关节性痛风的折磨,更不会有其他类似的疾病和事故。
>
> (中国人)重视和炫耀他们的这种饮料就如同炼丹术士们夸耀他们的点金石或可以饮用的金子一样。①

纽霍夫还首次描绘了清朝官员是如何饮茶的。这些官员款待了使团,后者饮茶方式与中国人完全不同:

> 在晚宴开始时,桌上端来几壶茶,他们向使节们敬茶,以示欢迎。这种饮料是用茶树的叶片制成的,其方式如下:将半把茶叶放到洁净的水中,然后将水煮沸,直至壶中的三分之一的水被烧干后,又往壶中放进大约四分之一的热牛奶,再加点盐,然后他们就尽自己耐热本事,饮用这壶烫嘴的浓茶。②

---

① 引自[法]安田朴:《中国文化西传欧洲史》,商务印书馆,2000年版,第521—522页。
② 引自[英]吴芳思:《中国的魅力——趋之若鹜的西方作家与收藏家》,东方出版中心,2009年版,第52—53页。

考虑到纽霍夫的这部出使记在17、18世纪的欧洲流传很广,是早期欧洲人介绍中国的比较重要的一部著作,所以,他关于中国茶叶和饮茶习俗的介绍,在当时的影响就会更大一些。

在欧洲茶文化最初的150年间,茶叶被视为一种极为稀缺和昂贵的奢侈品,仅是高官贵族日常生活的重要组成部分。1682年,荷兰的玛丽女王为了"一瓶一磅重的茶叶",支付了80个金币和6个碎币。在英国开始出现饮茶文化的最初50年,即1658—1700年,茶叶的价格相当昂贵,通常是每磅16先令到50先令之间。当时一个仆人一年的工资约为6英镑,相比之下茶叶显得异常奢侈。1660年的一篇文章说,当时的茶叶达到120先令一磅。到了18世纪初,价格相对理性一些,红茶价格在16先令到30先令之间,绿茶的价格为14先令到20先令。到了1800年,茶叶的平均价格约为100年前的一半。

荷兰开始流行饮茶之后不久,这种饮料就传到了邻国。在法国,茶叶"这一新饮料1635或1636年在法国出现,不过还远没有被社会普遍接受。1648年有人为了取得行医资格提出一篇关于茶叶的论文,因此吃足了苦头。"① 这篇关于茶叶论文的作者叫莫里斯特(Monsieur Morisset),他宣称茶叶具有精神上的兴奋刺激作用。因为当时法国人对于茶叶还没有什么了解,所以不少人对于这篇宣扬茶叶好处的文章大加攻击。有一位叫吉·帕坦(G. Patin)的人在写于1648年3月10日的一封信里说:"下周四,我们这里有一篇论文要答辩,很多人抱怨做得不好。它的结论是:因此,中国茶可以让人感觉舒适。……我想这个人写这篇论文并不真的研究茶这种植物,而只是为了向我们的总理大人献媚而已,对这种'药'的夸赞就是来自这个官员。而对于他们所吹嘘的好处,没有人敢发誓保证,事实上,人们不能确定它有任何有益的效果。"② 但是,也有人反驳这种攻击。有一位叫阿尔弗雷德·富兰克林(Alfred Franklin)的人在写于

---

① [法]布罗代尔:《15至18世纪的物质文明、经济和资本主义》第1卷,生活·读书·新知三联书店,1992年版,第294页。
② 参见[法]亨利·柯蒂埃:《18世纪法国视野里的中国》,上海书店出版社,2006年版,第21—22页。

1648年3月22日的一封信中说："不应当把吉·帕坦的讽刺看得很严肃,他是所有革新,尤其是医药方面创新的反对者。他所贬低的那篇论文以'茶能让人感觉舒适吗?'为题更好。……根据帕坦所写,茶早已为巴黎人所赏识,到1648年3月,就剩下如何保存的问题了。"①

上文提到的"总理大人",实即当时法国宫廷的首席大臣马扎林主教(Cardinal Mazarin)。据说,"马扎林喝茶是为了想让自己免受痛风之苦。"②1650年,马扎林开始养成了饮茶的习惯,于是,饮茶在法国变得流行起来。路易十四从1665年开始喝茶,他也以为喝茶有助于缓解痛风的病情,更有趣的是,他听说中国人和日本人从来不曾罹患心脏病。路易十四时代的史学家、法国书简作家的代表人物德·塞维涅夫人(Madame de Sevigne)编辑了一份《茶的缪斯》月刊,她在作品中也经常提到喝茶。她曾经写道:

> 塔兰托(Tarente)公主……她每天都喝12杯的茶……,所以她所有的病都痊愈了。她告诉我说,兰德格拉弗(Monsieur de Landgrave)先生每天早上都要喝40杯茶;但是他的太太可能也喝了30杯左右。不是,是40杯。她太太本来快要死了,就是因为喝茶,所以又活过来,现在还活生生的在我们眼前呢!

塞维涅夫人还说,有一个法国的妇女,叫作萨博拉尔女侯爵(Marquise de la Sabliere),发明了一种新的喝茶方法,就是在茶里面加上牛奶。法国的医生们对茶叶更是欣喜若狂,因为他们认为茶叶中含有一些可能的医药成分。1657年,有位法国科学家称赞茶叶为"神圣之草本植物"。到了1685年,杜福尔(Philippe Sylvestre Dufour)出版了《关于咖啡、茶与巧克力的新奇论文》一书,这是在法国最早论述有关茶叶的书籍之一。书中称赞茶叶是医治头痛及帮助消化的妙叶,它甚至可以被当做是处方笺来开。18世纪时,茶在巴黎已经变得很时髦。杜·德芳夫人

---

① 参见[法]亨利·柯蒂埃:《18世纪法国视野里的中国》,上海书店出版社,2006年版,第23页。

② 同上。

(Madame du Deffand)曾在一份信中说:"从这个时期起,我就喜欢茶叶了,所有人都欣赏茶壶。"作家让利斯夫人(Madame Genlis)也写道:"他每天连续饮茶,自认为具有洛克或牛顿的智力。"①

几经宣传和实践,激发了法国人对中国茶的向往和追求,使法国饮茶从皇室贵族和有闲阶层中,逐渐普及到民间,成为人们日常生活和社交不可或缺的一部分。有人评论说,中国茶叶在巴黎所受的欢迎程度,就好比西班牙人爱好巧克力的情况一样。1685年,神父P. D. 胡埃写了一首拉丁文诗,长58节,题名为《可爱的茶》,描述了他对于茶的喜爱。法国著名作家P. 帕蒂也发表了一首长诗,有560节,诗名为《中国茶》。18世纪20年代,法国让维埃神父(Janvier)写了一首《茶颂》,诗中写道:

"只要在巴黎城的人都喜欢茶,
我的名字到处都会受到颂扬。"
《美食代理人》一书却未出现这一切。②

在18世纪中期狄德罗主编的《百科全书》中收录了一篇谢瓦利埃·德·若古(Chevalier de Jaucourt)写的一篇题为《茶》的文章。这篇文章介绍了茶叶种植的特点,以及中国人和日本人种植茶叶的方法,讨论了如何饮茶及饮茶对人保健的功效。若古指出,中国人和日本人都认为茶叶具有惊人的疗效,常饮茶可以在不知不觉中减轻各种病痛。他认为,如果茶确实能带来益处的话,主要应该归功于热水。茶水中溶解的物质起到了稀释淋巴液的作用,如果淋巴液太浓就会出汗。另一方面,饮茶过量易刺激神经并使人亢奋。若古提出,最好把茶当作药物而不是令人愉悦的饮料。而且他还提到茶能使人上瘾,每年欧洲茶叶消耗一千万磅的事实就足以说明这一点。

1854年,亨利和爱德华-玛丽亚热在巴黎创建了"玛丽亚热兄弟"茶馆。20世纪头10年,最早的茶馆相继出现在巴黎、外省的某些城市以及

---

① [法]安田朴:《中国文化西传欧洲史》,商务印书馆,2000年版,第522页。
② 同上书,第521页。

英吉利海峡的海滩。

在17世纪的德国,饮茶也很流行。德国青年旅行家罗德尔斯罗在1633—1640年的旅行日记中记载:

> 我们每日平常的集会只饮茶,这在印度各地是很普遍的,不仅仅是原住居民这样,荷兰人和英国人也是如此。
>
> 我每天肯定饮二三次茶,已经习以为常,这种饮料对我的健康贡献最多,所以在这里要感谢茶对我的帮助。
>
> Tsia是The或Tea的一种,但是它的品质比The更好,所以它更受到人们的珍爱。在上流社会中,人们将茶叶小心地放入陶瓷壶中加以密封,以免香气丢失。只是日本人冲茶与欧洲人截然不同。①

在欧洲最为流行饮茶的是英国。正如前文指出的,从事茶叶贸易最突出的是英国的东印度公司,他们控制了全球茶叶贸易的形势,从中获取了空前的高额利润。也正是因为东印度公司的大力宣传和推广,饮茶习俗在英国广泛流行开来,甚至创造了"下午茶"这种独特的英国茶文化。

2 饮茶习俗在英国的流行

英国记载茶叶最早的文献,是1598年发表的一篇从荷兰文译成英文的文章《林斯霍腾航海记》,文章中介绍了林斯霍腾在旅途中喝茶的情形。当时英国人称茶为Chaa。英国人关于茶叶的较早的一份记录是英国东印度公司驻日本平户岛的代表R.维克汉姆致该公司澳门经理人伊顿的一封信,这封信是1615年6月27日寄出的。大致内容是恳请伊顿给他寄一把精美的茶壶。

英国流行饮茶与查理二世国王的凯瑟琳王妃有很大关系。凯瑟琳(Catherine of Braganza,1638—1705)是西班牙国王胡安四世的女儿,1662年,她嫁给了查理二世。在她带来的嫁妆中,有一箱茶叶。她使饮

---

① 引自[英]威廉·乌克斯:《茶叶全书》上卷,东方出版社,2011年版,第28—29页。

饮茶成为英国人日常生活中不可缺少的内容

茶成为英国宫廷的时尚,在宫廷里举行茶会,不久饮茶习惯又从宫廷传播到了整个英国上流社会。在凯瑟琳成为皇后的第二年,诗人埃德索·沃勒(Edmund Waller,1606—1687)为她写了一首祝寿诗:

> 维纳斯的香桃木和太阳神的月桂树,
> 都无法与王后赞颂的茶叶媲美;
> 我们由衷地感谢那个勇敢的民族,
> 因为它给予了我们一位尊贵的王后,
> 和一种最美妙的仙草,
> 并为我们指出了通向繁荣的道路。①

1682年,约翰·张伯伦(John Chamberlayne)出版了《咖啡、茶叶、巧克力和烟草的自然历史》一书,其中特别提到茶叶的提神作用:

> 它使我们充满活力,驱除我们的睡意,每个饮用它的人都会变得

---

① 引自[英]罗伊·莫克塞姆:《茶:嗜好、开拓与帝国》,生活·读书·新知三联书店,2010年版,第18页。

感觉敏锐。①

英国油画《喝茶的家庭》,约1727年。

1686年,T.波威将一篇赞美茶叶的中文文章译成英文,在英国社会流传。文章写道:

> 根据记载……茶有下列功能:一、清洁血液。二、制止梦魇。三、减少烦躁。四、减轻体重与头痛。五、防止水肿。六、除去头中的湿气。七、去除寒温。八、通畅阻塞。九、增进眼力。十、清肝热。十一、治疗膀胱与肾脏的疾病。十二、制止过度睡眠。十三、使人敏捷、勇敢。十四、增进心力,减少恐惧。十五、去除痛风。十六、增进食欲,减去消耗。十七、增进记忆。十八、增强意志,促成理解力。十

---

① 引自[英]罗伊·莫克塞姆:《茶:嗜好、开拓与帝国》,生活·读书·新知三联书店,2010年版,第23页。

九、清洁胆囊。二十、增加善意。①

17世纪后期以后,饮茶习俗已经在英国社会各阶层中普遍流行了。1699年,约翰·奥文顿(John Ovington)指出:"近年来饮茶变得如此盛行,以至于它既受到学者的青睐,也受到工匠的喜爱;既出现在宫廷的盛宴上,也出现在公共娱乐场所。"②

英国油画《贫穷妇人在备茶》,约1793年。

英国最早的茶叶零售是在咖啡馆里进行的。1657年,在伦敦的交易巷,有一家托马斯·佳威咖啡馆开始卖茶叶,这是英国首次公开出售茶叶。店主托马斯·佳威(Thomas Garway)是当时著名的贸易商和烟商,他以茶叶及冲泡的方式出售。首次卖茶的招贴海报和价目表,现仍保存在伦敦博物馆中。这份招贴海报上写着:

---

① 引自[英]威廉·乌克斯:《茶叶全书》上卷,东方出版社,2011年版,第39页。
② [英]罗伊·莫克塞姆:《茶:嗜好、开拓与帝国》,生活·读书·新知三联书店,2010年版,第23页。

茶叶效用卓著,故以智慧及古国文明之国家,无不高价出售。此种饮料即为一般人所欣赏,故凡屡次旅行该处之各国名人,以各种实验与经历所得,无不劝导其国人采用。其最主要之效用,在于质地温和,冬夏咸宜,饮之有益卫生,保持健康,颇有延年益寿之功。①

这个海报突出强调茶叶的保健功能,可以说是英国第一份"茶叶宣言"。继托马斯·佳威咖啡馆之后不久,伦敦陆续有一些咖啡馆开始经营茶叶零售业务和提供饮茶服务。苏丹王妃咖啡馆是首先给顾客提供饮茶服务的。1658年9月23日在伦敦《政治快报》上刊登的一则广告:

为所有医师所认可的极佳的中国饮品。中国人称之茶,而其他国家的人则称之 Tay 或者 Tee。位于伦敦皇家交易所附近的斯维汀斯-润茨街上的"苏丹王妃"咖啡馆有售。②

这是英国最早标明日期的有关茶的公开报道。1660年左右,一位英国商人印刷了一份茶叶广告单,题目是《有关茶叶生长、质量和功效的准确描述》,赞美茶叶的益处:

可以使人体充满活力和精力;
可以缓解头痛、眩晕和由此产生的抑郁;
可以疏通脾脏;
如果在饮用中加入自然流出的蜂蜜而不是蔗糖,则可以清除结石,清洗肾脏和尿道;
可以清肺,消除呼吸困难的症状;
可以明目,有助于缓解白内障等症状;
可以消除疲惫,清洗和净化成人的体液,消除肝火;

---

① 引自林瑞萱:《中日韩英四国茶道》,中华书局,2008年版,第180页。
② 引自[英]罗伊·莫克塞姆:《茶:嗜好、开拓与帝国》,生活·读书·新知三联书店,2010年版,第17页。

可以消食强胃，增加食欲，尤其适用于身体肥胖者以及喜欢食肉者；

能够安神补脑，改善睡眠，增强记忆力；

可以改善嗜眠症状，防止困乏，在饮用一壶茶之后，可以整夜工作、学习而不会对身体造成损害，因为它可以适度地暖胃，并使胃的入口闭合；

可以预防和治疗疟疾、恶心和感冒；服用适当的茶叶可以引发轻微的呕吐，并使皮肤毛孔呼吸，这种治疗方法疗效十分显著；

有助于缓解浮肿和坏血症，如果泡制恰当，可以通过出汗和排尿净化血液，消除感染；

消除由风寒引起的疼痛，安全地清洗胆囊。①

而到了18世纪，伦敦的咖啡馆实际上成了茶馆。据说在1700年的时候，伦敦就有超过500家的咖啡店卖茶。而在18世纪上半叶，伦敦大约有2500家咖啡馆卖茶和提供饮茶服务。1706年，在伦敦建立了首家红茶专卖店"汤姆咖啡馆"。除此之外，伦敦的药房也贩卖茶叶作为治疗伤风感冒的新药，接着玻璃行、绸缎店、陶瓷商、杂货店也都开始卖茶。到了18世纪中叶出现了茶叶专卖店。1783年，英国共有33778个获得许可的茶叶经销商，1801年，共有62055个茶叶经销商。茶叶成为英国全民共饮的大众饮料。

饮茶习俗的形成也带动了中国瓷器的流行。当饮茶成为一种时尚的时候，饮茶所用的瓷器也就成了一种时尚的必需品。当时的一位英国作家描绘说，中国的瓷制茶具成了"每一位时髦女士的必须收藏"。18世纪后半叶，一位法国作家到英国旅行，他写道："饮茶之风在整个英国大地颇为盛行，……贵族之家借茶壶、茶杯等茶具展示他们的财富及地位，因为他们所使用的茶具精美绝伦，属上等佳品。"②19世纪中叶一位英国作家写到茶叶带动了茶具的流行，他说："是茶这种友善的植物拉近了我们与

---

① 引自[英]罗伊·莫克塞姆：《茶：嗜好、开拓与帝国》，生活·读书·新知三联书店，2010年版，第22页。

② 引自[英]简·佩蒂格鲁：《茶设计》，山东画报出版社，2013年版，第41页。

茶壶之间的距离,为什么有那么多的女士为之动容,这就是原因!好一个'烟斗'!好一个令人精神矍铄的'热嘴唇'!采茶是大自然对采茶女的一种恩赐:静神凝思,一幅幅围壶而坐、品茗赏茶的画面浮现于脑海。"[1]"下午茶"的出现更促进了人们在茶具上的追求和爱好。无论是穷人还是富人,他们都想要至少一套精美的瓷器茶具。19世纪末出版的一本关于礼仪的书《美好形式》说:"茶是用来给客人到访时准备的。一小套下午茶茶具要放在小桌上,并且摆上充足的卷状面包、黄油以及松饼和蛋糕……女主人可以站在桌旁或者后面来倒茶。如果一位绅士在场,他有义务为女士递茶。如果没有,那么家中的女孩应该负起这个责任。"[2]在当时,正统英式维多利亚下午茶标准配备器具包括:瓷器茶壶(两人壶、4人壶或6人壶,视招待客人的数量而定);滤匙及放筛检程式的小碟子;杯具组;糖罐、奶盅瓶;3层点心盘;茶匙(茶匙正确的摆法是与杯子成45度角);7吋个人点心盘;茶刀(涂奶油及果酱用);吃蛋糕的叉子;放茶渣的碗;餐巾;一盆鲜花;保温罩;木头托盘(端茶品用)。另外蕾丝手工刺绣桌巾或托盘垫是维多利亚下午茶很重要的配备,因为这是象征着维多利亚时代贵族生活的重要家饰物。

饮茶在17世纪后期到18世纪成为英国上层贵族和文人学子们中流行的雅好。安妮女王(Queen Anne)也爱饮茶,诗人蒲柏说,女王陛下常在肯辛顿宫园内闲坐饮茶。蒙塔古夫人(Mrs. Montagu)是当时社交界贵妇名媛中的首要人物,她说,因为饮茶,社交活动更有生气了;年老的变得年轻,年轻的更年轻了。蒙塔古夫人写信给她的亲戚,请她们给她购买两磅上好的走私茶,带到伦敦来。她说她只要付了钱,就可以心安理得地喝走私茶了。像艾迪生(Joseph Addison)和斯蒂尔(Richard Steele)这些沉湎于饮茶的才子们时常流连于茶馆之中。艾迪生曾在他主办的《旁观者》报上撰文说,时髦女子在上午10点至11点之间要喝一杯武夷山茶,到了晚上10点到11点之间,又坐在茶桌旁了。他在另一篇文章中还说,老茶客能分辨各种名茶;如果有两种茶叶合在一起,他在品尝时也能分辨,并

---

[1] 引自[英]简·佩蒂格鲁:《茶设计》,山东画报出版社,2013年版,第25页。
[2] 同上书,第198页。

能说出合在一起的是哪两种茶。18世纪的一位牧师写道:"感谢上帝赐我茶叶,若无茶叶,世界不知将若何!余生逢此有茶叶时代,深以为荣也。"

但是,也有一些人对饮茶进行攻击,力求阻止人们喝茶。甚至有人撰写文章,列举饮茶的"几大罪状"。1756年,有个叫汉威(Jonas Hanway)的人发表了一篇《茶说》对当时流行英国各个阶层的饮茶之风大加抨击。他说:"这个国家真是倒霉透了,农夫工匠总是喜欢效仿贵族生活……且看这个国家愚蠢到什么地步,普通百姓已经无法满足于本国的大量食物,想入非非,要跑到世界上最遥远的地方去运茶,贪图一点味觉上的堕落的享受……你经常看到,连街头的乞丐都在喝茶……吃不上面包的人竟喝得起茶……"这位汉威是当时英国著名的作家和旅行家,《茶说》是他出版的第65本书。他在书中说,武夷茶、惜春茶、龙井茶之类,都阻碍生产的发展,把国家弄穷了。同时,对健康有害,特别是对妇女们的天生丽质有破坏作用。又说,没精打采、消化不良、懒怠、忧郁之类,都与饮茶有关。因此他提倡戒茶,并由妇女做起。他建议,建立铜像或石像,把戒茶的妇女领导人的名字刻在上面,以资鼓励。

汉威的这篇《茶说》轰动一时,也受到人们的反驳。著名学者萨缪尔·约翰逊在《文学杂志》上发表文章,逐条驳斥汉威的奇谈怪论,他在文章的末尾说,自己就是一个"顽固而厚颜的饮茶者",他说:"数年以来,只用此可爱之植物汁液,以减少食量,水壶中永热不冷,用茶可以娱乐晚间,用茶可以慰藉深夜,更用茶以欢迎朝晨。"[①]据说约翰逊爱好饮茶是出了名的,一次一位女士连续给他倒了16杯茶,最后那位女士问他是否需要换用一个小盆,他回答说:"女士,所有的女士都问过我这个问题,她们只是为了给自己消除麻烦而已,却不能为我提供方便。"作家哥尔斯密也在报刊上发表文章批驳汉威,说饮茶毕竟不是饮烈性酒,不用大惊小怪。还有一位作家指出,对于一个英国人来说,一种"没有茶叶的生活该是多么无聊啊!"一位牧师写道:"感谢上帝赐我茶叶,若无茶叶,世界不知将若何!余生逢此有茶叶时代,深以为荣也。"

1770年,桂冠诗人纳厄姆·泰特(Nahum Tate)写诗《饮茶颂》,赞美

---

① 引自林瑞萱:《中日韩英四国茶道》,中华书局,2008年版,第176页。

茶叶的流行：

> 茶，消散了我的愁苦，
> 它，使欢乐调剂了严肃，
> 这饮料给我们带来多少幸福，
> 它增加了我们的智慧和愉快的欢呼。

3 茶叶与19世纪英国人的生活

18世纪以后，在英国的任何家庭，"无论是在家里还是在家外，茶叶都已成为英国人生活方式的一部分。"①饮茶成为英国社会中最根深蒂固的一种生活习惯。饮茶已经不仅仅是上层社会的雅好，而且成为普通百姓日常生活的一部分。"全城的人都最喜爱喝红茶，不论人们是穿的衣衫褴褛还是光鲜艳丽，都喜欢这美味的饮品，不管他们的阶层差异，他们都会因为生活中有红茶而幸福快乐。"②

在城市的工人家庭里也是一样。18世纪20年代，弗里德里克·莫顿·伊登(Frederick Morton Eden)为写一本名为《穷人的状况》的书而对英国各地开展了实地调查。他详细记录了全国各地穷人的饮食状况。从他的记录中可以看出，很多穷人都定期购买茶叶和食糖。一个典型的体力劳动者和他的家人每星期要购买2盎司茶叶，再加上购买用于加入茶中的食糖，这两项费用占了其家庭收入的5%—10%。相比之下，肉的支出为12%，啤酒的支出仅为2.5%，茶叶以及面包和奶酪构成日常饮食的核心部分。对收入非常有限的劳动阶层来说，"面包＋茶叶"就成为他们非常理想的食谱。到了18世纪末，对于整个英国人民——不管是富人还是穷人——来说，茶叶已经成为他们生活的一个重要的部分。戴维斯(D. Davis)1795年在《农工状况考察》中说："在恶劣的天气与艰苦的生活条件下，麦芽酒昂贵，牛奶又喝不起，唯一能为他们软化干面包得以下咽

---

① [英]罗伊·莫克塞姆:《茶:嗜好、开拓与帝国》,生活·读书·新知三联书店,2010年版,第189页。
② 引自[英]简·佩蒂格鲁:《茶设计》,山东画报出版社,2013年版,第122页。

的就是茶……茶不是造成贫穷的原因,而是贫穷的结果。"据《英国饮食500年》一书记载,在18世纪英国的米德塞克斯郡和萨里郡,如果在用餐时间,一脚踏进穷人家的村屋,就会发现,茶不分早晚是唯一的饮料,而且总是在晚餐时大量饮用。据英国学者的统计,1801—1803年,平均每个英国人每年消费茶叶2磅。另有学者的统计数字比这还要高。有人估计,18世纪末,"最穷的英国人每年消费5—6磅茶叶"。恩格斯在《英国工人阶级状况》中说到19世纪初英国工人的饮食状况,其中说到他们的饮茶习惯:"一般都喝点淡茶,茶里面有时放一点糖、牛奶或烧酒。在英国,甚至在爱尔兰,茶被看做一种极其重要的和必不可少的饮料,就像咖啡在我们德国一样。喝不起茶的,总是极端贫苦的人家。"①

由于维多利亚时代英国工业的发展,在工厂工作的产业工人成为劳动力主力军。当时,矿物能源和机器的作用远未像现在这样重要,工人的体力劳动在工厂或矿山生产中仍起着重要作用,工作极为繁重。只有让工人集中精力且保持充沛的体力,才能提高产量,保证安全。这时就需要一种提神解乏、价廉物美的食品,茶叶加面包恰恰符合这一需要。所以,当时英国工厂都有短暂的下午茶时间,工人们利用下午茶时间返回家中,喝一点热茶,吃一点母亲或妻子做的面点,然后再返回工厂做工。中国茶叶的适时到来,正好适应了英国工业化生产的需求,并大大促进了英国工业的发展。人类学家悉尼·明茨(Sidney Mintz)指出:"英国工人饮用热茶是一个具有划时代意义的历史事件,因为它预示着整个社会的转变以及经济与社会基础的重建。"在他看来,随着工业社会的到来,人类的命运发生了前所未有的根本转变,其中茶叶无疑扮演了一个非常重要的角色。甚至可以说,如果没有茶叶,已然的历史进程可能会是另外一副样子。麦克法兰指出,"一杯甘甜温热的茶可以让人心情舒畅,重新恢复精力。在以人力为中心的工业化时代,一杯美好的茶已经成为人们工作的重要推动力,它的重要性犹如非人力机械时代的蒸汽机"。他甚至认为,"如果没有茶叶,大英帝国和英国工业化就不会出现。如果没有茶叶常规供应,英国企业将会倒闭。"

---

① [德]马克思、[德]恩格斯:《马克思恩格斯全集》第2卷,人民出版社,1957年版,第356页。

不仅如此,茶叶对于提高和改变人的身体素质还起到重要的作用。很多学者指出,在17、18世纪生活和医疗水平提高有限的情况下,英国人身体素质的提高和因传染病死亡人数的减少,与养成良好的饮茶习惯有莫大关系,甚至可以说是一个至关重要的因素。有的学者研究指出,饮茶的普及还使英国的文明程度显著提升,甚至改变了英国人的民族性格。英国人在知道饮茶之前,少数上层人家可以享用咖啡、可可等饮料,多数人主要饮用杜松子酒、啤酒等,经常饮用这些带酒精的饮料,使许多男人养成了一种好斗的性格,举止粗鲁。习惯饮茶之后,英国人的性格气质逐渐从好战、寻衅转变为较为温和、较少的暴力倾向,"养成彬彬君子之风",即"绅士风度"。饮茶还改变了英国人的生活节奏和饮食结构。原来中上等人家早餐要吃很多的肉和啤酒,而今改变为吃少量的肉,伴之以面包、糕点和热饮,尤其是茶;以前晚餐较早,而今加入了富有诗意和民族特色的下午茶(下午四五点钟),晚饭一般推迟到了七八点钟。

4 英国人的下午茶

在英国,饮茶的形式也有很多变化,逐渐地与英国人的口味相适合。17世纪中叶,当时进口的大多是绿茶,到18世纪末,红茶的销量超过了绿茶。英国人从一开始就养成了在茶中加糖的习惯,很可能是受印度人饮茶习惯的影响。饮茶的流行还逐渐改变了英国人的生活方式和习惯,比如正是因为茶叶的流行,促使人们使用这个的瓷器茶具,因而有进一步推动了瓷器茶具、餐具等的流行。另外,英国历史上的许多新鲜事物的出现都与茶叶有关,比如广告,在英国媒体上(当时主要是报纸)上出现的第一个广告就是关于茶叶的广告,此后广告成为市场经济中的一个不可缺少的要素。

在英国还发展出下午茶这种特有的茶文化。17世纪时,英国上流社会的早餐都很丰盛,午餐较为简便,而社交晚餐则一直到晚上8时左右才开始,人们便习惯在下午4时左右吃些点心、喝杯茶。而品茶也成为当时人们待客的一种重要形式,并且发展出茶会这种社交形式。英国学者简·佩蒂格鲁(Jane Pettigrew)描述这种茶会说:"坐于茶壶旁的女主人恰如一位女王,高贵典雅,恰如17世纪的布拉干萨王朝的凯瑟琳一样,每当她向朋友介绍新香草时,必然会坐在茶桌旁,尽显饮茶风趣。出席茶会的客人必先等房中的女主人倒好茶并先喝下一小碗茶以表敬意后才能饮茶。"①

19世纪中叶,有一位名叫安娜·玛丽亚的女伯爵(Anna Maria Russell Duchess of Bedford,1783—1857),每天下午她都会差遣女仆为她准备一壶红茶和点心,她觉得这种感觉真好,便邀请友人共享。很快,下午茶便在英国上流社会流行起来。下午茶成为维多利亚时代社会生活的重要组成部分。这个时期是英国中产阶级崛起的时期,他们想通过模仿上层社会的活动来显示自己的富有,所以中产阶级的女士像贵族一样用下午茶。下午茶是完美的午后娱乐活动。维多利亚女王也很喜欢下午茶,据1897年的《女王陛下的仆人所描述的女王的私生活》中记载:

> 女王陛下极其喜欢喝下午茶,从她在苏格兰的时候就有这种嗜好,当女王陛下和小王妃们到荒野中素描时,布朗和其他仆人就在荒野的一个遮蔽角落里烧水煮茶,茶香醇美,茶味浓郁,在皇室风味中一直是名列前茅……皇室所喝的茶价格为每磅4先令,女王喝的茶同其他人一样。无论是女王喝自己熬制的茶还是喝已经为她备好的茶,她都十分喜欢。②

英国贵族赋予茶以优雅的形象及丰富华美的品饮方式,下午茶更被视为社交的入门,时尚的象征,是英国人招待朋友开办沙龙的最佳形式。特别是对于女士来说,更是她们日常生活中不可缺少的部分。在每天的这段时间里,她们可以打探各种消息和小道传闻,互相展示新款帽子和连衣裙。同时出现了专门为参加下午茶活动而设计的"茶礼服"。茶礼服设计的不仅仅舒适,还兼顾高雅和从容,逐渐发展成为一种奢华的服装。

下午茶的发展也受到英国传统文化的影响,在以严谨的礼仪要求著称的英国,下午茶逐渐产生了各式各样的礼节要求与习惯。并成为英国上流社会中每日必不可少的环节之一。英国学者艾伦·麦克法兰在其专

---

① [英]简·佩蒂格鲁:《茶设计》,山东画报出版社,2013年版,第42页。
② 同上书,第66页。

著《绿金:茶叶帝国》中指出,英国下午茶发展成为一种类似日本茶道的仪式,并成为本民族的生活习惯和文化的不可分割的一部分。他认为,对茶叶的礼赞怎么高也不过分,甚至可以说:"茶叶改变了一切。"

三 图像里的中国风情

1 风靡欧洲的外销画

自从广州成为一口通商的唯一口岸之后,大批欧洲商人、船员等来到广州。许多广州艺术家按西方人士的喜好,采用西方的绘画技巧和风格,将港口风景、市井生活、风土人情、轮船、刑罚、花卉、动植物等体现东方风情的各类题材,描绘在纸本、油画布、玻璃、象牙、通草等各种材料上,让来广州贸易的西方人士带回本国,馈赠亲朋好友。这类画被现代学者称为"外销画"或"贸易画"。

外销水彩画《广州白云山上的庙宇》

18世纪早期广州口岸的外销画主要为纸本绘画和彩色木版画。纸本绘画被西方人称作"悬挂纸画"。这些纸画的内容多是表现中国的自然风光、风土人情和日常生活等,特别是富裕人家的快乐闲适的生活。另外,表现农民和城市手工业者的生产活动的作品也比较常见,如耕织、采茶、养蚕,及家具、瓷器生产等。《十竹斋笺谱》《芥子园画传》等大量木版书籍也由传教士带回欧洲。

外销的山水玻璃画

19世纪30年代至60年代,是广州外销画的鼎盛时期。这时的外销画具有突出的商业性,画家和画作都带有明显的广州口岸的烙印。从创作形式、创作风格和题材上,都体现了中西合璧的色彩,是中式洋画的一种体现。一方面,外销画大量吸收了西方绘画的技巧和风格,以适应欧洲人的审美心理,另一方面,在题材上充分表现中国的风光和风土人情,以满足欧洲人对东方异国情调的趣味和审美期待。据说,"差不多每个英国人回欧洲时,都会购买一幅广州风景画回国。"在那个时候,以中国本土风景和人物为题材的玻璃画、通草水彩画的需求量极大,这种贸易画在摄影技术流行之前，深受西方人士的喜爱，成了他们了解东方风情的最佳媒介。所以，外销画成为欧洲人认识中国的一个图像形式。而这些外销画中的人物形象、风景风俗、花卉植物等，又常被欧洲的艺术家用到他们的工艺美术设计中。

当时在广州出现了专门绘制外销画的职业画家。他们制作的外销画涉及西方各种绘画形式，其中有油画、水彩画、水粉画、玻璃画和通草画等。外销的油画，主要是描绘中外商人肖像、港口船舶画，以及临摹的西方印刷图案。题材广泛，绘制规模比较大。比如有一幅瓷器生产过程图，130厘米×190厘米；一幅茶叶生产过程图，119.7厘米×182.2厘米。这两幅画是在巨幅的画面上描绘出瓷器和茶叶的整个生产和销售的过程。这两幅画现藏于美国皮博迪·埃塞克斯博物馆。

在当时的外销画中，玻璃画也十分珍贵。玻璃画的工艺来自海外，而且制作难，其特色是画家把图案以相反的方向描绘在玻璃背面，西方称玻璃上的绘画。此技巧在18世纪传到中东、西非的塞内加尔、印度、东南亚、日本和中国。玻璃画的基本材料是玻璃、木制镜框，颜色用油彩为主，兼有水粉、水彩，总体上偏向于工艺性质。外观摆置必须有镜框等工艺辅助，经常组合安装在各类家具中，工艺装

外销蓝色蚀花玻璃人物画

潢十分讲究。还有的是作为挂屏,挂在房间的墙壁上。18世纪中叶,英格兰对以中国本土风景和人物为题材的玻璃画需求极大。玻璃画画面十分优美,主要绘制内容是用鲜艳的色彩在玻璃上描绘中国风景,有时添上休闲人物。画面上方空白处则是镜面,整个玻璃镜面用镜框镶好。这样的玻璃画以其颜色艳丽、做工精良和富于异国情调而在欧洲大受欢迎。玻璃画的题材非常广泛,反映中国人社会生活的方方面面。现藏于荷兰莱顿国家人种博物馆的19幅玻璃画,是1785—1790年间绘制的,其内容有广州珠江沿岸商馆区风光、广州黄埔锚地、珠江荷兰炮台风景、中国花园、中国家庭生活情景、盂兰盆会、龙舟赛、拜见官员、宫廷宴会、打猎、下围棋、婚礼情景、觐见皇帝、皇家花园、皇帝春耕仪式、收割庄稼、制作瓷器、种植茶叶、纺织丝绸等。这些外销画大体上表现了同时期外销画的普遍题材。18世纪80年代,大量西方版画图案被带到广州,被画家复制在玻璃镜上,这种内容逐渐成为玻璃画的主要创作题材。

通草片水彩画,因笔法相当细腻精致,题材繁多,内容丰富,写实性强,色彩异常亮丽,加上价格便宜,在19世纪盛极一时,为来访广州的西方人士所钟爱。他们购买这类画回国,作转售或馈赠亲朋之用。长期以来,人们将这类画误认为"米纸"画,直到近年,广州市博物馆通过田野考察,将这类画正名为通草片水彩画。通草片水彩画可以说是广州人对我国绘画史的一大发明创造。历史上,通草片是用来治病和制作人造花,到18世纪末19世纪初,广州人发明用由通脱木树茎切割而成的通草片来绘水彩画。

水彩画的题材也十分广泛。1796年,美籍荷兰人范巴兰(A. E. van Braam Houckgeest,1739—1801)从广州将一组水彩画带到美国。这批画大约1700幅,分成38卷,包括多个主题,如港口图、风景画、广州及其附近风光、贸易情景、船舶画、鸟类、昆虫、海关面貌、商人肖像,以及航海图和地图等,集中体现了18世纪广州外销水彩画的主要的绘制题材。2001年9月,广州博物馆举办了"西方人眼中的中国情调"展览,展出了107幅19世纪广州外销通草纸水彩画。这些图像,包括清朝皇帝肖像、市井市民小贩形象、广州口岸风光、中国各地的传播图、刑法场景、戏剧故事,以及各种昆虫、花草、鸟类图画,涉及当时广州乃至整个中国社会生活的方方面面。反映中国社会市井风情的画面是外销画的最受欢迎的主要题材，这些外销画向西方世界展示了中国社会各种职业和社会风貌。

在清代广州出产的外销画作品中，有一类作品数量庞大，与广州对外贸易息息相关，这就是中国外销商品的制作过程图，包括外销瓷器、丝绸、茶叶以及其他中国物产的制作，是外销画的独特品种，这些题材反复出现在外销画中，是18、19世纪最受西方人欢迎的外销画。描绘这些主题的画作，通常成批量生产，以水彩画的形式上市，每套从12张到数十张，甚至上百张不等。每张图绘制一个工序。也有少数以油画的形式绘制，在一幅画上描绘多个生产程序。

外销画作为当时来广州的欧美人士最喜欢的纪念品，销售的数量非常巨大，流传到欧洲和美国各地，现在许多博物馆都有收藏。由此可知当时从事外销画绘制的画家或画师也是一个很庞大的人群。广州艺术品店铺一般开设在广州的同文街（即新中国街）和靖远街（即旧中国街）。1768年到访广州的威廉·希克（William Hickey）记载了当时十三行附近有各色工匠："玻璃画工、制扇工匠、象牙工匠、漆器匠、室石匠及各种各样的手艺人。"外销画的画室和店铺也都设在这一带。1837年在广州的法国人维拉（M. La Vollée）这样记载当时广州口岸的外销画家：

> 林呱是广州最好的画家，一位中国画家。这位中央帝国的画家当然不是鲁本斯，……在中国，尤其在广州，有几位长着长辫子的画家——林呱、廷呱、恩呱和其他一些"呱"（Qua），他们的画在中国人中很受欢迎，同时也是欧洲业余爱好者寻求的新奇之物。[①]

但是，当时的外销画画家，现在可知具体姓名的不多，而且在已知的画家名字中，多数也只是知道其姓。因为在外销画上，有的有一些签名，标明画的作者。一般都写成后缀"qua"或"呱"。关于"qua"或"呱"的解释，有的研究认为，"qua"是汉字"官"的对音，意为先生，是对人的一种尊称。19世纪，广州从事对外贸易的行商和散商都习惯以"某某呱"自称。

---

① 引自江滢河：《清代洋画与广州口岸》，中华书局，2007年版，第130页。

外销画主要是面向欧美市场,受到消费者的欢迎,也引起了画家和其他工艺美术艺术家们的重视,成为当时流行的中国风设计的重要参考。18世纪末外销画家浦呱画室出产的作品在欧洲被制成版画印刷出版。伦敦出版商米勒(Miller)用英、法两种文字印刷出版了一套由戴德利(Dadley)制作的有关18世纪末中国街头商贩的图册,题为《中国服装:60幅附有英、法文说明的版画》,这套图册的原型是英国人马逊(Mason)在广州购买的浦呱画室的产品。图册的说明中写道:"这是关于中国人各种习惯和职业的正确图画,……在朋友坚持下,这些十年来没有公开展示过的私人藏品终于出版了。这些精确的图画一定会带给人们对那个遥远国度的各种生活习惯和技术的新的认识和乐趣。"①

英国东印度公司也收藏了大量的外销画。1805年,英国东印度公司在广州订购了一批"各种各样的事物"的图画,这些画都是水彩画或水粉画,描绘的主题包括神像、庙宇、船舶、广州官员的家庭室内情景,以及其他很多家具和装饰品。1846年在英国出版的康纳(Julia Corner)所著《中国和印度史》,其中有大量插图,都是以中国外销画为原本制作的,并注明"英国东印度公司的藏品"。英国布莱顿的皇家建筑内部的很多中国式图案,是由克雷斯(Frederick Crace)和他的助手在1800—1820年间绘制的,也从东印度公司所藏的外销画中获得了许多题材。另外,英国画家汤玛斯·艾隆(Thomas Allom)在许多外销画的基础上重新绘制,于1831年在伦敦出版了《图书中国》4卷,有128幅插图,被认为是当时欧洲人能够得到的最详细、最丰富的中国图画的出版物。

2 铜版画里的中国形象

在书籍中插有大量的版画插图,是当时出版物的一种流行样式。许多有关中国的书籍都有这样的插图。这些插图对于欧洲人从视觉图像的角度认识中国具有特别重要的意义。

基歇尔的《中国图说》是17、18世纪很有影响的一部插图本著作,将

---

① 引自江滢河:《清代洋画与广州口岸》,中华书局,2007年版,第215页。

马嘎尔尼使团中的绘图员威廉·亚历山大的绘画:《定海塔》。

中国、中亚、南亚的许多风俗人情、宗教信仰、科学技术、桥梁建筑、物产资源都作了详细介绍,而且图文并茂,书中配有 50 多张插图。其中有一些插图是白乃心神父从北京带回去的中国画和木刻。艺术史家们注意到,一幅有一名擒着鸟的宫廷妇女且画面上有一个"窕"字的版画中,包含了欧洲人看到的第一幅中国山水画。这幅插图是欧洲印刷品中罕有的让中国画占一席之地的作品。据说这本书为广大读者所喜爱,因为书中的插图很美,以至于在许多藏有《中国图说》的欧洲图书馆中,这本书的插图不少被读者撕去。法国学者安田朴指出:"这部书尤因其插图而取得了很大成功。我研究过的蒙佩利埃图书馆收藏的一册几乎失去了所有图版,这也是残存下来的许多册书中出现的情况。书中的图版确实很漂亮,使欧洲人觉得很有趣……它的影响主要是通过刻版和当时对中国内容的热烈追求时髦而表现出来的。这种以中国为时髦的情绪很快就流传开来了。"①

---

① [法]安田朴:《中国文化西传欧洲史》,商务印书馆,2000 年版,第 319 页。

1792年,随英使马嘎尔尼来华的画家威廉·亚历山大在出访的途中画了大批速写。他回到英国后,曾任大马洛军事学院图画教授,后来转任大英博物馆工作。他在20多年里,不断地整理和加工自己从中国带回来的那些手绘的原始图像,专注于中国题材的绘画创作,将它们重新创作成水彩画和版画,使这些充满浓郁异国情调的画作在英国和欧洲风靡一时。如今散落在世界各地博物馆、图书馆和私人收藏的威廉·亚历山大的画作总数达3000多幅。亚历山大根据自己的速写,先后以铜版画的形式出版了《中国风俗》《中国的服饰》和《中国人的服饰和风俗图鉴》。其中《中国人的服饰和风俗图鉴》一书共有50幅图画,其中第一幅表现兵器陈列架,第42幅表现大运河北面终点通州的景色,其余48幅都是人物画。亚历山大笔下的这些人物包括乾隆皇帝、官员、仕女、船女、儿童、轿夫、车夫、商贩、戏子、罪犯和乞丐等等。亚历山大的作品问世后,英国其他一些画家也迅速跟进,先后到中国的广州、澳门等地采风写生,创作了许多中国题材的绘画作品。

马嘎尔尼使团中的绘图员威廉·亚历山大的绘画:《贵妇人》。

1800年威廉·亚历山大在伦敦出版的《中国风俗》扉页

1800年和1801年，英国人亨利·梅森（George Henry Mason）出版了《中国酷刑》和《中国服饰》两本书。这两本书中收集了广州外销画家蒲瓜的作品。其中《中国酷刑》收入22幅彩色彩图，描述的都是中国酷刑的场面。《中国服饰》收入60幅彩色插图，包括上至达官贵人，下至贩夫走卒的图像。这两本书所选用的插图都采用了西方的透视、明暗、投影灯技法，写实特征浓厚，又融入了中国的白描手法，自有独特的东方趣味。

西方学者洛泰·莱德罗斯（Lothar Ledderose）在《中国对 16—18 世纪欧洲艺术的影响》一文中指出：

> 继中国瓷器以后，铜版画也是提高欧洲人鉴赏中国事物能力的媒介。然而珍贵的瓷器是在遥远的景德镇制作，经过漫长而艰难的历程才到达欧洲的，而铜版画则是欧洲人根据自己对中国的直接观察而设计制作的艺术。尽管这样的感受有些肤浅，但是也许正因为如此，铜版画对欧洲艺术的影响力却强大无比。
>
> 大多数铜版画出现在旅行记和使团日志以及有关中国的概述中。早在 16 世纪，诸如林斯霍腾描述中国的书就有铜版画插图，然而数量有限，而且素材来源不十分可靠。但是 17 世纪 60 年代所出版的纽霍夫、基歇尔和达柏撰写的三本豪华版的书却取得了重要的进展。
>
> ……博学多才的耶稣会士基歇尔从未到过远东，但是他在罗马供职时曾经接触过耶稣会士传教团的各种档案，有许多机会见到前往中国或者从中国回来的耶稣会士。他的《中国大观》中的铜版画插图显然是根据异质原型制作出来的。纽霍夫的画令人信服地表达了个人的感受，外国人的面貌和一些陌生的举止，而基歇尔则常常没能抓住建筑细部和服饰方面的"异质"。他确实常常借用西洋绘画传统中的外形分类手法。①

1843 年，英国出版了一部规模宏大的《中华帝国图景》②，作者是英国"地貌画家"艾隆。艾隆早年在皇家学院学习建筑设计，后了成为英国的著名设计师，他设计了大量的教堂、图书馆等建筑。从 1820 年开始，艾隆就开始广泛的旅行，曾到过欧洲许多地方，1834 年去了中东，到过土耳其、叙利亚和巴勒斯坦等地。中东之行不久，就来到中国。他的中国之行为他提供了丰富的创作素材，回国后便出版了《中华帝国图景》一书，内收 124 幅素描

---

① 引自熊文华：《荷兰汉学史》，学苑出版社，2012 年版，第 34—35 页。
② 此书已有中译本，译为[英]托马斯·阿罗姆：《中华帝国：古老的风光、建筑和社会》。

或水彩画。艾隆的画作气派恢宏,总体格调类似一幅幅巨大的舞台布景,无论是山水还是建筑,氛围都似人间仙境。这些画作完全具有了历史档案的价值。由于艾隆的铜版画精彩悦目,且内容又符合西方公众调查欣赏角度,因而出版后立即成为英国和欧洲最有名的插图本中国历史教科书,近代欧洲人关于中国的知识很多都是从这部教科书的文字和图画中获得的。

3 中国风格的图谱

当时流行极广的中国印版画对法国各地方的艺术学校很有影响。这种学校多为皇家宫廷用具设计图案,欧洲各国也陆续出版了一些图案集,供各类产品设计参考。这些图案有的是从中国外销艺术品和欧洲人的中国游记插图中吸取灵感,再加上自己的创意而绘制的。

法国里昂出产的菠萝纹图案仿中国锦缎

法国雕刻家于基埃(Jacques Gabriel Huquier,1695—1772)刊印的《六百瓶谱》《中国花卉翎毛图汇》《中国图案入门》《中国式灯罩缝纫法》。

德·伊贝尔德里(Joubert De L'Hiberderie)评论说:"于基埃先生,是马蒂兰大街的雕刻家,拥有好几个汇编集子,都是关于异常漂亮珍稀的中国花卉的。除此以外,他还有四大卷供植物学家用的自然植物集子,是一部因其编辑方法而显得奇特的作品。我们在他家也找到一些雕刻作品,所有的巴蒂斯特(Baptiste)、罗贝尔(Robert)和其他花卉画家的作品。还有众多的版画画卷,表现的是海景、风光、打猎、故事、人物画像、建筑和装饰等等。于基埃先生也是个很喜欢收集国外事物和新奇事物的爱好者。"①

1735年,弗莱斯(Jean-Antoine Fraisse)在巴黎出版了一本《中国绘画集》,副标题是"根据波斯、印度、中国及日本的原作印刷"。其中包括53幅铜版画,原是他为尚缇伊工场所做的设计参考图样。

画家比肖(Buc'hoz)绘制了100幅彩色版画,画的是100种中国植物,最后汇集成《中国和欧洲种植的最漂亮、最珍贵的花集萃》出版。作者自称,这本书适用于自然科学家、花匠、画家、制图者以及瓷器、珐琅、丝绸、羊毛和棉布作坊的管理者,还有其他艺术家。

法国著名画家布歇搜集了于基埃所绘中国人像、因格兰(Ingran)所绘的人像、阿凡林(Aveline)所绘的四元素和中国人像及于基埃设计的绣帷图案为《各类中国人物图案汇编》一书出版,其中有11幅中国人物的铜版画。

18世纪中叶,培雷(Bellay)请于基埃作了一系列的绘画,命名为《壁画图案及为爱好装饰术者而作的想象画》。

1784年,雅克·夏尔东(Jacques Charton)画了12本《国外的花、水果、珊瑚和贝壳》。

法国画家毕芒(Jean-Baptiste Piliment,1728—1808)是波兰国王的首席画家。1755—1760年,他先后在伦敦和巴黎出版的画集有:

(1)《中国儿童游戏汇编》;

(2)《中国阳伞集萃》;

---

① 引自[法]亨利·柯蒂埃:《18世纪法国视野里的中国》,上海书店出版社,2006年版,第41页。

第十六章　欧洲的"中国风" / 707

法国 18 世纪 90 年代《中国装饰图案》

(3)《中国小阳伞》；

(4)《关于 6 个中式小船的集子》；

(5)《12 幅中国车船》；

(6)《中国之书》；

(7) 1771—1773 年，将上述画集汇集成《中国花卉、装饰、边饰、人物和主题图画集》出版。这个集子对丝织工场、印花棉布工场和挂毯设计工场都很有参考价值。中国风的画、室内装饰和观景楼等的构思和制图都是由毕芒自己完成，并亲自用腐蚀铜板法雕刻,另有一部分由其他画家完成。他设计的中国风格的图案传遍欧洲,在细木镶嵌、漆绘、壁纸、瓷器、珐琅鼻烟壶、陶砖、纺织品上,处处可见他的影子。

在德国,最著名的装饰雕刻家之一迪克(P. Decker)印行《异品》一书,其中有漆器火炉旁、鼻烟壶和茶盘等的中国化图案。德国著名绘瓷家夏劳(Harold)刊行了有中国人像的图版。德国人恩格布达(Engelbreit)亦曾雕有中国景物。

这类书籍,不胜枚举。它们在当时都流传很广,为在欧洲推广和传播中国绘画艺术发挥了重要作用。巴黎附近的杨工场在18世纪末和19世纪初以木刻型版生产印花棉布著称,该厂厂主肯普夫(Ober Kampf)选中了图案设计师尚普(Guillaume Vincent Champs)设计的一幅中国风印花图案,工厂生意迅速拓展。据说这幅作品的来源,是1680年前后在苏州地区刻印的两幅牡丹图的组合。

1981—1982年,法国圣迪埃举办了一个"1765—1830年法国东部瓷器制造中的中国式装饰图案"展览,并为这个展览出版了一个精美的图册。这本图册中特别论述了中国装饰风格风靡欧洲的全过程,包括法国17世纪的异国情调风格绘画、1650—1800年欧洲的中国式装饰图案、1650—1830年欧洲采用的中国装饰图案的实例统计表、中国装饰图案的断代等,特别是斯特拉斯堡、尼德维耶、阿佩里等地区的中国式图案,还有关于法国东部瓷器制造作坊中的中国式图案等。从这个展览中,可以大体了解当年中国式图案在欧洲工业美术发展中的实际影响。

4 壁纸上的中国风光

在这个时期,还有一种中国美术形式流传到欧洲,就是绘有中国图案和艺术风格的壁纸。

在室内装饰中大量使用精致美观的壁纸也是洛可可风尚的表现之一。

中国的壁纸在欧洲的传播与流行,是一个很奇特的现象。因为中国

英国勃立克林府第
"中国式卧室"中的仿中国壁纸

传统的民居,虽然也有用纸裱糊墙面的情况,但一般是用木板或石灰泥墙分隔,以素净为美,习惯在厅堂的墙壁上悬挂立轴绘画与对联,民间常见的是贴上年画。那么,怎么会有"中国壁纸"一说呢?有的学者推测,可能是卷轴画或民间年画这类纸本绘画被不明就里的欧洲商人购买后,直接贴到了墙上,其浓郁的东方情调引起人们的强烈兴趣,并正好与欧洲正在兴起的壁纸时尚相吻合。所以,欧洲的商人到中国大批量地采购壁纸,于是,这个才开始生产这种外销产品。因此可以说,壁纸是一门应外销要求而兴起的艺术手工业。

壁纸是16世纪首先由法国传教士从中国带到欧洲的,后来又由西班牙、荷兰商人经广州采购运回欧洲。仿制生产中国壁纸的著名法国工匠巴比雍(Jean Papillon)曾说:"早在17世纪已有大量这类的颜色纸输入欧洲。最初采用的可能是航行远东的船主,他们爱上这种价廉而颜色绚丽的花纸,用来贴于办公室内。不久,就引起了较广的需要。"[①]中国外销的

[①] 引自[德]利奇温:《十八世纪中国与欧洲文化的接触》,商务印书馆,1962年版,第38页。

英国1770年代的中国风格壁纸

壁纸大多是成套的,一般每套有25张,每张大约有12英尺长(365厘米),3至4英尺宽(91或122厘米),拼起来就可以在墙面上组成一组连续的画面。画面的题材主要有两类:第一类为"花树与鸟"的题材,这类题材的壁纸外销数量最大,画面清新自然,风格优雅。其主题纹样是一株或几株花树,其枝干幼细,撑满整幅画面。树枝上各色鲜花盛开,美丽的鸟和蝴蝶绕树飞舞。整幅画面衬以浅色的底子,特别明快。花树和鸟的基本样式也有变化,或配以假山、池塘、盆景、栏杆等,或将竹子、芭蕉等植物陪衬在花树间,或在树上挂鸟笼子,或在树下点缀一些猴子、孔雀、中国人物,以集中表现中国情调。第二类为人物风景题材,主要表现中国人的日常生活场面,如游园、过节、宴乐、家居、打猎等,反映中国平安逸乐的生活景象。当不需要使用这些画做墙纸时,人们就会把这些画裁剪成小块,镶在镜框里,或者贴在家具表面。

17世纪以后,中国手绘套印的色彩绚丽,由花鸟、山水、人物起居画而构成的壁纸,风靡了欧洲。1693年,英国有一份论述玛丽女王所拥有的中国和印度珍品柜、屏风和挂纸的资料，首先提到了中国的壁纸。所谓挂纸大约就是中国手印的彩纸。这一年的《伦敦年报》上有这样一个广告："耐用的墙纸，上面有5个印度人物（实际上是中国人），每张12英尺长，2英尺宽。"17世纪末的一位作家在报刊上写文章说，中国壁纸在豪宅中极为流行，这些房子里挂满了最华丽的中国和印度纸，上面满绘着成千个根本不存在的、想象出来的人物、鸟兽、鱼虫的形象。大约在1772年，约翰·麦基（John Macky）形容旺斯特德宫"用中国壁纸装饰得异常华丽，壁纸上画着他平生从未见到过的最生动的中国人物和花鸟"。有些简直惟妙惟肖，不禁令人觉得"只要仔细研究这些壁纸，就无需再研究中国的一切了。植物之中，有一种在中国和爪哇都很普通的竹子，其形象比我看到过的培植出来最美的植物还要婆娑多姿。"即使到了现在，欧洲人仍然认为中国手绘壁纸令其他壁纸逊色。一位英国建筑界的权威人士说过："没有比一觉醒来见到卧室中的北京画纸，更令人赏心悦目的了。"今天伦敦古斯银行客厅还保存着英使马嘎尔尼出使中国后带回的花墙纸，上面绘有302个各不相同的栩栩如生的人物，表现了中国极高的工艺美术。

　　和其他中国的工艺品如瓷器、漆器等一样，壁纸传到欧洲后，也引起了欧洲人的仿制。在仿制过程中，他们力图把握这种异域风格，并"赋给中国艺术的主题以一种新颖的幻想的价值"，使社会生活里的"中国趣味"表现得更为充分。最早开始仿制中国壁纸的是法国人，其中法国工匠巴比雍仿制中国壁纸十分成功。他可能是受到在此之前的德国人实验的启发。他曾说过，在1638年，在德国魏玛和法兰克福地方已经流行一种制造方法，生产出一种上面有花鸟图案的金银色纸，以代替高价的皮革悬挂物。17世纪30年代法国和英国工匠分别造出糊墙用的所谓"毛面纸"，曾受到从中国进口的彩色纸的启发。1746年，英国人造出了2米长的印纸木版。1754年，杰克逊（Jackson）设在巴特西的工厂在印刷发明方面有了很大的改进，开始大规模制造印有传统图案的壁纸，纸上点缀着中国传统的山水画。这种壁纸在英国行销很广。在19世纪中叶开始用机器印制壁纸之前，欧洲各国的壁纸生产一直是按照中国的方式，以小幅为单位，同铜版或木刻一张接一张连续拼印的。赫德逊曾经叙述壁纸在欧

洲的流行情况,他写道:

> 欧洲自从十六世纪已生产壁纸,但中国输入的壁纸却是第一次大规模的使用壁纸,欧洲普遍使用及仿制这种装饰样式只是始于十八世纪。当时有一个欧洲学派,专门仿制中国的设计与真品竞争,并生产所谓英—中和法—中壁纸。最初的中国纸只采用花、鸟题材,到十八世纪对风景和诸如种茶或制瓷之类的题材需要量大增。中国壁纸通常每幅12英尺宽4英尺长,一般都是成套制成,形成一系列连续的景象,可以贴满整个房间。[1]

英国壁花纸业还向中国订购彩印木刻,运到英国后拼板印成壁花纸出售。1734年出版了一本用新法制造壁花纸的书,1754年1月8日英国晚报登载的制纸业的广告宣称:"这些创制的壁花纸,它的秀丽、雅致,远胜以前生产的纸,价廉而物美。它和中国手绘的最美丽、精致的花纸一般无二。"[2]即使英国已经能自制壁纸,而中国壁纸仍以其精美继续输往英伦三岛。1766年时厦门还特产壁纸供应英国。

---

[1] [英]赫德逊:《欧洲与中国》,中华书局,1995年版,第260页。
[2] 引自沈福伟:《中西文化交流史》,上海人民出版社,1985年版,第461页。

第十七章
中国趣味的新风格

一　中国风格与欧洲艺术

1　中国趣味与洛可可风格

17世纪和18世纪的欧洲,先后流行了巴洛克和洛可可两种艺术风格。在17世纪末18世纪初,欧洲艺术领域的主导风格是巴洛克风格。巴洛克样式的特点是宏大、辉煌、壮丽,但又失之刻板。此时正值路易十四时代,所有又叫"路易十四风格"。而17世纪后期,正是欧洲人为中国的物品和艺术所迷狂的时期,"与当时欧洲艺术领域的巴洛克风格正好重叠。巴洛克艺术虽然源自古典风格,但它华丽的装饰感、昂贵的材质、奢华的氛围,与那个时期人们对中国的想象是基本合拍的。中国外销瓷器上闪亮的釉色和华丽的装饰,比大理石更为光洁的中国漆家具,奢华的中国锦缎和刺绣上色彩的丰富变化,甚至外销艺术品昂贵的价格,有关东方旅行神奇而又冒险的经历,都符合这个时代的总体精神。"[①]

---

① 袁宣萍:《十七至十八世纪欧洲的中国风设计》,文物出版社,2006年版,第95页。

但是,中国艺术风格对于欧洲的影响,更表现在对洛可可风格的形成起到的促进和推动作用。利奇温指出:巴洛克艺术中已经受到中国的影响,而"洛可可时代的装潢是从巴洛克时代的装潢生长出来的,而且在许多方面,只是把巴洛克原有的东西再加发展而已。但它又受到中国的影响,演变自己的一路。"①史景迁指出:"'中国风',指的正是强调华美装饰的洛可可风格。这种风格,模仿中国文化、艺术中的柔美梦幻色彩,表现在许多生活层面上:壁纸、柳条盘子、壁炉台、木头檐口、格子框架、家具、亭子、宝塔,以及最重要的园艺。"②

"洛可可"(Rococo)一词源于法语"rocaille",意为假山石或装饰用的贝壳。"洛可可风格"指的是18世纪风行于欧洲的一种艺术上的解放运动。洛可可风格的特点是轻飘活泼,线条丰富,色调灰淡,光怪陆离,重自然逸趣而不尚雕琢,与欧洲以前流行的严谨匀称的古典风格完全不同。"洛可可的艺术风格色调柔和、鲜明、不拘线条。主题不喜悲怆,却倾向于喜悦,……在艺术思想上,它显示了幻想对现实的反抗,自由对纪律和秩序的反抗。因此,它视自己是独特的无拘无束的艺术。事实上,它的精雕细琢,优雅纤巧,费工费时完全迎合了宫廷的趣味。尽管如此,洛可可艺术在内容与形式上自成体系,并有它自己的逻辑规格。"③英国学者史蒂芬·法辛(Stephen Farthing)主编的《艺术通史》中说:"在18世纪很长一段时期内,轻松逸乐、装饰风格浓郁的洛可可艺术盛行于欧洲全境。这种风格在17、18世纪之交就萌生于法国,随后一度风靡,直到18世纪70年代才逐渐让位于新古典主义。巅峰时期的洛可可风格融合了优雅、妩媚、智趣和谐谑情色,赏心悦目,让人无法抵御。"④洛可可风格不仅仅是一种艺术形式的特殊风格,而且也是一种审美观念,一种社会情调。龚古尔兄弟(Les Goncourt)指出:"戏剧、书籍、绘画、雕塑、住宅,一切都屈服于娱乐的品味,一切都出现颓废的优雅、漂亮,在历史上这一时期的氛围中,代表了法国式的诱惑与魅力。这是她的本质、她的才华、道德和生活

---

① [德]利奇温:《十八世纪中国与欧洲文化的接触》,商务印书馆,1962年版,第37页。
② [美]史景迁:《大汗之国——西方眼中的中国》,广西师范大学出版社,2013年版,第85页。
③ 杜美:《德国文化史》,北京大学出版社,1990年版,第91页。
④ [英]斯蒂芬·法辛主编:《艺术通史》,中央编译出版社,2012年版,第250页。

方式。"①

德国学者利奇温这样写道：

> 提起洛可可，在我们心目中，构成为一个幽美动人的可爱的世界；恍如听见诗歌剧中的旋律，而且杂以丝袍绰繐的声音，又如嗅到扑了香粉的头发所透出的香气，又如观看辉煌的交际场，规矩的而又活泼的人物，舞步配合着莫扎特音乐的节拍；华贵客厅中的壁镜及漆橱，互相辉映，令人目眩。这一个充满丝瓷的世界的难以描摹的丰富多采，使人神往心醉。我们明白地感觉到，一种独特的生活的观感在所有这一切中，获得了它的独特的表现形式，在这里"观念"变成为"形式"，甚至在所有的表面事物中，也照射出表现它本质的神秘光芒。②

洛可可风格出现于17至18世纪，正值中西文化交流高潮之际。洛可可风格的产生和发展，在很大程度上受到中国文化的影响和激发。虽然这种艺术风格和审美趣味离不开欧洲文化历史的基础，但是，它与中国古代艺术风格的契合与接近，以及当时欧洲社会流行的追求"中国风格"和"中国趣味"、模仿中国式样的时尚，正说明它所受中国文化之影响是毫无疑问的。"洛可可风格"和"中国风格"这两个概念有时候是重叠的，或者说在许多方面是相通的，有的时候是指同一种艺术现象或艺术形式。作为欧洲文化史上一个重要阶段的洛可可时代，处处弥漫着中国文化的优雅情调，是中西文化交流史上别具风味的一章。洛可可艺术与中国古代艺术风格之间具有神奇般的合，它实际上就是一种"中国味的新风格"。

在当时欧洲人的心目中，中国是一个遥远、神秘、开明、温和、文质彬彬、道德高尚的文化中国。而大量流入欧洲社会的中国美术工艺品，更是激起人们对那个遥远帝国的想象与神往。实际上，在当时流入欧洲的中国商品中，有很大一部分具有很鲜明的艺术性质，而且这些商品又有许多是以生活日用品的形式出现的，深入人们的日常生活之中，就使这种艺术性质深入、渗透到大众文化领域，因而具有广泛的群众性。"瓷器、绸缎、

---

① 袁宣萍：《十七至十八世纪欧洲的中国风设计》，文物出版社，2006年版，第109页。
② [德]利奇温：《十八世纪中国与欧洲文化的接触》，商务印书馆，1962年版，第66页。

漆器、屏风、壁纸、绘画、雕刻所具备的艺术性质，使得它们格外引人注目。这是因为，中国外销艺术品精美的工艺和别致的造型，以及全然不同于西方传统的装饰纹样，为欧洲提供了异国情调的审美体验与想象空间。……大部分没有到过中国的欧洲人，正是通过这些外销艺术品认识中国，并感知中国文化的。"①"以淡色的瓷器，色彩飘逸的闪光丝绸的美化的表现形式，在温文尔雅的十八世纪欧洲社会之前，揭露了一个他们乐观地早已在梦寐以求的幸福生活的前景。这个文雅轻快的社会，……闪现于江西瓷器的绚烂彩色、福建丝绸的雾绢轻裾背后的南部中国的柔和多变的文化，激发了欧洲社会的喜爱和向慕"。②

但是，中国风格实际上是一种西方风格，是欧洲人对中国风格的想象性诠释。欧洲人对于中国的艺术并不是完全照搬和简单地移植，也不是简单地模仿，虽然在初期阶段充满了模仿，甚至是一些粗劣的模仿，但更主要的是出于对中国艺术的倾慕而进一步的想象，亦即进行新的创造。

洛可可艺术和中国风格的流行，是西方艺术发展中的一个阶段性产物。它和所有的艺术风格一样，都有它的时间性和流行性，过了这一时段，就会被新的艺术风格和审美理念所代替。但是，它们都会在世界的艺术史上留下它们的影响和痕迹。美国学者霍纳尔（Hugh Honour）曾谈到洛可可风格在历史性影响，他说：

> 今天，虽然没有人相信那个由华托、布歇、毕芒等人描绘过的，在17、18世纪的瓷瓶和漆器上栩栩如生的美丽而浪漫的国度在历史和地理的概念中存在过，但这个鲜花盛开的乐土却从此留在记忆中——诗一般的舒适浪漫，花园中开放着杜鹃花、牡丹花和菊花，生活中最重要的事，莫过于在宁静的湖边一个带棂格窗的亭阁中坐下来喝一杯茶，在柳树感伤的枝条飘拂下，聆听笛子和叮当作响的乐器中流淌出来的音乐，人们在无忧无虑地跳着舞，永远跳着、跳着，在美妙的瓷做的宝塔中间。③

---

① 袁宣萍：《十七至十八世纪欧洲的中国风设计》，文物出版社，2006年版，第53页。
② ［德］利奇温：《十八世纪中国与欧洲文化的接触》，商务印书馆，1962年版，第20页。
③ 引自袁宣萍：《十七至十八世纪欧洲的中国风设计》，文物出版社，2006年版，第247—248页。

2 中国美术对欧洲绘画艺术的影响

中国的绘画历史悠久。在几千年的漫长岁月中,中国人以自己的审美体验和艺术创造才能,以毛笔和墨以及天然矿物质颜料为基本工具,创作了数量极大的绘画作品,形成了鲜明的民族风格和民族气派,并有着自己独立的绘画美学体系,在世界绘画艺术中,代表东方独树一帜。

可能是最早呈现于欧洲人面前的中国山水画(桌子上的卷轴),基歇尔《中国图说》(阿姆斯特丹,1667)中的版画。

法马奈《吹笛少年》,具有鲜明的东方神韵,是西方美术界公认的受到东方绘画影响的典型作品。

在洛可可时代,中国文化对欧洲的绘画艺术产生了重大影响。赫德逊说:"我认为,十八世纪欧洲和远东之间最重要的影响交流发生在绘画方面。"①一方面,由于大量工艺美术品的传入,形成普遍的审美意识的中国趣味;另一方面,也有一些中国山水画、人物画流传欧洲,为欧洲画家提供了直接欣赏借鉴中国绘画艺术提供了可能。所以,和当时收藏中国瓷

---

① [英]赫德逊:《欧洲与中国》,中华书局,1995年版,第266页。

器、漆器等工艺品一样,中国画也为人们热心搜寻珍藏。"当时的人们,已为中国画的气氛和非常的带有奇妙形式所陶醉,而心情向往。他们最初在瓷器中所发现的并深为喜爱的风致,在丝绢中所发现的使他们为之倾倒的绚烂多彩,在中国画里又重新接触到了。"①

赫德逊曾指出:

> 洛可可风格直接得自中国,这在一定程度上是美术史家公认的。这个时代的突出事实是影响的天平倾向大大有利于中国的。……法国在十八世纪初兴起了一种充满中国特征的新风格,曾在一段短时间内支配了大多数欧洲国家的情趣。②

接受中国绘画艺术影响而突出表现洛可可风格,最杰出的是法国画家华托(Jean Antoine Watteau,1684—1721)。华托是法国绘画艺术史中一位很重要的人物,正是他使法国绘画摆脱了刻板的巴洛克风格,而开启了洛可可画风。在技术上,华托在许多方面借鉴了中国画法,给风景画注入了一种独立的生气。他以山水烘托人物,把山水作为背景或壁画。他使用娇嫩而半透明的颜料作画,喜爱玫瑰色、天蓝色、紫藤色和金黄色的调子。从这些色调和构图所呈现出来的画面,产生一种非常和谐的效果。特别是他描绘的风景,重峰叠嶂、流云黯淡、烟雾迷蒙,晕染出一片蒙蒙大气。埃德蒙·龚古尔评论华托说:"我们认为缪埃特城堡的中国工艺品是纯粹想象力的结果。应该说在他接触的所有东西中,融入了自己明显的个性特征,也就是他的诗意的发明。这位大师……对异国风情的再现根据的是对物件和对中国人性本质的严肃研究。关于这点我们可以在维也纳的阿尔贝蒂娜博物馆中看到其表现。这是一幅伟大的画作,对一个中国人的一双黑眼睛做了仔细研究,琢磨了他的典型气质,逼真地再现了他的服装和有特色的拖鞋,总的来说,画作研究了这位天神之国的代表的所

---

① [德]利奇温:《十八世纪中国与欧洲文化的接触》,商务印书馆,1962年版,第41页。
② [英]赫德逊:《欧洲与中国》,中华书局,1995年版,第247页。

有特点。他的名字甚至也被华托用铅笔标注在左边的一块石头上：F. 曹。"①

华托最著名的作品《孤岛维舟》描绘在一座小丘上，一些盛装的贵族男女坐在枝叶茂盛的树木和花环簇拥的维纳斯像下面，另几个已经步下小丘走向岸边，那儿有金色的船只和快乐的小爱神们在等待他们；远处，在朦胧的烟雾中显现出那个幸福之国的岛屿的轮廓；一对对恋人渴望到达那儿，以领略爱情的真正幸福。这些沉湎于爱情的人们，融合于山石树木大气之中，给人以无限亲切悠然之感。"任何仔细研究过宋代山水画的人，一见这幅画的山水背景，不由得立刻感到二者的相似。他不能使景物与画中人合为一气；他所画的蓝色的远景，仍旧保持自己独立的存在。形状奇怪的山峰，一定不是他平日所见的山水；……它们的形状却和中国的山水十分相像。用黑色画出山的轮廓是中国式的；表示云的那种奇妙的画法也是如此。华托喜欢用单色山水，作为画的背景，这正是中国山水画最显著的特点之一。"②华托还画过不少中国景物和人物画，但都是凭想象画成，画中的境界反映了他幻想中的东方。

关于华托的历史价值，赫德逊指出：

> 在绘画方面，洛可可风格以华托为其伟大的代言人。他表现了它那飘逸感，它那精致和感情的细腻，它那欢乐和弦外之音的黯然神伤，它那超然物外的向往，不是追求另一宗教世界，而是追求一首田园牧歌和乔装的仙境。华托的精神就其中找到了他自己特有的画技，使他的绘画有其自己特殊的如梦一般的感情气氛。③

在法国画家中，具有中国情调的还有贝伦（Jules Berain）、基洛（Gillot）、毕芒、布歇等人。毕芒曾印行一套和华托风格很相近的雕版画，题名《中国茅舍》，在小小敞开的茅舍之下，有中国人，有古怪的柏树，婀娜

---

① 引自[法]亨利·柯蒂埃：《18世纪法国视野里的中国》，上海书店出版社，2006年版，第36页。
② [德]利奇温：《十八世纪中国与欧洲文化的接触》，商务印书馆，1962年版，第41页。
③ [英]赫德逊：《欧洲与中国》，中华书局，1995年版，第261—262页。

的蔓草,有代表人们所熟悉的中国桥梁的一二弧形物,亦有杂花,完全是一派中国田园风光。布歇(François Boucher,1703—1770)是法兰西学院院长,国王的首席画家,戈贝林皇家作坊的艺术总监。他早年十分崇拜华托,曾把华托留下的多种素描刻成版画,出版了《千姿百态》画册。布歇继承了华托的优雅传统,吸取中国画的螺旋形构图和漂浮意象,使他的一些绘画具有明显的中国特色。他曾为蓬巴杜夫人画过肖像画,为她设计女服和装饰品,他设计的图案成为当时出入宫廷的贵妇人们所效法的榜样。布歇富有装饰的才能,他的绘画也都具有装饰的要素,如《爱之目》《牧歌》等。他以擅长花鸟著称,也画过一幅山水画。他创作的《中国皇帝上朝》《中国捕鱼风光》《中国花园》和《中国集市》这 4 幅油画,画面上出现了大量写实的中国物品,比如中国的青花瓷、花篮、团扇、中国伞等等,画中的人物装束很像是戏装,与当时的清朝装束还离得比较远,但中国特色还是很明显。其中《中国捕鱼风光》,上有蔚蓝的晴天,下有一二中国建筑物,其前有一老人垂钓,旁有一妇人作观水之状,有一小童持伞荫蔽老人,深得中国画之神韵。贵族们争相收购这些画,买不到的,便把那些以这 4 幅画为蓝本的挂毯抢购一空。普列汉诺夫说:"优雅的性感就是他的缪斯,它渗透了布歇的一切作品。"

中国绘画艺术对英国水彩画的发展有着直接的影响。利奇温指出:"另一种艺术,也如园林学一样盛行于当时的欧洲,也是情感时代的产品,并且也是显然由中国传袭而来,即水彩画法。由于配合自然的新情感的需要,因此产生了一种新的水彩风景画。"[①]英国画家亚历山大·科仁斯(Alexander Cozens 1717—1786)和约翰·科仁斯(John Robert Cozens,1752—1797)父子,是首先以水彩作风景画的画家。他们作设色山水,常以中国墨打稿。这一技法在浪漫主义时期及其后成为一种普遍的艺术表现形式,它就受到传统中国绘画技法的强烈影响。据英国史家记载,在水彩画发展初期,很多画家用中国墨。

风景画中的大师透纳(Joseph Mallord William Turner,1775—1851)也曾试用中国墨。他一生创作了几百幅油画,几千幅水彩画和速写,给英

---

① [德]利奇温:《十八世纪中国与欧洲文化的接触》,商务印书馆,1962 年版,第 109 页。

国艺坛带来了巨大的活力。他运用最丰富的色彩来表达光与空气的效果,形成了明暗对比鲜明的格调,并具有诗意般的情味。他的水彩风景画颜色十分单纯,但具有丰富的色彩感。他最善于表现晨夕的光景,浓郁的大气充满了画面。《失事船沉没以后》是他最完美的作品之一,表现出他在色彩和水彩技法上的高度造诣;《凯威莱城堡》的整个画面,色彩缤纷,虚实交错;光和色的变化,使画面显出深远的空间感,给人以无限高远、辽阔、清新而庄严的意境;他的名作《意大利的纳米湖》,是以单纯的墨色为主来表现景色的空气感,颇有中国画味道。

略早于透纳的另一英国画家根兹巴洛(Thomas Gainsborough,1727—1788)在晚年画了不少风景画,深受中国影响。其最后杰作《绿野长桥》,洒脱出尘,一如江南风光。评论家佛伦特(Frank E. Washburn Frend)在谈到根兹巴洛的《绿野长桥》时说:"此为一潇洒出尘之作,脱尽凡径,自成馨逸。根兹巴洛之美术,实为英伦洛可可时代画家之最有天才者。亦无处不表现洛可可时代之精神也,既轻清而温厚,复色润而趋时(用银蓝色调合),无复矜心态之痕,……有一事须注意者,则见其画如见其人,其个性强也,他不知不觉能升中国古代名画家之堂,其造诣下笔,必与古会。询可谓一时无两者矣……"①

3 追求与模仿中国工艺美术的时尚

中国古代绘画艺术不仅直接影响欧洲画坛的洛可可风格,而且民间美术中亦随处可见中国的风格。例如嵌镶品、丝绢图案、手绘及印花绸绢、瓷器、漆器、家具以及壁纸等等工艺品,都染有中国风。西方学者哈克尼(Louise Wallace Hackney)说:"当西人醉心于中国最热烈之时,中国东西,影响于欧洲生活各方面,尤以手艺为最。"在洛可可时代,追求和仿制中国工艺美术品,成为欧洲社会生活的一种新时尚。中国的瓷器、漆器、家具、轿子、壁纸和丝绸、刺绣及其制作工艺传入欧洲,不仅为欧洲人的日

---

① 引自[美]L. W.哈克尼:《西洋美术所受中国之影响》,朱杰勤:《中外关系史译丛》,海洋出版社,1984年版,第140—141页。

常生活提供了许多方便,在一定程度上改变着他们的生活环境和生活方式,更为重要的是,它们还将一种神秘而飘逸的艺术风格和神韵带到欧洲,在很大程度上影响着欧洲人的审美趣味和艺术追求。在这些工艺美术作品中,出现了大量的模仿中国纹样的或中国情调的设计,或者称为"中国风格"的设计。正如罗伯特·芬雷指出的:"实际上,东西文化相逢的最终产品,是一个颇有创意的'想象中国'同化并在地化了中国意象。种种所谓中国情调的图案,尤其是人物和山水元素,把中国视觉文化的复杂性过滤简化成定型的刻板成分,变成可以欣赏、可以理解的风景画,而不再是深邃难解的文化符号。"①

法国博韦中式挂毯《觐见王子》,1720年左右。

　　流传到欧洲的中国瓷器对洛可可艺术风格的形成有重要影响。在15世纪时,瓷器在欧洲还是极其稀有的珍品。16世纪以后,中国瓷器大量运销欧洲,使收藏瓷器成为欧洲社会的一种时尚。不久,中国的制瓷技术也传到欧洲。各国相继办起瓷器工场,它们大都模仿中国瓷器,描绘亭台楼阁、小桥流水、菊花柳树等独特的中国艺术风格的图案。温雅清脆的中国瓷器不仅为洛可可艺术提供了新的物质材料,而且象征了洛可可时代特有的光彩、色调、纤美,象征了这一时代特有的情调。

---

① [美]罗伯特·芬雷:《青花瓷的故事》,猫头鹰出版公司,2011年版,第371页。

第十七章 中国趣味的新风格 / 723

布歇绘挂毯《中国集市》

壁毯也是这一时期表现中国趣味的一种艺术形式。这主要表现在壁毯的图案设计上。有一件制作于17世纪末的英国著名的伦敦梭霍壁毯，原件现藏于美国的耶鲁大学，这个壁毯共有4幅，图案分别是：《音乐会》《公主梳妆》《进餐》《坐轿》。其中《坐轿》的画面是一位王子坐在一顶加盖的轿子上，有两个随从抬着，几位女子等候王子的到来。《进餐》表现皇帝和皇后坐在帐篷里进餐，前景有人垂钓。底子的颜色是深暗的，画面上的人物很小，着装是中国的、印度的和欧洲的风格的混合，人物活动就在一个个浮岛上展开：人们在岛上钓鱼、散步、上树采果子、聊天、坐车等等，配以中国式建筑，异国情调的棕榈树和奇异的植物、与东方有关的禽鸟和神秘的动物等，构成一幅幅十分神奇的画面。

巴黎的戈贝林是专为皇室和贵族制作挂毯的工厂，它的产品大量采用中国绘画和图案，例如皇帝上朝、皇后品茶、夜宴、采茶等。宝塔、亭榭、仕女、花鸟、鹦鹉、猴子、拖着辫子的官员等，都是挂毯上常用的图案。挂毯上还时常出现这样的中国场景：一个学者在埋头读书，两个仆人跪在他的身后等候吩咐，远处的宝塔隐约可见；园中亭下，丫环张伞为女主人遮阳，女仆跪着向女主人献花，远处是海边，礁石旁有几个渔夫影影绰绰地在捕鱼。法国博韦皇家作坊是1664年建立的，它不仅生产专供王室的产品，也供应其他顾客。1732年的一份文件中说："该作坊中最美观的图案

英国梭霍公司生产的挂毯

之一是中国图案,由于它被如此频繁使用而现在几乎从中再辨认不出什么东西了。"①法国学者玛德玲·佳丽(Madeleine Jarry)指出:"这些壁毯实际上是欧洲人根据中国人的内容而在造型艺术领域的第一批作品。"②18世纪20—30年代,该作坊生产了一套10幅以中国皇帝为主题的大型系列壁毯,有《皇帝的接见》《皇帝出行》《天文学家》《夜宴》《摘凤梨》《采茶》《打猎归来》《皇帝登舟》《皇后登舟》《皇后品茶》等,展现了一系列宏伟的中国皇帝的生活场面。1752年,画家布歇也曾为博韦织毯厂制作了许多挂毯的画板,其中有一套包括9幅画的挂毯,这9幅画分别是:

(1) 中国皇帝的召见;
(2) 中国皇帝的宴请;
(3) 中国婚礼;

---

① 引自[法]玛德玲·佳丽:《法国博韦壁毯中的中国图景》,[法]安田朴、谢和耐等:《明清间入华耶稣会士和中西文化交流》,巴蜀书社,1993年版,第205—206页。
② 同上书,第206页。

(4) 中国捕猎；

(5) 中国捕鱼；

(6) 中国舞蹈；

(7) 中国市场；

(8) 中国风俗；

(9) 中国园林。

据说,这套挂毯是布歇参照传教士王致诚寄给巴黎的《圆明园四十景图》设计的。1764年,法国国王路易十五将根据这份画稿设计织造的挂毯赠送给了乾隆皇帝。国务大臣贝尔丹在写于1766年12月31日的一封信中说："国王希望他们尽一切努力能把他们带去的博韦壁毯奉献给中国皇帝。这不是作为礼物送给他,而仅仅是作为一项任务,即通过这种试验而试探中国皇帝对于我们工厂的产品和我们的艺术有什么爱好。"①据说乾隆皇帝对这套壁毯十分欣赏,赞不绝口,在圆明园中开辟了专门的房间来收藏。可惜在英法联军"火烧圆明园"的时候,这套挂毯一起被毁。

1876年,法国"艺术应用于生产工会联合组织"举办第五次展览,其中有17—18世纪3位艺术家设计的中国风挂毯,这3位艺术家是威尔南萨尔（Guy-Louis Vernansal,1648—1729）、布兰·德·冯特内（Blin de Fontenay）和杜蒙（Du Mons）。展览的书面说明上这样介绍这3件作品：

(1) 一位王子坐在华丽的中式地毯上,上面是巴洛克风格的华盖。在他后面是一头大象,前面是跪着的中国人和印度人。在画的左面,一位夫人坐在两轮马车里刚刚到达。背景是优美的风光。(3.30×4.85米)

(2) 在一座宝塔前面的台阶上,一个智者手持一个地球仪。旁边,一个中国人正在抛洒花瓣,在他后面的中国人都跪着,背景是风景。这位智者不是别人,正是博学的修士亚当·夏尔（Adam

---

① 引自［法］玛德玲·佳丽《法国博韦壁毯中的中国图景》,［法］安田朴、谢和耐等：《明清间入华耶稣会士和中西文化交流》,巴蜀书社,1993年版,第216页。

Schall),也就是中国人所说的汤若望。(3.30×1.68 米)

(3) 在一个由 4 个轻巧的柱子撑起来的凉亭里面,一位夫人正在喝咖啡,有人帮她打着阳伞。在她前面,另一位女仆跪着,给她献上水果。背景是优美的风光(3.30×1.57 米)

在 18 世纪后半期,奥比松手工场生产的中国风主题的挂毯也很有名。其中有这样几幅尤其引人瞩目:

(1)《茶》(2.50×2.35 米)
(2)《优雅的场面》(2.50×1.90 米)
(3)《挂毯》,一个年轻的中国人正在转动碾子的把手。(2.50×0.75 米)
(4)《乡间场面》,描绘出了中国人的体貌特征和衣着服饰。(2.50×1.60 米)

4 丝绸与刺绣艺术的传播

中国风格的欧洲织物

中国的丝绸早在古罗马时代就已运销欧洲。但是,由于价格昂贵,只有极少数贵族才能问津。到洛可可时代,丝绸在中西贸易中成为大宗货品,因而得以推广,成为社会普遍需要的消费品,与此同时,欧洲的丝织业也发展起来。欧洲各国的丝织业都模仿中国的丝织技术和纹样图案,特别是法国生产的丝绸丝质柔软,并且大量采用中国的纹饰图案。法国出品的这种技术特点,连同中国风格的花式装潢,都是取法中国的。在洛可可时代,丝绸和瓷器的设计方面,都采用了来自中国的风格和图样,成为当时流行的中国风设计的重要表现形式。有人说，中国文化对于洛可可风格的影响，不在文字方面，而在于中国清脆的瓷器和各种丝绸上绚艳悦目的光泽，这种光泽暗示欧洲18世纪社会以一种想象中的快乐的人生观。

中国的刺绣工艺也在欧洲广为传播并产生很大影响。刺绣最早的历史要追溯到四五千年前，随着养蚕、缫丝业的发展兴盛，心灵手巧的女工们不再满足于织物本身的质地与纹理，她们开始用各色彩线在织物上绣出女儿家的"心境"，古代的刺绣工艺由此兴起。到明清时，刺绣工艺在技艺和审美上达到巅峰，城市中出现经营刺绣工艺品的行庄，许多画家参与刺绣画稿设计工作，刺绣品类万千，日用品为刺绣主流，刺绣商品出口至日本、南洋及欧美等地。"钝妇无不巧、恒女无不能"，精致灿烂、各家百花争妍的风格，于全国各地形成地方特色的刺绣系统，形成了苏绣、湘绣、粤绣和蜀绣这四大名绣。

英国铜版画《染、络丝》

浓郁而精美的东方风格丝织刺绣产品在洛可可时代大量传入欧洲，立刻成为皇室贵族和上层社会妇女的爱好之一，并出现许多模仿和仿制的工场。在法国丝织业中心里昂，卑尔蒙德（Pillement）以中国刺绣图案为范本，设计了许多奇妙的花卉图案，对里昂刺绣术起到很大推动作用。

《圣厄休拉和她的少女》(1410)，画面中女性圣徒所穿长袍，缀满了凤凰图案，显而易见受到东方丝织品的影响。

马鲁特（Daniel Marot）的刺绣图案将螺纹、格子及逼真的小花大胆地配合起来，同中国的意匠十分相像，显然也受到中国的影响。另外，著名画家布歇等人也常为刺绣品提供图样。17世纪初，法国宫廷刺绣匠师瓦尔利特等人创建了刺绣公会，专门向宫廷刺绣师提供具有东方风格的刺绣图案和样式。上流社会的妇女把掌握刺绣工艺当作她们的必修课之一，认为这才是有教养的表现。17世纪末，中国刺绣绷圈传入法国，普通家庭主妇可以用这种技术自制家用的枕袋、靠垫、台布、垫布等。"洛可可由于取法中国的范例，发现了产生'撞色'或'衬色'（颜色相反而益彰）及'匀色'（由浅入深的颜色）的新方法。"金色和银色的线，主要用于产生光亮的效果，要产生相对称的暗色，就用短缝的方法；欲使其面光润，则用线步不同的浅浮面绣法。"这个事实,无疑是证明中国影响的又一个证据。用这种新丝线,他们得到像洒粉的效果和光致的色泽,在洛可可时代着色成品中可以看到已达完美的造诣。"①

据说路易十四以及他的女儿都对刺绣这种手艺感兴趣,有时父亲还为女儿亲自挑选美丽的图案。在路易十四的财产目录中,与中国绣品并列的,常常提到"中国式"或"中国品"等字样,稍后又特别提到绣花绸绢,加上日期。说明这种仍在中国继续出产的绣品,似乎就是从那个时期传入欧洲的。18世纪,蓬巴杜夫人用绷圈绣制丝绸工艺品,使绷圈刺绣不仅具有实用价值,而且还具有艺术价值。在18世纪,巴黎的刺绣业有很大的发展,刺绣匠师公会有250多名成员,他们生产的刺绣品在花式花色上受中国图案的启发而不断增多。

5　漆器与制漆工艺的传播

中国的漆器和制漆艺术作为中国风的一个突出代表,在洛可可时代的欧洲也广为流传,大受欢迎。

漆器和瓷器一样,也是古代中国的一项伟大发明。漆器是用漆涂在各种器物的表面上所制成的日常器具及工艺品、美术品。至明清时代,漆器工艺的多种技法和不同纹、地的结合,迎来了千文万华之盛。在这个时期,漆器的品种至少已在400种以上,其中最为突出的主要是雕漆、镶嵌漆、彩漆、洋漆、填漆、金漆等。

近代来中国的欧洲人已经注意到中国的漆器这一特殊的艺术品。克路士记

漆制缝纫台

---

① [德]利奇温:《十八世纪中国与欧洲的文化接触》,商务印书馆,1962年版,第37页。

述在中国的一些庙宇里,教士们留长发,在头顶上把头发系紧,用一根制作奇特的棍子从发中扎过,这根棍子上涂有他们叫做"Acharam"的清漆。"Acharam"是"Charam"即"漆"的广东话对音。在《利玛窦中国札记》中曾经介绍过中国的漆器。曾德昭的《大中国志》中也介绍了中国漆器。他说:"他们使用大量的优良涂料漆(Charam)刷房屋,而且刷得精细。""他们房间的器皿和家具奇特而奢华,用上述的漆油饰。这种漆只产于中国及邻国的一种树木,确实是一种优良的涂料,可用来美饰器具(这可从该国运来的工艺品上看出),也便于制作,既用来漆新的,也漆旧的,使器皿恢复原有的美观。"① 卜弥格也注意到中国的漆和漆器。他在《中国事物概述》中说:"中国还有一种树脂,这是一种品种很特殊的树脂。它的颜色像牛奶,是从树皮里流出来的,用刀子切开树皮,就可以得到。中国人叫它漆,葡萄牙人叫 tinta。将这种树脂加上颜色,可涂在桌、椅、柜子和别的家具上,它会呈现出非常漂亮的黑颜色,因为有美丽的光泽和面上好极了的光滑度,它不仅好看,而且有很好的手感。涂上这种东西的产品是很经久耐用的。"②

李明在《中国近事报道》中对漆和漆器作了比较详细的介绍。他指出:

    漆在中国是很普通的,所以到处都在使用。它可以调成各种颜色,可以掺进金花和银花,可以在上面画人物、高山、宫殿、狩猎、花鸟、战斗场面,以及许多种图案,这使得其制成品更为出色,更招人喜爱。在这方面,中国人花费不大,却能显得富丽堂皇。

    除了油漆本身具有的色彩和光泽外,它还具有保护涂过漆的木料,使之更耐用的优点:不易生虫,潮气也几乎难以渗入,甚至也不会留在油漆表面。如果用餐时,桌上洒了油或汤,只需用湿抹布擦一下,就不仅看不见任何痕迹,而且一点气味不会留下。

    我们以为油漆是一种合成物,是一项机密,其实错了;它是一种树胶,差不多像树脂样从一种树干流出。在用以存盛树胶的木桶里,

---

① [葡]曾德昭:《大中国志》,上海古籍出版社,1998年版,第4页。
② [波兰]卜弥格:《卜弥格文集——中西文化交流与中医西传》,华东师范大学出版社,2013年版,第191页。

它像是溶解的沥青,只是它几乎无任何气味。使用时,必须加入油脂稀释,稀释程度视制成品的质量要求而定。

一般的桌椅只是涂二三层清漆即可,这种清漆很透明,透过油漆可见清晰的木纹。如果想要将整个加工的材料覆盖住,要反复涂数遍漆,直到最后简直就明亮如一面美丽的镜子,人们会把它当镜子使用。当制成品干燥后,可在上面用金、银或其他颜色的涂料画上不同的图案,如果愿意,还可再涂上一层清漆,以使成品更加光彩照人,并更利于保存。

但是,那些追求完美的人仍在木面贴上一层由纸、麻刀、石灰以及其他搅拌得很好的材料组成的纸板样的东西,清漆可以很好地与之结合在一起。这些东西组成一个又结实又极其平滑的底,在底上再渐渐地、薄薄地涂上几层油漆,待一层干燥后再涂第二层。和其他行当中一样,每个工匠都具有自己使成品完美的秘密。但是,我认为,除了手的灵巧以及清漆要求既不太稠,又不太稀这个特性外,耐心则是决定事情成败的最重要的一件事。①

在17世纪时,中国漆器已经输入欧洲,但尚属于罕见之物,所以在1689年,髹漆的中国家具竟作为皇家的开奖物品,可知其名贵。但到了17世纪末,漆器开始大量输入欧洲。中国外销到欧洲的家具以漆木家具为主,多采用黑漆描金的装饰手法,式样大到厨柜、桌椅、屏风,小到扇子、针线盒、工具箱等无所不包。这些家具和漆器是展现中国彩绘装饰艺术的主要形式之一。多数家具的木胎事先由订购地做好,再船运至广州,广州漆匠髹漆彩绘后再返运回订购地。广州制作的漆器独占鳌头,成为主要出口商品之一,在欧美各地所见的漆器大多来自广州。

漆器家具输入欧洲,立即受到广泛的欢迎。法国路易十四时代的凡尔赛和托里阿诺宫中都采用了整套的中国漆制家具。据"皇宫家具总目录"记载,凡尔赛宫中的漆器家具有"一只中国橱柜,带有两扇门,门上画有在空中飞翔的四只鸟,两只兔子和中国式的房屋;一只中国橱柜,带有

---

① [法]李明:《中国近事报道(1687—1692)》,大象出版社,2004年版,第144—145页。

两扇门,一扇门上画有空中有四脚的怪物,另一扇门上画有一块岩石。"还有几只柜子,"涂以中国清漆,画有岩石和中国式的房屋,还有鹿、马、鸭子等动物。"1708 年记录的凡尔赛宫的家具清单里,记载有一套中国漆器屏风,它们是由"十二扇精致的漆木折叠饰板组成的,都以绿色漆及金片衬底,以五彩缤纷的色彩画有花卉、梯田、树木,并以黑漆涂边,再在边饰中画有不同颜色的花瓶,并配有银色的小鸟和金龙,都是雕绘的。高为六英尺十英寸,背面是黑漆。"①

1703 年法国商船从中国运回了大批漆器,引起全国性轰动。饰有镶嵌螺钿的中国家具大受欢迎,比较常见的有屏风、橱柜等,据说法国著名作家赛维涅夫人(Marie de Sévigné,1626—1696)在一个用作书桌的嵌螺钿漆器五斗橱上,写出了她有名的数十封给女儿的信。葡萄牙著名耶稣会学校哥因布拉大学图书馆,也采用了漆绘装饰的墙面。在当时商业或财产目录上有关东亚进口货品的记载,其中有许多中国漆器的名目。各种式样的漆器在社会上广为流行,以至老米拉波侯爵曾从经济方面对此种现象提出批评。

中国漆器家具传入欧洲后,在荷兰、意大利、英国、法国等国家都出现了中国漆器家具的仿制品。在 17 世纪之初,欧洲就开始有了仿制中国家具的记载。1600 年在巴黎上演的一出戏剧中,剧中的人物提出,要按照中国样式打造一件橱柜。1612 年,荷兰家具师威廉·吉克(William Kick)应一位将军的要求,打造过一件仿制的中国橱柜,以与另一件进口的中国橱柜配套,作为送给土耳其苏丹的礼物。

但是,当时人们还不知道中国的漆的配方和制漆工艺。据说中国的制漆技艺是由奥古斯定修会传教士奥斯塔希乌斯(Eustachius)最早传入欧洲的。但此说尚待考证。波兰传教士卜弥格在他撰写的《中国植物志》中介绍到漆。基歇尔在《中国图说》中也介绍了有关中国油漆的知识,还介绍了中国油漆家具的各种方法。基歇尔的这些知识很可能得自卜弥格的介绍。在 1690—1700 年间,意大利科学家、耶稣会士伯纳尼(Filippo

---

① 方海:《中国家具传入西方简史》,《国际汉学》第 7 辑,大象出版社,2002 年版,第 236—237 页。

Bonanni)写了一份关于中国漆器的详细材料,后来整理成为学术报告,于1720年发表。他的研究利用了耶稣会士们掌握的有关中国漆的材料,认为漆来源于一种树,它只生长于亚洲,不可能移植到欧洲。而且漆是有毒的,不便于海上长途贩运,所以欧洲不可能复制中国的漆,而必须寻找其他的替代品。

后来,欧洲人找到了一种中国漆的替代品,就是"树胶漆"或"虫漆"。虫胶又名紫胶,是寄生在某些树种上的紫胶虫所分泌的一种天然动物性树脂,颜色紫红,故称"紫胶"。因系紫胶虫分泌物,又称"虫胶"。紫胶在采集后经过加工,将其溶解在酒精里,就可以制成虫漆。从16世纪晚期开始,欧洲就开始利用树胶或虫漆仿制中国的漆器。到17世纪初,根据当时的文献记载,阿姆斯特丹、纽伦堡、奥格斯堡等地都已经有了漆器生产,荷兰还出现了漆器的行会。为了区别,欧洲人将中国或日本输入的漆器称为"Lacquer",将欧洲仿制的漆器称为"Japan"。

法国在17世纪晚期制出了中国漆器的仿制品。1692年,法国圣-安托万地区开始仿照中国式样制造漆器。德·尚波(Alfred De Champeaux)在《家具》一书中说道:"第一次提到漆的工艺是在1692年出版的普拉德尔的《实用手册》中,里面非常详尽地描述了17世纪末科学和艺术的状况。它也提到了在近圣-安托万郊区做得最好的一家,就在'新月'的对面,梳理了所有种类上了中国漆的家具。里面又补充道,朗格卢瓦(Langlois)和他的长子用令人惊叹的方法制作了一些中式的屏风和橱柜,他们就住在夏洛恩(Charonne)街附近的圣-安托万大街。朗格卢瓦的小儿子,也就是住在蒂格热朗德西(Tixeranderie)大街佩尔迪卡(Perducat)家的外科医生,很擅长中国的插画和装饰。1655年,路易·勒·翁格尔(Louis Le Hongre)丰富了凡尔赛宫两个书房里装饰着中国漆的画,他在凡尔赛宫也画了一些相同风格的画。"[①]18世纪时法国的漆器业居于欧洲之首,其中以马丁一家最为著名。罗伯特·马丁(Robert Martin)在制漆技艺方面取得卓越的成就,曾受到伏尔泰的热情赞扬,说:"马丁的漆橱,胜于中华器。"又说:"马丁的漆壁板为美中之美。"对法国漆

---

① 引自[法]亨利·柯蒂埃:《18世纪法国视野里的中国》,上海书店出版社,2006年版,第108页。

业的最新成就表示了由衷的喜悦。蓬巴杜夫人对中国时尚十分热心，其沙龙中经常聚集许多人高谈中国风尚。她特别喜爱马丁家仿造中国及日本样式的姿态优美的花鸟漆器，曾订购大批这样漆器家具，装饰她所居的蓓拉浮宫。法国漆器以蓝、红、绿和金色为主，室内立柜式样都照中国风格，而以牡丹花鸟、中国妇女、中式栏杆、房舍等为装饰图案。

在德国，仿制中国漆器也发展起来。17世纪后期，比利时人达哥利（Gerard Dagly）将自己家乡斯帕的漆器工艺带到德国，并在柏林建立了自己的工作室。斯帕是17世纪末和整个18世纪欧洲制漆业的中心，那里制作的漆器，小到鼻烟盒，大到大衣橱，应有尽有，被称为"斯帕木器"。达哥利在1687—1713年间为普鲁士国王腓特烈一世的宫廷服务，被授予"室内装饰艺术家"的称号。达哥利的漆绘图案，有东方人物、建筑、飞鸟、动物等，都带有浓厚的异国情调，画面上比东方漆器更重视景物的透视关系，如内含小抽屉的双门柜中国风漆绘、光亮的铜饰件以及稳固的底座等。达哥利的兄弟在法国戈贝林皇家制造厂也设立了自己的工作室，所用的漆称为"戈贝林漆"。普鲁士国王腓特烈二世还曾邀罗伯特·马丁的儿子入宫，任为漆师。德国艺术家施帕托瓦塞尔（Johann Heinrich Stobwasser）偶然获得法国人的制漆配方。1757年他第一次制成了优质漆，并开始仿制中国的漆杖，加绘中国的山水画和人像。这种漆杖曾在腓特烈二世的军队中广为使用。1763年，他定居布朗斯威克并在那里设立一家特许的漆厂，他制造的上漆鼻烟壶曾闻名于世。他还试制了纸皮漆器，也是模仿东方式样。

18世纪英国的设计家们认为，漆艺是指用漆先覆盖家具或其他物品表面，而后再用更多色泽的漆反复在已有的漆面上绘画。他们首先把漆器的制作当做是一门艺术。当时英国上层社会的妇女以学绘漆为时尚，绘漆成为女子学校的一门美工课。家具制造商也纷纷仿造中国漆器家具的图案和色彩，打造中国式家具。17世纪晚期英国的家具，以豪华的装饰和出色的髹漆著称。家具的样式有写字台、立式时钟、椅子、桌子、镜子等，这些产品在中国都找不到原型，但在装饰图案上则都是中国风格的。著名家具设计师齐本达尔（Thomas Chippendale，1718—1779）和海普尔华特（Heppelwhite）设计制作的橱、台、椅子，完全模仿中国，采用上等福建漆，雕刻龙、塔、佛像、花草。齐本达尔引进福建漆檀木椅，后来又模仿中国竹节家具，设计屏风尤其雅致。

齐本达尔在1754年出版了一本《绅士与橱柜制造者指南》，副标题是"哥特式、中国式和现代式常用家具中最优雅与实用之图例"。书中有160幅桌、椅、橱柜等中国风格家具的图案。这本书成为当时许多工匠的蓝本，他们制作的这类家具被称为"齐本达尔中国式"。

这一时期欧洲各国还陆续出版了一些有关制漆工艺的著作和设计图案。德国纽伦堡建筑师保罗·达克尔（Paul Decker the Elder）在1713年出版了《漆器与刺绣图案》一书。伯纳尼出版了《中国漆器制作技术》一书，在书中记述了中国漆器的每一道加工方法，并从技术上解释说明了在酒精或煮沸的亚麻油里溶解底漆再重新涂漆的全过程。在华耶稣会传教士汤执中也曾留意中国的制漆工艺，曾于1760年在巴黎发表了《中国漆考》，附有精美图片。1772年，法国漆艺家瓦丁（Jean Felix Watin）出版了《漆绘与镀金工艺》一书，他认为杜松树的树脂是中国漆的最好的替代品，并在书中提供了清漆的制作方法，将山达脂或虫胶溶解于酒精中，将制备好的漆一道一道地覆盖在浅色、光滑和紧密的木质表面（比如椴树、枫树、梨树等），可以制成不亚于东方漆的产品。荷兰艺术家斯塔尔克（Stalker）和帕克尔（Parker）出版了《髹漆论丛》一书，提供了漆的配方，指导人们如何从事漆艺，并提供了许多"中国风"设计的装饰图案。

欧洲许多地方还流行漆屋。所谓"漆屋"，是指一个房间的四周墙面，用进口的东方家具中拆下来的漆绘壁板或其仿制品来装饰，强调漆面光亮的豪华感，以及漆绘画图案所营造的东方情调。这样的漆屋一般配置漆家具，用来收藏和展示东方瓷器。漆屋可能最早在17世纪后期开始出现在荷兰，后来流传到欧洲各国。1609年荷兰罗瓦登宫中的一个房间，可能是现存最早的漆绘房间，现藏于阿姆斯特丹国立博物馆。丹麦哥本哈根的罗森堡宫也有一个精美的漆绘房间保存至今。凡尔赛宫有一个用漆画装饰的房间，德国的路德维希宫也有一个精美的漆绘房间，用11组大型的漆绘镶板装饰四壁，绘有长尾的鸟、龙和蜻蜓，异国情调的花园景色，以及多瘤节的树干下放置着陶罐等图案。

二 瓷器与制瓷技术在欧洲的传播

1 瓷器在欧洲社会的风行

瓷器传到欧洲后,引起了人们狂热的追捧,特别是在宫廷王室贵族社会中,出现了一大批瓷器爱好者。作为非西方文化的艺术品,中国古陶瓷在世界上获得的广泛认同和青睐是独一无二的,它的价值和品味已经可以比肩于西方任何一个门类的艺术品,以及西方历史上那些声名显赫的艺术大师的作品。特别是在17—18世纪,收藏和展示东方瓷器,成为欧洲王室和贵族奢华生活的重要形式之一。罗伯特·芬雷指出:1600年以后,

葡萄牙里斯本桑托斯宫中"瓷室"的天花板。17世纪末,那里覆盖着260件中国的盘子和碗,说明从那时起葡萄牙国王就开始收集中国瓷器。

欧洲各国君主从葡萄牙国王到俄罗斯沙皇,都纷纷染上这个瓷疾。雄积瓷器,一如宫殿和貂袍,其实是在宣示所有者的实力和气势。瓷器成为各国王室相互仿效、彼此较劲的身价通货,这股风气更沿社会阶梯向下蔓延,及于贵族、乡绅、富家。①

还有人说:"皇家或贵族是否占有东方瓷器或者后来的欧洲瓷器,关系到他们的声望。瓷器增加宫廷的光彩。"

清乾隆广彩青花描金开光人物纹瓶

---

① [美]罗伯特·芬雷:《青花瓷的故事》,猫头鹰出版公司,2011年版,第337页。

达·伽马在完成东方航行之后,送给葡萄牙国王曼努埃尔一世瓷器作为礼物。曼努埃尔国王是一位东方文物的狂热爱好者。在他的财产目录中记载的物品,有的被确定为来自摩洛哥、土耳其、波斯、印度或者中国,其中包括"4 件外部带有银饰和柳条的中国瓷器……"在 1512 年,国王送给里斯本的哲罗姆修道院 12 件瓷器和一套 20 件的瓷器。一年以后,他又送给他的妻子卡斯蒂里的玛丽王后另外一套瓷器。从 1511 年 2 月到 1514 年 4 月,里斯本印度库房的香料司库若奥·达萨(Joao da Sa)记录了皇家库房一共进了 692 件瓷器和数千件稀有的东方物品。国王的母亲比阿特丽兹公主同样拥有一些瓷器,并珍藏在一个佛兰德斯箱子里。在王后伊莎贝拉去世后公布的财产目录中曾提到了一位葡萄牙亲戚,他在 1504 年 4 月 26 日向王后的侍女维奥兰特·德·奥比昂(Violante de Albion)移交了一件大青花盆,这是卡斯蒂里的玛丽赠送的礼物。4 天后,她又从一位

清乾隆广彩锦地青花开光人物纹执壶

威尼斯大使那里得到了一件小一点的装饰着紫罗兰花的八角形盆。对于葡萄牙统治者来讲,瓷器无疑是一种深受喜爱且非常稀有的礼物。1610 年成书的《葡萄牙国王记述》对中国瓷器充满赞美之言:"这种瓷瓶是人们所发明最美丽的东西,看起来要比所有的金、银或水晶瓶都更为可爱。"

在葡萄牙的桑托斯宫有一个"瓷器屋顶",天花板上覆盖着 260 余件青花瓷盘,大多是 16—17 世纪的克拉克瓷。桑托斯宫从 1501 年开始是葡萄牙国王曼努埃尔一世的住所,1589 年以后属于兰卡斯特雷(Lancastre)家族所有。这个青花瓷装饰的天花板是 17 世纪后 25 年建造的,上面的瓷器曾是国王曼努埃尔一世的收藏。英国瓷器史专家约翰·

卡斯维尔(John Carswell)指出:"桑托斯宫的收藏提供了一个从16世纪以后到达葡萄牙的令人惊奇的瓷器目录。"①在里斯本的阿纳斯塔西奥·贡萨尔维斯博物馆,收藏有379件主要是16—17世纪的中国青花瓷。

西班牙国王卡洛斯一世曾通过从事东方贸易的商人向中国订购了印有王族徽记和花押字的瓷器,纹章瓷由此在欧洲盛行起来。西班牙国王菲利普二世是他生活的16世纪欧洲最著名的艺术赞助人,他收藏了1500幅画,无数手稿、版画、锦帷、钟表、珠宝,以及各种奇珍异兽标本。他非常仰慕中国瓷器,长期以来经常进行采购。菲利普二世去世时,已拥有全欧洲最多的中国瓷器。据一份1598年的清单,总数共达3000件瓷器,多数为餐具,包括上菜盘、水酒瓶、酱汁碗、大口罐等。

在比利时的安特卫普,由于和葡萄牙的贸易联系,瓷器也变得十分流行。在尼德兰摄政、奥地利的玛格丽特的财产中拥有不少于23件陶瓷,有一些还带有银或镀银的底座。其中有一件美丽的带盖的白瓷,周围画满了人物。瓷器也开始出现在油画中,一件曾经被归为贝尔纳·凡奥利的《受胎告知》,作于16世纪20年代,在前景就表现了一个瓷器罐子。著名画家阿尔布雷希特·丢勒(Albrecht Dürer)在1520—1521年曾居住在安特卫普,他的朋友、葡萄牙代理商若奥·布兰道(João Brandão)送给他3件瓷器。布拉班特省和安特卫普的财务总管洛仑兹·斯特尔克(Lorenz Sterck)也赠给他"一个象牙哨和一件非常美丽的瓷器"。丢勒显然受到中国明代青花瓷的影响,这在他的一些画作中表现出来。

意大利艺术家们也把中国的或中国样式的瓷器表现在他们的作品里,最早的例证似乎出现在来自维罗纳的弗朗切斯科·本纳里奥(Francesco Benaglio)的作品中。在一件创作于1460至1470年的圣母子绘画中可以看到一只莲蓬状的碗,并带有一种可以在15世纪初期的中国瓷器中见到的简单的青花装饰。安德烈·曼泰尼亚(Andrea Mantegna)在他的《博士来拜》中描绘了一件青花瓷来强调三位国王的东方起源。第一次对陶瓷的准确描绘,可以在一幅巨大的由乔万尼·贝利尼(Giovanni

---

① [英]约翰·卡斯维尔:《蓝与白:世界范围的中国瓷器》,引自万明:《异军突起:16—17世纪的漳州青花瓷》,《中国中外关系史学会第八届会员代表大会暨"历史上中外文化的和谐与共生"学术研讨会论文集》,第21页。

Bellini)创作的作品中看到,那就是他的《诸神的盛宴》,作于1514年,画面里有两个青花碗和一个带有镀银托架的盘子。碗是明代15世纪晚期和16世纪早期最典型的器物。在碗外侧的双层口沿之间,是由六朵莲花组成的饰带,内部有由五朵牡丹在一个起伏的花茎上组成的图案,边上是较小的繁盛的花和叶子。这种碗被广泛出口到东南亚和中东地区,并被葡萄牙人带到欧洲。据有的学者考证,画中瓷器的实物可能是属于1498—1508年曼努克·苏尔坦家族(the Mamluk Sultans)的外交礼品。画家是应痴迷中国瓷器的阿方索一世公爵(Duke Alfonso I d'Este)请求而创作的。在16世纪的许多欧洲画家,都喜欢在自己的作品的背景中画几件中国瓷器,有的画家还在作品中画上几个汉字。

在荷兰,收藏瓷器也是很受王室贵族追捧的风潮。18世纪初荷兰威廉四世国王的王后玛丽莲·露易丝就是一个狂热的瓷器爱好者。1730年,玛丽莲王后移居荷兰北部城市吕伐登,住在普林西霍夫宫殿。晚年的玛丽莲王后开始大规模收藏东方的瓷器,并设想将普林西霍夫宫殿建成荷兰最大的远东瓷器博物馆。1731年,荷兰吕伐登普林西霍夫博物馆正式成立,来自中国和日本的精美瓷器被源源不断地送到博物馆。1765年玛丽莲王后去世前,普林西霍夫博物馆已经拥有上千件中国瓷器。

普林西霍夫博物馆逐渐发展成为荷兰乃至欧洲知名的瓷器收藏中心,多年来不断收到收藏家所珍藏的瓷器的捐赠。19世纪荷兰矿业工程师雷尼尔·德瑞克·范比克(Reinier Drik Verbeek, 1841—1926)在1868—1873年间,曾三次前往印度尼西亚旅行,购得大量漳州窑瓷器。1918年,在普林西霍夫博物馆馆长兰尼·奥缇玛(Naane Ottema, 1874—1955)的鼓励下,范比克将他的个人收藏在普林西霍夫博物馆展出。范比克去世后,他的后代将家族藏品悉数捐给吕伐登市政府,市政府又将这些瓷器转赠给普林西霍夫博物馆。1895—1900年间曾在荷兰东印度公司担任负责人的范·德梅伦(A. Tj van der Meulen, 1862—1934),也是一个积极的瓷器爱好者。他在个人手记中写道:"在巴达维亚,只要是工作之外的空余时间,我都会摸向古董地摊,在街头巷尾向当地人打听有关古玩的消息,或者直接进入店铺,环顾四周,然后买下最有价值的一些瓷器……"范·德梅伦收藏了430件中国古代瓷器,后来都捐赠给普林西霍夫博物馆。到20世纪70年代，普林西霍夫博物馆成为荷兰公共陶瓷艺术研究中心，馆内藏有中国明清时期各大窑口的精美瓷器18万件。①

德国的德累斯顿茨温格尔宫是欧洲最大的瓷器艺术博物馆，其前身是奥古斯都大力王收藏的茨温格尔宫瓷器走廊。奥古斯都二世（August Ⅱ，1670—1733），是罗马帝国萨克森选帝侯，也称"奥古斯都大力王"，1697年担任波兰国王。1715年前后，奥古斯都开始系统收藏中国瓷器。1717年，他得知北部普鲁士摄政王威尔·汉姆一世收藏了一批体量巨大的中国青花瓷。为了获得这批青花瓷，奥古斯都决定以波兰萨克森部队的一个兵团（约600名龙骑兵）来换取威尔·汉姆一世的151件大型青花瓷。这批瓷器后来被称为"近卫花瓷"或"龙骑兵瓷"。也有人称之为"萨克森国王的血罐"。这一年，他还将自己的波兰行宫改造成为"瓷器宫殿"，把来自中国、日本的瓷器和刚刚问世的德国迈森瓷器一同展示出来。1727年，奥古斯都又在易北河畔建造"日本宫"，将他的部分瓷器精品转至日本宫，用于装饰富丽堂皇的"瓷器塔"。1726年，奥古斯都致信给他的首相坎特·费莱明（Count Fleming）说："自己正陷入了对荷兰橘子树和中国瓷器的狂热追求中，正毫无节制、不谙世事地进行购买和收藏。"正是在这位奥古斯都二世的支持下，在迈森创建了瓷器工场，为欧洲的瓷器生产做出了决定性的贡献。

奥古斯都通过多种渠道来满足他的收藏。有国与国之间的购买，也有大臣们的呈送，更多的是在莱比锡城购买的。当地的瓷器商人从荷兰购得中国瓷器，再转手卖给奥古斯都。当时最著名的瓷器商人是伊丽莎白·巴斯塔切夫人（Madame Elisabeth Bassetouche），茨温格尔宫中的瓷器走廊装饰的很多花瓶组合都是由她代为购买的。之后，她一度居住在德累斯顿，成为近在国王身边的瓷器顾问。在奥古斯都收藏的顶峰时期，茨温格尔宫共有东方瓷器24100件，其中中国瓷器约17000件，日本瓷器和朝鲜瓷器7100件。②

对于中国瓷器的爱好和收藏不仅是在上层社会的皇室和贵族之间流

---

① 参见黄忠杰：《荷兰普林西霍夫博物馆藏漳州窑瓷器》，《紫禁城》2011年第4期。
② 参见黄忠杰：《从皇宫到博物馆——解读奥古斯都大力王收藏的中国瓷器》，《紫禁城》2012年第4期。

行,这种风气也流传到民间。英国作家斯威夫特(Jonathan Swift)说,他有一个时候爱上了瓷器,简直像是疯了,不管它多么贵重。英国诗人盖伊(John Gay)在一首诗中提到一个爱好古瓷的夫人:

> 古瓷是她心中的爱好所在:
> 一个杯子、一只盘、一个碟子、一只碗
> 能够促动她肠中的火焰,
> 给她欢乐,或叫她不得安闲。①

1712年,英国的《旁观者》杂志发表了一位瓷器店服务员的来信,谈到了一位古瓷爱好者,信上说,那位女子每天都要到他的店里光顾两三次,一会儿说要买屏风,服务员就把屏风搬出来让她看;一会儿又说要买茶和一套茶杯、盘子和钵子,服务员又去把这些东西搬出来,让她看看摸摸。到后来她又说不买了。她走后,服务员把散落一地的货物整理上架,可是还没整理完,她又回来了。当时有一位德拉尼夫人(Mrs. Delany)花了不少钱和时间收集中国的东西,她还把中国的杯子、盘子、碟子等瓷器送给她乡下的朋友,以供同好。她说,她在坎伯兰公爵的私邸里看到了大量的瓷器,可值600镑。对于风靡全社会的追捧瓷器之风,18世纪法国剧作家巴斯蒂安·梅尔西埃(Louis-Sébastien Mercier)写道:"中国瓷器之豪华,该是多么悲惨的豪华啊!猫用一只爪造成的价值损失,比20阿邦(arpents,法国旧时土地面积单位)土地遭灾的损失更大。"②

2 瓷器对欧洲人的日常生活与审美情趣的影响

中国瓷器传到欧洲以后,受到欧洲各国的广泛而热烈的欢迎。但是,"在17世纪中瓷器仍被视为一种新奇的珍玩之时,只有少数大宫廷……,才有比较大量瓷器的陈列,但等到快至新世纪之时,也许由于瓷器大量地

---

① 引自范存忠:《中国文化在启蒙时期的英国》,上海外语教育出版社,1991年版,第79页。
② 引自[法]伯德莱:《清宫洋画家》,山东画报出版社,2002年版,第132页。

供给，也许由于个人趣味的要求，瓷器逐渐成为普通家庭用品，特别是在热饮（包括饮茶）成为社会流行风尚以后。"①精美绝伦的各种瓷器，深入社会的各个阶层，走进人们的日常生活，给欧洲人的日常生活带来很大的方便。

瑞典人的餐桌

据说，在14世纪的法国上层社会，餐具还是金、木、陶制器皿并用。16世纪的时候，瓷器已经开始进入欧洲，但还是很稀罕之物。1607年，法国王太子用一只瓷碗喝肉汤，已经是很了不起的事情，因为当时只有国王和贵族才买得起瓷器。然而到了18世纪，东印度公司向欧洲输入了大量的瓷器，欧洲人才开始以瓷器代替金银器为餐具。法国国王路易十五也大力提倡，命将宫廷中所用的金银餐具熔化，充作他用，而以瓷器代替，自此上下从效。大量瓷器的引进改变了人们的餐桌，把餐具和饮具由贵重和笨重的银器变为精美轻便的瓷器，从而改变了人们的就餐方式乃至整个生活方式的变化。罗伯特·芬雷指出："各国东印度公司进口大量瓷器，从而促使1600年至1800年间很大一部分欧洲人口的日常生活的改

---

① ［德］利奇温：《十八世纪中国与欧洲文化的接触》，商务印书馆，1962年版，第21页。

头又换面。更有甚者,中国瓷器并不只是一个徒供使用和欣赏的中性物件,它还对西方社会发挥重要的影响——也就是在消费者革命中扮演了领头作用。而消费者革命本身,正是11世纪高级都市文化复苏以来,一场发生于日常生活的同等重大改变。"① 法国学者雅克·布罗斯(Jacques Brosse)也指出:"如果说瓷器在16世纪和17世纪时仅仅是由珠宝商们出售的那些用黄金或镀金铜镶嵌的珍异物,如路易十六用一个配有金把手的中国大瓷杯喝清汤,那么18世纪所有那些拥有如此手段的人,则都希望拥有这些非常适宜饮热汤(其实已传播开了)、中国茶、阿拉伯半岛咖啡和墨西哥巧克力的餐具。当时变得非常流行的是定制全套餐具,欧洲为此提供了样品。"②

乔凡尼·贝利尼和提香《诸神之宴》(局部),
后排中心位置的男神和女神手上和头上的是中国明代瓷器。

---

① [美]罗伯特·芬雷:《青花瓷的故事》,猫头鹰出版公司,2011年版,第321页。
② [法]雅克·布罗斯:《发现中国》,山东画报出版社,2002年版,第44—45页。

法国学者丹尼尔·罗什(Daniel Roche)在其所著《启蒙运动中的法国》一书中,讲到当时大量进口中国瓷器对法国社会各阶层审美心理和社会心态的影响。他指出:

> 这就是一种给人以安全感的奢侈品,一种可以抵御命运打击的,储备和家庭能力的证明,一种护身符。瓷器将展现一种崭新的风格:"是一种从小心谨慎和战战兢兢中清理出来的,一种克服了实用性暴政的、没有任何杂念的奢华。"社会也会感觉到,就是其自身的主人也可以陶醉于日新月异变革所带来的乐趣中。这就是瓷器首先进入了地位稳固、知识渊博的家庭的原因。然而新兴富人和小资产阶级继续拷问银器的优越之处。老的社会阶层已经拥有了银器,期待从瓷器中获得其他东西,诸如猎奇思想、美学兴趣,寻找新的舒适生活的情趣、对讲究生活的追求。"无论是瓷质的勺子还是盐瓶,瓷器都是悠悠耐心和好奇心的标志与见证,它见证了资产阶级缓慢的、连续性的发展,瓷器餐具以一种突然的方式反应了更加迅速的事件的爆发和对新感觉的寻找,本身脆弱性所包含的完美性元素定义了18世纪某种短暂思想中的永恒。"来自遥远国度、具有易脆性,这种双重特点使得瓷器在启蒙运动社会里确认了一种对世界的拥有,无论是从社会关系还是从地缘上都可以扩大它的影响。①

丹尼尔·罗什还提到,在当时的法国,瓷器已经深入人们的日常生活,成为人们日常生活中不可缺少的组成部分。他说:"瓷器市场的发展与其他市场因素相关,但要根据顾客的爱好的变化。虽然进口数量从摄政时期到路易十六统治时期保持不变,但是产品种类却减少了(茶杯、碟子、罐子、碗、高脚杯和茶壶)。瓷器就这样与个人生活融为一体,因为这种迹象具有一种商业和美学意义。从产品种类的减少我们可以归纳出更广泛的普及,甚至是社会性的约定俗成。"②

---

① [法]丹尼尔·罗什:《启蒙运动中的法国》,华东师范大学出版社,2011年版,第590页。
② 同上书,第589页。

瓷器在日常生活领域的广泛影响，不仅仅局限在餐桌，不仅仅是改变了人们的餐具、茶具等日常使用品，还作为居室的陈设、装饰，美化着人们的生活环境。瓷器成为比较富裕人家的必需品，尤其是当饮茶的时候，非此不足以表示其为时髦人物。罗伯特·芬雷指出："瓷器流行之所以遍及全欧，不仅在于进餐使用，也因为当时刮起了另一股新的消费时尚风，瓷器恰逢气盛，被纳为其中一大要素，这股时尚风亦即室内布置的兴起，这个新趋势乃是因应精英阶级打造愈来愈多的宽敞宅邸而生。"①

当时欧洲上流社会，都以设置"瓷器室"陈列中国瓷器为时尚。如法国国王路易十四有专门收藏瓷器的凡尔赛镜厅，还特地建筑了瓷宫。波兰国王约翰三世在维拉努哈宫侧殿有专门陈列瓷器的"中国厅"。德国大选帝侯的夫人露易丝·亨利埃蒂（Louise Henriette）在柏林南部的奥拉宁堡宫殿，设有带护壁板的大厅，专门陈列她在 1652—1667 年间收集的中国瓷器。他们的儿子腓特烈在夏洛滕堡为其妻子索菲·夏洛特（Sophie Charlotte）建造的宫殿中，也设有瓷器厅，陈列了中国瓷器 400 余件。以瓷器装饰房间的风尚，由欧洲大陆传到英国。玛丽二世女王（MaryⅡ，1689—1694 在位）在荷兰居住时，曾购买了大量的瓷器装饰房间。1687 年，瑞典著名建筑师尼科迪莫斯·特辛（Nicodemus Tessin）访问了她在海牙附近的乡间别墅赫斯拉蒂克，据这位建筑师记载，其客厅里"陈列着大量的中国瓷器、绘画等。天花板镶嵌着镜子，给人一种广阔的透视感。壁炉架上摆满了珍贵的瓷器，陈列在一起，如此协调，好像一件支撑着另一件。"玛丽二世与其丈夫威廉三世继承了英国王位之后，把这种时尚带到了英国宫廷。1689 年 2 月，他们查看了汉普顿王宫，决定对其进行全面整修。根据 1720 年出版的一本《大不列颠岛游记》记载，汉普顿宫陈列着大量精美的中国瓷器，这些瓷器在别的地方从来未见过。不但室内的陈列柜、壁炉上摆满了瓷器，有的一直摆放到天花板那样高。就是宫中的长廊，也随处摆放着瓷器。在这个时候，欧洲还涌现了一批室内装饰设计大师，从事"瓷器室"的设计。其中最有名的一个，是荷兰建筑师丹尼尔·马洛特（Daniel Marot，1661—1752），他是法国人，1685 年流亡

---

① ［美］罗伯特·芬雷：《青花瓷的故事》，猫头鹰出版公司，2011 年版，第 337 页。

到荷兰,后来跟随威廉三世到了英国,参与了汉普顿宫"瓷器室"的设计。

到18世纪初,这种以瓷器装饰房间的风尚,从上层社会传到了民间。许多普通家庭也把中国瓷器作为重要的家庭居室的陈设。18世纪英国经济学家亚当·斯密就曾提到,他在爱丁堡和巴黎的人家中看到大量白色的中国瓷器。而瑞典人凭自己的想象在自己的家里布置了一个"中国厨房",厨房的墙壁和餐桌都是用中国瓷器装饰的,他们称之为"瓷器厨房"。

瓷器被认为是来自中国的礼品,它引起了人们强烈的热情。18世纪法国有一首诗写道:

> 去找那种瓷器吧,
> 它那美丽在吸引我,在引诱我。
> 它来自一个新的世界,
> 我们不可能看到更美的东西了。
> 它是多么迷人,多么精美!
> 它是中国的产品。①

近代以来出口到欧洲的瓷器,无论是在器型还是在所出窑口方面,种类都很多。耶稣会传教士李明在论中国的著作中,把瓷器分为三种:一种为黄色,二是灰色而有裂纹的瓷器,他本人认为这种是最好的,第三种是普通欧洲人喜欢的多彩瓷器。他说:"欧洲惯见的,就是这种绘有人物鸟兽花卉的白地瓷器。"他认为欧洲商人毫无鉴别地大量购入多彩瓷器,"欧洲人已不再是和优美的艺人打交道了,而且由于对此道的无知,使中国人供应什么,他们便要什么。"②实际上,正是这种在白瓷上直接装饰釉上彩纹样的彩瓷,包括专门为向西方出口而生产的广彩瓷器,由于其丰富的装饰和绘画,最受欧洲人欢迎,出口量最多,并且对欧洲人的审美观念和艺术风格发生了重大影响,从而对近代欧洲艺术的洛可可风格起到了刺激、

---

① 引自[英]赫德逊:《欧洲与中国》,中华书局,1995年版,第259页。
② 引自[德]利奇温:《十八世纪中国与欧洲文化的接触》,商务印书馆,1962年版,第21页。

启发和推波助澜的作用。

明清时代的外销瓷大部分是以中国传统纹样装饰,装饰的主题、题材和形式都是中国传统的,以传统人物、山水、鸟兽、花草、典故、传说、乡俗、物产等为主题,内容相当丰富,体现了中国传统瓷绘装饰艺术的特色和中国文化中深厚的人文精神,几乎展现了一部有关中国的百科全书。在照相技法尚未问世的18世纪,西方国家对中国形象的了解,是通过写实的绘画作品,而瓷器则是更为主要的信息来源。这些充满异国情调的东方图画,让欧洲人领会到另外一种审美情趣,一时间成为追捧的对象,以至于在欧洲形成了持续一个多世纪的中国风和洛可可艺术风格。

温雅清脆的中国瓷器不仅为洛可可艺术提供了新的物质材料,而且"象征了洛可可时代特有的光彩、色调、纤美",象征了这一时代特有的情调。

3 中国制瓷工艺技术在欧洲的传播

中国瓷器在欧洲的销路随着社会经济的发展不断增长,与此同时,中国的制瓷工艺技术也传播到欧洲各国,从而刺激和推动了欧洲仿效中国瓷器建立自己的制瓷业。

早在《马可·波罗游记》中就已有对中国制瓷技术的介绍。但是,马可·波罗的记述还过于简略,语焉不详,并且瓷器在当时还属稀罕之物,所以并没有引起充分的重视。

瓷器这个名称本身,在古代法语中"pou rcelaine"和"porcelaine"有不同的含义,不仅指中国瓷器也指贝壳。同名异义的原因可能是因为白色陶瓷闪光的表面一定让欧洲人想起了贝壳,并使他们得出结论认为这些瓷器一定是用贝壳做出来的。这种制作技术在当时的欧洲还鲜为人知。在《论世界的知识》中重新提及马可·波罗的看法,其中写道:"泥土在制成容器前要放40年,以使其成熟。父亲准备泥土而由儿子来完成,并制作出各种容器。"文章中还认为如果瓷器破了,"它需要用山羊奶煮沸泥土来修理"。葡萄牙人杜瓦特·巴博萨(Duarte Barbosa)曾长期生活在印度,他对亚洲包括对中国的了解远远超出同时代的欧洲人,但他在1516年完成的《东方纪事》手稿记载说到瓷器的制作,则坚持说:中国人"在这块土地上生产大批的瓷器,瓷器在所有地方都是大商品。制作瓷器要把海螺和鸡蛋壳磨成粉末,加蛋清及其他原料揉成一团,放在地下藏一段时间。这种泥团被当做遗产和财富,因为到时间后可以做成各种各样的普通或精美的瓷器。瓷器胎做好后再上釉、绘画。"①培根在《新工具》中也认为,天然物质若埋入土中可改变其性质,并特别引用中国人的瓷土做法。"听说他们把土坯埋入地下四五十年之久,成为一种人工的矿物,传给他们的子孙。"②可见,直至此时欧洲人对瓷器的制造仍然知之甚少。

归纳一下早期欧洲人对于瓷器制造方面的看法,主要有这样一些说法:

认为陶瓷的原料是由"鱼肉、蛋壳、蛋白,加上其他材料,磨细而成";

认为瓷其实是一种石头,"就像天青石那样",非常类似水晶,家族秘藏且父子相传;

认为陶瓷和古代某种类似玻璃材质的器皿相同,"因为瓷肯定也是由某种在地底凝结的液体制成";

认为"蛋壳和贝壳捣成粉末,加水调和,塑成瓶罐。然后在地下埋一百年再挖出来,如此才算大功告成,可以拿出去贩售";

把瓷和玛瑙、贝壳、龙虾壳、石膏、珠母贝以及贵重矿物等联系在一起。

16世纪葡萄牙传教士克路士也曾介绍过中国制瓷技术,或许对欧洲人有所启发。他在1569年出版的介绍中国情况的著作《中国志》中,专门介绍了中国生产瓷器的原料和制作方法。他说:

尽管整个中国和整个印度使用的瓷器都是用普通黏土制成,但是,瓷器有极粗的,也有极细的;有的瓷器公开售卖是非法的,因为只许官员使用,那是红色的和绿色的,涂金的及黄色的。这类瓷器仅少量偷偷出售。

没到过中国的葡萄牙人对这种瓷器生产的地方及制作的材料,

---

① 澳门《文化杂志》编:《16和17世纪伊比利亚文学视野里的中国景观》,大象出版社,2003年版,第14页。

② [英]培根:《新工具》,商务印书馆,1984年版,第277—278页。

有许多看法,有的说原料是蠔壳,有的说是腐坏很久的粪便,那是他们不知实情,因此我认为最好在这里根据目击者所述情况,谈谈制作它的材料。

瓷器的原料是一种白色的柔软的石头,有的是不那么细的红色;或者不如说那是一种硬黏土,经过很好的打磨,放入水槽(水槽也用砂石制成,有的用胶泥,十分干净),在水里搅拌后,上层的浆便制成细瓷,下面的制成粗瓷;渣滓制成最粗最贱的,供中国穷人使用。他们先用这种黏土制成瓷器,有如陶工之制作器皿;做好后放在太阳下晒干,干后他们随意涂上淡青色,据我们所见那是十分清淡的。这些图案干后再上釉,然后带釉烘烤。

商人的大街是最主要的大街,两侧都有带顶的通道。尽管这样,瓷器的最大市场仍在城门,每个商人在他的店门挂一块牌子写明他店内出售的货物。①

但是,克路士的介绍还是十分简单,语焉不详,读到的人也不甚了了。门多萨根据克路士的记述,在《中华大帝国史》中也记载了有关瓷器制作的方法。他说:

他们把坚硬的泥土粉碎,碾磨它,放进用石灰和石头制成的水池中,在水里充分搅拌后,上层的浆他们用来制作精细的陶器,越往下的则是越粗的质料。他们制作陶器的样式和形状,和在这儿制的一样,然后他们把它涂色,着上他们喜欢的颜色,那永远不褪色,接着把它放进窑里烧。这是有人看到,是真实的,而杜阿多·班波萨(Duardo Banbosa)在一本用意大利文出版的书中说,他们用海螺壳制作陶器,把它磨碎,放在地里提炼,一放就是100年;他还照这个意思谈到其他很多事物。但如果那是正确的,那么他们就不能制造在该国生产的那样大量的陶器,而且还运到葡萄牙,输往秘鲁和新西班牙,及世界其他地区。这充分证明上述的话。中国人也同意这是真

---

① [英]C. R. 博克舍编注:《十六世纪中国南部行纪》,中华书局,1990年版,第89—90页。

的。最精制的从不输到国外，因为它是供国王和其他官员使用，并且是那样精美和昂贵，看来像是精致完美的水晶球：在江西省生产的是最好最细的。①

17世纪时，随着传教士进入中国内地，对于瓷器的制作已经有了一些比较深入的了解。曾德昭就介绍说：瓷器只产于江西省的一个城市，"因此中国使用的，以及传遍全世界的，都来自此地。虽然他们使用的泥土来源于另一个地方，但他们只用当地的水，以保证产品达到完美程度，因为如用其他的水制作，产品缺少那种绚丽光彩。这种产品不如外间传说之神秘，其生产的物质、方式方法，并无什么秘密；它完全用泥土制作，但质佳而洁。其制作的时间和方法与我们生产的陶器相同，不过他们做得更认真和细致。瓷器着蓝色，用的是蓝靛，当地很丰富，也有红色的，而（供皇帝用的）是黄色。"②曾德昭的这个记述不再有那些神秘甚至荒诞的说法，而是出于实际的观察而比较接近瓷器生产的真实情况了。

李明在《中国近事报道》中有对瓷器的制作过程十分详细的介绍，其中说到瓷器的成型、上釉、图案以及不同的造型和用途等。特别是他针对当时流行的一些关于制瓷材料的神秘说法，详细描述了瓷器的烧制过程，并宣称自己所说的"就是欧洲长期以来一直寻求的瓷器的奥秘。"他写道：

认为准备瓷器的原料必须一两百年，并且合成也是很难很难的，这都是误解。果真如此，瓷土就不会这么普通，这么廉价了。这是一种比普通的土质更为坚硬的土，或者可以说是一种白色的软石，在江西省的采石场就可采到。请看如何准备原料：经过清洗石块，分离沙砾或其他可能掺杂其中的别的土后，将石块研磨成极细的粉末。无论看上去有多细，还得不停地再研磨很长时间。虽然用手触摸感觉不到有什么区别，然而他们还是确信粉末确实更细了，微小的部分互相间更松散了，成品会更白，更透明。然后，将细粉和成面团状，搅

---

① ［西］门多萨：《中华大帝国史》，中华书局，1998年版，第32—33页。
② ［葡］曾德昭：《大中国志》，上海古籍出版社，1998年版，第14—15页。

拌、捶打以使"面团"更柔软,水更好地与瓷土结合。当瓷土搅拌并揉搓好后,他们就开始做胎;表面上看他们并不像一些陶瓷场那样使用模子,但是,很可能他们和我们一样是在转轮上制作瓷胎。当他们对自己的成品感到满意时,早晚时间,他们就会把它晾晒在阳光下,阳光太强烈时要收回,以免过干出现裂纹。这样,瓷胎慢慢地干了,当认为底色已适合上涂料,可随时往上涂;但颜料和器皿都没有多少光彩,他们用瓷胎同样的原料瓷土和成很稀的糊往瓷胎上涂几层,使瓷胎具有了光泽和特殊的白色。这就是我称之为瓷器釉料的东西。在暹罗王国,有人向我肯定地说,上面涂的是普通涂料,其成分是蛋白和发光的鱼粉,这不过是想象而已;而福建的工匠和江西的工匠干的是一样的活,并无其他招数。完成这一切准备后,即可将瓷胎放入窑内,燃起均匀的文火烘烤瓷胎,使不致烧裂;为防止外面的冷空气损坏烧好的瓷器,只有等瓷器完全坚硬,从容不迫地冷却许久后,才从窑内取出。①

4 殷宏绪的景德镇书简

真正对中国制瓷技术和工艺的西传起到直接作用的是18世纪初的法国传教士殷宏绪。殷宏绪本名叫恩脱雷克利斯(François Xavier d'Entrecolles),是法国耶稣会派来中国的传教士。殷宏绪在江西创立了一座教堂,于1699至1719年的20年间,一直在此传教。在此期间,他曾多次在景德镇了解瓷器生产情况。

1712年,他写信给耶稣会中国和印度传教会巡阅使奥里(Orry),报告有关景德镇和瓷器生产的情况。他说自己"有机会了解这种备受推崇并被运往世界各地的华丽的瓷器在此地的生产工艺"。他除了到窑厂现场观察外,还听取当地许多教友的介绍,其中有从事瓷器生产的,也有做瓷器生意的人。此外,他还阅读了有关瓷器的一些中国古代文献。所以,他说:"我认为对这门技艺有了全方位的相当准确的了解,从而使我比较

---

① [法]李明,《中国近事报道(1687—1692)》,大象出版社,2004年版,第149页。

有把握来谈论它。"①

殷宏绪的报告书简《中国陶瓷见闻录》,刊登在该会出版的《耶稣会传教士写作的珍贵书简集》第12期上。他首先介绍了对景德镇这座城市的印象,他说:景德镇"各处升腾起的火焰和烟云首先可让人看到景德镇的纵深范围和轮廓。入夜,真好像看到了一个到处着火的大城市,或是有许多通风口的大火炉。也许正是这种群山环抱的地形适合于瓷器的制作。"②接着他详细介绍了瓷器的生产工艺情况,他表示:"我仅向您介绍它的配料,它的准备工作,它的品种及各自的制作方法,给瓷器带来光泽的釉及瓷器的质地,装饰瓷器的色彩及上色工艺,它的烧烤及温控措施等。"③殷宏绪生动、具体地介绍了有关景德镇人口、城镇、物价、地理、治安等情况,以及胎土、釉料、成形、彩绘、色料、匣钵制造、装器入窑、烧成瓷器生产制作情况,使欧洲人第一次读到有关神秘的景德镇及其瓷器制作技术的真实的第一手材料。关于制造瓷器的重要原料高岭土的知识,也是由殷宏绪第一次介绍到欧洲的。他在书简中这样记述:"瓷器的原料是两种土,一种叫胚胎子土,另一种叫高岭土。后一种土中布满了发光的小颗粒;前一种只是白色的,摸起来很细腻。""精细的瓷器正因为高岭土才这般坚实:它犹如瓷器的肋骨。"④

殷宏绪的《见闻录》发表后,在欧洲引起很大反响,同时,欧洲的瓷器制造商和匠师们纷纷托人来信询问更详细的技术细节。当时,法国、荷兰、意大利、英国等国有不少仿造中国瓷器的陶瓷工场,这些工场在生产中都遇到了一系列技术上的疑难问题。1720年,殷宏绪从江西升调到北京。为了回答欧洲制瓷业人士提出的问题,他于1721年底再度来到景德镇,对当地的瓷业生产情况作了为时一个多月的考察和研究。在深入调查的基础上,写成了《中国陶瓷见闻录补遗》,对景德镇制瓷技法作了更为具体的介绍。他说:"虽说我精心了解过中国工人制作瓷器的方法,但我

---

① [法]杜赫德编:《耶稣会士中国书简集——中国回忆录》第2卷,大象出版社,2001年版,第87页。
② 同上书,第90页。
③ 同上书,第91页。
④ 同上书,第91—92、93页。

绝不会认为我已全部弄懂了这个问题,从我寄给您的新的观察报告中,您甚至可以看到新的研究使我在这方面获得新的知识。我将不分次序地向您陈述这些观察报告,它们是我走访瓷工作坊时经亲自了解或向从事瓷器生产的基督教徒请教后随时记在纸上的。"① 这篇报告刊登在《耶稣会传教士写作的珍贵书简集》第 16 期上。殷宏绪的这两篇关于中国瓷器生产技术的考察报告,对当时欧洲正在蓬勃发展的陶瓷工场来说,是极为宝贵的技术资料。②

殷宏绪的景德镇书简,又称《饶州书简》,为西方世界首度提供了瓷器及制瓷技术和生产的既正确又全面的报道。这份资料后来收入杜赫德编的《中华帝国全志》。狄德罗编《百科全书》,他写到瓷器部分时坦诚地说,自己再怎么写,都不如直接引用殷宏绪。1738 年,《中华帝国全志》法文原著被译成英文。殷宏绪的这份报告,又被同时代作家波斯特尔斯威特编入《寰宇商贸字典》,这部字典广受查考使用。若干年后,英国人韦致伍德把殷宏绪报告的部分文字抄进自己的笔记。曾任伦敦皇家学会主席长达 42 年的班克斯爵士在读了《中华帝国全志》中殷宏绪的报告后,要求韦致伍德务必派一名陶匠好手前往景德镇探寻制瓷秘方。班克斯也建议某位正要出发赴华的使节,不妨带上"几名有知识的瓷匠和茶匠,可获取大量有用的知识,价值无可限量。"法国学者博西埃尔(Yves de Thomsz de Bossière)在《殷宏绪和中国对 18 世纪欧洲的贡献》中指出:殷宏绪首次使欧洲人系统地了解到中国瓷器制造的全过程,甚至还掀起了一股寻找高岭土和仿制瓷器的热潮。这是他对法国做出的巨大贡献,也是他在自然科学方面获得了名望。③

1856 年,法国汉学家儒莲出版了一部有关制作中国瓷器的指南,书的标题为《中国瓷器的制造及其历史》。这使得在一个世纪以前由殷宏绪

---

① [法]杜赫德编:《耶稣会士中国书简集——中国回忆录》第 2 卷,大象出版社,2001 年版,第 247 页。
② 1986 年,中国江西陶瓷公司派员访问法国瓷城里摩日时,法国库达美窑炉公司总经理特地赠予一本内有殷宏绪描述景德镇制瓷技艺信件摘要的法文版《里摩日瓷器史》给中国来访者,并说:"270 年前,殷宏绪把耶稣教传到景德镇,同时,又把景德镇的制瓷技艺带回到法国,他既是宗教的传播者,又是瓷器的传播者。"
③ [法]博西埃尔:《法国学者近年来对中学西渐的研究》,《中国史研究动态》1995 年第 5 期。

带回法国的有关这方面的知识得到更新,并且运用到塞弗尔的制瓷手工业工场中去。

5　欧洲制瓷业的形成与发展

欧洲最早开始试图揭开瓷器制造的奥秘,并进行制瓷试验的国家是意大利。据说早在1470年,威尼斯人安东尼奥（Antoin di San Simeone）就用波隆那的黏土制出了一批类似瓷器的东西。16世纪初,威尼斯人伦纳德·佩灵格（Leonardo Peringer）试图用玻璃制造方法来制作瓷器。不过,这些实验只是仿制瓷器。佛罗伦萨在马里奥·德·美第奇大公爵统治时代（1574—1584）,建立了一个陶器工场,试行仿造中国硬胎瓷器,并生产了一些据说是在欧洲制成的第一批原始瓷器,这是一种有玻璃质的石胎瓷器,被称为"美第奇"瓷。最后他们制成一种类似威尼斯人制品的陶器,在素地或淡青地上涂以深蓝色。这种有色陶器与当时流行的中国瓷器颇为相似。

18世纪英国制造的瓷砖,上面绘有中国风俗画。

葡萄牙是最早大规模进口中国瓷器的国家,也很早就开始仿制中国瓷器。在16世纪末,葡萄牙已经仿制出一种彩陶器。到1619年,在里斯本已经建立了中国风格的瓷器仿制工业,而且已有充足数量的产品满足国内外市场。1619年菲利普三世访问里斯本时,里斯本大街上建了许多拱门,其中之一就是由陶工装饰的。这个拱门上绘有一个陶工,他左手持一个陶轮,右手握着一件里斯本仿制的中国瓷器。靠近这个人物的地方,写着这样一首诗:

在这里,崇高的君主统治者,
给你们提供来自国外的艺术。
这是在卢西塔尼生产的,
也就是之前来自中国的贵重卖品。

德国德累斯顿茨温格尔宫的迈森瓷器走廊

在同一拱门上,另一幅画显示出一个港口图景,那里正从印度回来的一艘克拉克船上卸载东方瓷器,同时,本地生产的瓷器正装上外国船只,将驶往外国。①

1584年,荷兰的陶器匠师们通过东印度公司,直接从中国采购白色釉料和青花颜料,仿造中国青花瓷器生产,获得成功。在17世纪,德尔费特借鉴佛罗伦萨的有色陶器制法,以生产专门模仿中国青花瓷器的白釉蓝彩陶器而闻名。中国瓷器的纹样,如龙、凤、麒麟、虎、蝴蝶、蝙蝠等动物纹样,梅兰竹菊、荷花池塘、岁寒三友、牡丹、芭蕉等植物纹样,山水园林、风俗故事、仕女戏婴、刀马人物等风景人物纹样,以及云纹、水波纹等,都出现在德尔费特的釉陶产品上。德尔费特生产的瓷器行销欧洲,受到热烈欢迎。当时,欧洲人把这种白釉蓝彩陶器直接称为"德尔费特",一直沿袭至今。17世纪,当中国的壁纸在欧洲流行一时的时候,在1630年,德尔费特开始生产模仿中国糊墙纸的建筑装饰陶砖,适应了欧洲各国帝王大兴土木、修建宏伟华丽的宫殿的需要。这种建筑装饰陶砖大约也受了"南京瓷塔"的启发,把整个画面分割为36块(横行4块,竖行9块),上面绘有长尾鸟(中国凤凰的变形)、梅花、牡丹、狮子等图案,充满了中国艺术的情调,然后拼凑、组合为整体,粘贴在墙面上。此外,还描绘柳树、小桥流水、亭台楼阁等中国青花瓷器上的图画。②

因此在德尔费特,主要由于受了中国的范本的推动,才使本地的有色陶器的制造做出最高的努力;而德尔费特的前例,又促进了约从17世纪中叶开始的欧洲其他各处的陶业的发展。绘彩之法,一般都以华瓷为范本。例如"绘有拖长辫的华人,张伞成列,官吏乘舆后行"。又有时可见到美妙的风景画,有大肚的弥勒佛像,亭台楼阁,配有中国式花草(菊及樱花)的怪兽。在处理中,可以看到各种误会中国人原意的地方。例如麦森制造的陶器上著名的洋葱图案是中国菠萝原图的歪曲。又中国的桥,远瞰如曲折线条,在不习见中国式的桥

---

① 万明:《明代青花瓷的展开:以时空为视点》,《历史研究》2012年第5期。
② 朱培初:《明清陶瓷和世界文化的交流》,轻工业出版社,1984年版,第55—56页。

梁的欧洲人眼里，结果仅成为装饰性的曲折线条。17世纪，许多德尔费特陶碟多有此锯齿线形，都只能用此来解释。荷兰的影响先传播到法国（内维尔、卢昂、圣奥麦（St. Omer）各地），继及于德国（纽伦堡、佛尔达、倍鲁斯（Bayreuth））。它变得非常的重要，至1709年迈仙人柏特协（Böttger）终于能创制成了欧洲第一件真正的瓷器。①

18世纪英国生产的瓷器八方盘

在欧洲瓷器发展的历史上，德国的波特格尔（Johann Friedrich Böttger，1682—1719）是一个十分重要的人物，他在制瓷技术方面取得了决定性的成功。波特格尔是一位炼金术家，据称掌握了"点石成金"的秘密。他的实验不仅引起德国著名哲学家莱布尼茨的注意，而且传到普鲁士国王弗里德里希一世的耳中。波特格尔受到警告，于1707年逃到萨克森，受到萨克森选帝侯奥古斯都二世的保护，开始试制瓷器。1708年，波特格尔制造出一种红色瓷器，1709年制成无釉的硬质瓷器和有釉的瓷

---

① ［德］利奇温：《十八世纪中国与欧洲文化的接触》，商务印书馆，1962年版，第22—23页。

器,烧制出欧洲第一件"真正的瓷器",成为欧洲硬瓷生产的开端。对此,奥古斯都二世十分兴奋,他在德累斯顿的每个教堂的门上都贴出了告示,自豪地宣称萨克森艺术家已经能够制造真正的瓷器了。"让我们相信,我们已经掌握了白瓷器以及红色炻器的秘密,我们将超越东印度(中国)的瓷器,无论在艺术上、质量上还是造型的变化上。"①1710年,皇室在迈森建立了一所瓷厂,任命波特格尔为瓷厂的管理人,出产彩瓷。1713年,迈森瓷场烧制出高品质的白瓷,再一次轰动欧洲。在这个时期,"中国瓷器不仅在装饰方面,而且在造型方面,依然是欧洲的典范。像我们从迈森瓷所看到的那样,它的模特儿就来自中国。这是不必奇怪的,因为中国有历史悠久的传统,致使它形成了那种被整个欧洲赞誉的完美的器皿。"②

1714年,第一批迈森的瓷器在莱比锡博览会上展出,自此名声大噪,生意兴隆,瓷器业不久就成为萨克森最重要的工业部门。到1733年,迈森的瓷器工场已经拥有700名员工,成为最丰富的收入来源之一。"七年战争"(1756—1763)时期,普鲁士国王弗里德里希二世占领萨克森,就利用迈森的瓷器作为清偿战争债款的物品。当时他赠送一个瓷鼻烟壶给卡玛斯女伯爵(Countess Von Cames)作为礼物,在随附的信中说:"亲爱的小母亲,我给你一件小小的礼物,使你将常常记起我——我在这里为世界各处订造瓷器——真的,这种脆薄易破的物质是我现在仅存的财富了。我们现在穷得像乞丐一样,我希望凡接受我这些礼物的人,都当这些礼物作硬币一样;我们现在只有光荣、宝剑和瓷器。"③弗里德里希二世从迈森瓷业的获利中受到启发和激励,从商人哥茨可夫斯基(Kozkowski)那里以22.5万塔勒尔买下他的瓷厂,后来成为著名的"王家瓷器工场"。

波特格尔参与创办的迈森瓷厂在发展欧洲的陶瓷工艺中起了重要的作用,而且至今它仍然是世界上最著名的瓷厂之一。迈森厂生产的瓷器,从器形来说,大多采用中国模式,例如麦森瓷的"蒜头模式"同中国瓷的"石榴模式"多少存在着影响关系。至于花纹装饰,则效仿中国在白瓷上

---

① 引自袁宣萍:《十七至十八世纪欧洲的中国风设计》,文物出版社,2006年版,第92页。
② [英]迪维斯:《欧洲瓷器史》,浙江美术学院出版社,1991年版,第37页。
③ 引自[德]利奇温:《十八世纪中国与欧洲文化的接触》,商务印书馆,1962年版,第25页。

作人物花卉鸟兽的浮雕,乃至用金色绘制中国人物,称之为"金色的中国人",颇为新奇有趣。瓷器上绘作龙形,也是中国的传统装饰。维也纳出身的画师哈洛尔德(Johann Gregor Höroldt)为迈森瓷器装饰艺术的发展做出了很大贡献。哈洛尔德最拿手的,是用极为富丽的色彩,如红色、蓝色、土耳其青、明亮的黄色等,在瓷器上绘画充满异国情调的中国风景人物、流金溢彩,美艳动人。"哈洛尔德的彩绘,决定了迈森瓷器的头十年的特点和风格,同时形成了欧洲瓷器装饰的传统。他的风格是使器皿具有一种统一的构图,器皿背景、装饰、画面和结构,聚集成一个完整的统一体。在手法和色彩方面,哈洛尔德仿效东方模式,他的某些作品,特别是绘制印度花卉和具有中国艺术风格达到极其精通的地步。"①雕塑家坎德勒设计制作了一系列中国人物雕塑,其中以布袋和尚以及变形的 Pagod 造型最有特点。迈森的瓷器色彩艳丽,造型独特,精雕细刻,表现出了德国工艺家非常高超的艺术水平。

1719年,在维也纳实力人物杜帕基(Du Paquier)的促成下,迈森瓷场的工艺师和画匠凡格尔(Hunger)与斯特茨埃尔(Stölzel)前往维也纳,帮助杜帕基创办的维也纳瓷场,这是继迈森之后欧洲的第二家瓷器场。1720年,凡格尔去了威尼斯,向意大利人介绍了制瓷的信息和技术。此后,他又到丹麦和俄罗斯的圣彼得堡,帮助那里开办瓷场。此后,欧洲的制瓷业很快发展起来。在德国,除了迈森瓷厂外,慕尼黑附近的宁汾堡、柏林、福斯腾堡、路德维格斯堡等地的瓷厂都很著名。在欧洲其他国家如西班牙、荷兰、奥地利、法国、英国、意大利、俄罗斯等,也都纷纷建立瓷厂,生产瓷器。

法国的制瓷业起步比较晚。17世纪下半叶,法国的陶工模仿中国瓷器,生产出仿中国青花的蓝白陶,后来也产生出彩陶。除了釉陶外,法国的软瓷在17世纪末发展起来,到18世纪时已经是精彩纷呈。但硬瓷的生产则要比德国晚。1756年,蓬巴杜夫人在塞夫勒建起了瓷器作坊,1761年改为"皇家塞夫勒瓷场",成功烧制出真正的硬瓷。为了区别早期生产的软瓷,塞夫勒生产的新瓷器被称为"皇家塞夫勒瓷"。法国瓷器以

---

① [英]迪维斯:《欧洲瓷器史》,浙江美术学院出版社,1991年版,第51页。

造型优美、装饰高雅而享誉欧洲,特别是其中国风的设计更是无与伦比。法国学者丹尼尔·罗什指出:"东方审美艺术一直到路易十六统治时期都很兴盛,塞夫勒(Sèvres)和尚蒂伊(Chantilly)的新手工工场,像以前的工场一样,开始仿制中国艺术品。"①

这些欧洲的瓷器制造工场无论是在工艺还是在造型艺术上,都是以仿制中国瓷器为主。"从16世纪起,欧洲瓷器的发展史实际上就是一部既在装饰图案又在物质方面为模仿中国瓷器而做出努力的历史。"②"这个时候,欧人制造品大量采用中国的饰纹,又进而仿效中国的款式。瓷器本是被认为中国所独创,其仿效中国画法,也是很自然的。"③有时候还在未上釉的器物底部刻上假冒的中国标志"底款",来冒充精美绝伦的中国上等瓷器。英国作家笛福在1748年出版的《伟大的英国之旅》也说到当时的仿制瓷器,他说:"我们去的第一个村庄就是建立不久的大型瓷器制造厂——布欧,一些技术人员已经制造出大量的茶杯、茶托等等,据说只比中国原品稍微逊色一点。"④

三 中国造园与建筑艺术在欧洲的推广

1 传教士对中国造园艺术的介绍

中国文化在欧洲的影响,不仅表现在欧洲人对中国工艺美术品的热烈爱好和刻意地模仿,而且还表现在他们的建筑园林艺术中。在当时,中国的园林和建筑艺术对欧洲人有着特别大的吸引力。在中国文化的影响和刺激下,欧洲各国的建筑园林艺术在洛可可时代有了突出的发展,形成了欧洲造园艺术文化史上的一个有特殊意义的阶段。

---

① [法]丹尼尔·罗什:《启蒙运动中的法国》,华东师范大学出版社,2011年版,第589页。
② [法]安田朴:《中国文化西传欧洲史》,商务印书馆,2000年版,第523页。
③ [德]利奇温:《十八世纪中国与欧洲文化的接触》,商务印书馆,1962年版,第23页。
④ 引自[英]简·佩蒂格鲁:《茶设计》,山东画报出版社,2013年版,第38页。

中国的"自然式园林"与欧洲的"几何规则园林",这两种造园体系各有千秋,形成了强烈的反差和对比。此外,中国的建筑艺术也与欧洲的建筑艺术截然不同,中国皇宫的富丽堂皇、南方民居的典雅清秀,庙宇塔寺的庄严肃穆,都明显具有东方文化的特点。那么,在这样的背景下最先来到中国的欧洲人,看到与他们习惯的园林式样完全不同的中国园林,看到与他们习惯的建筑样式完全不同的中国建筑,一定会留下十分深刻的印象和产生强烈的视觉冲击。所以,在近代早期来华的传教士、商人等,都有对中国园林和造园艺术以及中国建筑风格程度不同的介绍。

清初外销瓷上的中国园林画

最早向西方介绍中国园林艺术的大概是马可·波罗。在他的游记中,提到在杭州见到过的南宋园林。马可·波罗说杭州有南宋的宫殿,"是为世界最大之宫,周围广有十里,环以具有雉堞之高墙,内有世界最美丽而最堪娱乐之园囿,世界良果充满其中,并有喷泉及湖沼,湖中充满鱼类。中央有最壮丽之宫室,计有大而美之殿二十所,其中最大者,多人可以会食。……灿烂华丽,至堪娱目。"①

16世纪早期来华的葡萄牙传教士克路士在《中国志》中也写到他所见的广西一个王府的园林。他写道:"在官邸内,他有幽美的大花园,果树很多,还有大池塘,养着大量的鱼,既供观赏又供家里食用。他的家里栽种各式各样的小花,石竹和芳草的花坛,还有野树林,里面养着鹿和野猪,以及其他禽兽。"②

---

① [法]沙海昂注:《马可波罗行纪》,中华书局,2004年版,第573—574页。
② [葡]克路士:《中国志》,[英]C. R. 博克舍编注:《十六世纪中国南部行纪》,中华书局,1990年版,第76页。

第十七章 中国趣味的新风格 / 763

外销画《中国园林景色》

布歇《中国花园》局部

最早来中国的传教士利玛窦曾多次提到中国的建筑和园林。1582年(万历十年),利玛窦协助范礼安撰写《圣方济各·沙勿略传》中的"论中国的奇迹",曾提及皇宫和御花园。利玛窦曾几次到过南京,说南京"到处都是殿、庙、塔、桥,欧洲简直没有能超过它们的类似建筑"。《利玛窦中国札记》中多处提到王府花园。书中写到,利玛窦在南京期间曾到一位贵族家里做客,"在全城最华贵的花园里受到接待。他参观花园中许多赏心悦目的事物,看到了一座色彩斑斓未经雕琢的大理石假山。假山里面开凿了一座奇异的山洞,内有接待室、大厅、台阶、鱼池、树木和许多别的胜景。……洞穴设计的像一座迷宫,更加增添了它的魅力。"①

据《利玛窦中国札记》的译者研究,当年利玛窦参观的这个花园是明代开国功臣徐达的"瞻园"。瞻园号称是"江南四大名园"之一,以欧阳修诗"瞻望玉堂,如在天上"之意命名。瞻园布局典雅精致,陡峭峻拔的假山,闻名遐迩的太湖石,清幽素雅的楼榭亭台,深院回廊,奇峰叠嶂,小桥流水,四季花香。吴敬梓在《儒林外史》中曾对瞻园进行了绘声绘色的描绘。当年利玛窦走进这如诗如画的庭院,一定会留下深刻的印象。

其后,传教士卫匡国的《中华新图》、安文思的《中华新史》等一系列关于中国的著作中有相当篇幅描述了中国园林,使西方人对中国园林有了进一步了解。1655年卫匡国出版的《中华新图》中,写到了紫禁城的花园,他说:

> 有一条河引进皇宫,可以行舟,它在宫里分成许多小叉,既可交通,也可游乐,它们随着一些小山而曲折,小山在河的两侧,全由人工堆成。中国人堆山的奇技发展到极其精细的水平,山上按照特殊的规则种着树木和花卉;有人在花园里见到过非常奇特的假山。②

1688年,葡萄牙传教士安文思出版的《中国新史》中对北京的皇宫、庙宇、衙署和街市等都有详细的介绍,特别是他对景山的描写,十分引人

---

① [意]利玛窦、[意]金尼阁:《利玛窦中国札记》,中华书局,1983年版,第286、357页。
② 引自林梅村:《尚蒂伊的中国花园》,《紫禁城》2011年第5期,第56页。

入胜。他说,出了皇宫的大门,"不远之处,有一个大花园,皇帝在那里饲养动物包括熊、野猪、老虎等等,它们都在大而漂亮的笼子里。这个园内有五个相当高的土丘,中间一个最高,其余四个较低,东边两个,西边两个,四面均匀倾斜……丘顶遍布树木,种植极为整齐,每棵树都种在一个圆形或方形的台座内。那里还挖了几个洞给家兔和野兔栖身,这几座小丘上兔子很多。这里还有大量的鹿、羊和树上常有的野鸟家禽。"北面"是一片稠密的树林,树林尽头,连接公园的墙,有三座娱乐室,由于台阶和高台互相连接,显得格外协调。这是真正的皇家建筑,结构精美,……"①

1689年,法国传教士张诚和葡萄牙传教士徐日升参观了北京的畅春园。他们对此留下来十分深刻的印象。他们记述说:康熙皇帝的住所附近,"是全园最美丽可喜的,虽然它既不豪华,也不壮观。它在两个大池中间,一个在南,一个在北。两个池子周围几乎全是人工的小丘,是用挖池子的土堆起来的。小丘上种满了杏树、桃树和其他这类的树;当这些树绿叶成荫的时候,它们造成了很足以舒心开怀的景色。""在北边池子的北岸,紧靠着水,有一溜小廊子,它的景色很美。"在康熙的另一处住所,"那儿一切都很朴素,但自有一种中国式的雅洁。离宫和花园之美,在于非常雅洁,在于有一些很奇特的石块,它们好像是在最荒凉的沙漠里见到的那种;但他们更加喜爱小小的书斋、小小的花圃,花圃周围是绿篱,它们形成小小的过道——这是这个民族的天才。"②

1724年,意大利传教士马国贤把铜版画《避暑山庄三十六景图》带回英国伦敦,使中国园林图像资料第一次传入西方,标志着西方人对中国园林的了解进入图像时代。这"三十六景图"的原作是清代画家沈嵛奉康熙皇帝之命所绘的《御制避暑山庄图》,康熙五十一年(1712),版刻名手朱圭、梅裕风以该画稿为底本,雕刻成木版《御制避暑山庄三十六景图》。次年,康熙五十二年(1713),马国贤又以木版"御制图"为蓝本,主持印制了铜版《御制避暑山庄三十六景诗图》,同于木版的格式,在36幅铜版画另侧,由名臣王曾期所书诸景点记述和康熙题诗。马国贤将这些铜版画带

---

① [葡]安文思:《中国新史》,大象出版社,2004年版,第150页。
② 引自陈志华:《中国造园艺术在欧洲的影响》,山东画报出版社,2006年版,第29页。

到英国,起先收藏在热心中国风园林的伯灵顿勋爵(Burlington)家中的图书馆,现存于大英图书馆。有研究者推测,马国贤在伦敦时,曾经向英国人介绍过中国园林,并与古罗马的贺拉斯和西塞罗的牧歌式理想做了比较。他还可能比较过法国画家克洛德·洛兰(Claude Lorrain,1600—1682)的罗马郊区风景画和中国的山水画,在这些画中见到了中国园林中典型的"精巧的野趣"。所以,人们认为,马国贤的伦敦之行,对英国乃至欧洲的园林艺术产生了极大的影响,"它完全可以标志着英国园林风格发展中的基点",推动了英国以及欧洲园林设计的革命,为中国园林艺术的西传起到了重要的作用。1751年,牛津大学诗学教授斯宾塞(Rev. Joseph Spence)在给朋友的一封信中写道:"我最近看了关于中国皇帝一所大园林的三十六幅版画,整个花园里没有一行整齐的树,他们看起来比我们最棒的作不规则式园林设计的人都强,就像威廉国王时期传来的荷兰式园林强过于我们的那样。"斯宾塞还说,园林里光照之处应该多于阴影,"使整个园林看上去高高兴兴,而不是忧忧郁郁的。在这方面,中国人看来也比我们的游艺场建造者高明多了。他们不在近景中安置封闭的、浓密的丛林,而把它们放在远处的小山丘上。"①

另一位来华传教士王致诚也对中国的园林和建筑风格抱有新的观感。王致诚在1743年给在巴黎的一位朋友写了一封长信,其中详细描述了他称为"园中之园"即圆明园的美丽景色。由于王致诚具有很高的艺术修养,并且对于中西方艺术都很有体会,所以,他对于中国造园艺术的看法就不同于前述几位传教士仅仅是作为参观者的意见。可以说,在当时来华传教士中,王致诚关于介绍中国园林的书信是比较最全面也是影响最大的一份文献。在王致诚看来,中国的园林建筑给人一种画意的感觉。他指出了中国园林的丰富性,充满了胜境幽处、意想不到的变化,充满了浪漫情趣,山重水复,木老石古。他认为中国人在园林建筑方面的创作是以作为景物的一部分而提出的,是对自然美景的补充。对于这种美景,王致诚觉得无法描摹,只能说:"只有用眼睛看,才能领略它的真实内容"。他以一个艺术家的敏感体悟到了中国园林重要的美学原则:师法自然,重

---

① 引自陈志华:《中国造园艺术在欧洲的影响》,山东画报出版社,2006年版,第169—170页。

自然意趣而不尚人工雕琢。他指出：人们希望"到处都呈现一种美的无序，一种反对称。一切都是围绕着这条原则运行的：人们希望表现的是一个质朴而又自然的别墅，而不是一个符合所有对称和比例的一切准则的井然有序的宫殿群。"在这里，"这一切都优雅别致，安排得如此巧夺天工，以至于使人永远不能一眼看穿其全部美感"。①

1747年，王致诚的这封信收入杜赫德编的《中华帝国全志》，引起很大轰动，1749年被译成英文出版。1752年又以《中国第一园林特写》的书名再度在英国出版，译者是前文提到的斯宾塞教授。斯宾塞是一位园林艺术爱好者，曾在自己的庭院里消磨不少时光。他在1747年的著作《波利默蒂斯》中说，诗歌和绘画是有密切联系的艺术，而中国园林是绘画、诗歌和建筑艺术相结合的典范。斯宾塞的这个译本在当时很受重视，许多报刊登载了这篇译文的摘要，如：《伦敦画报》《每月新闻报》《苏格兰画报》等。有一家杂志评论说："诗歌或传奇中，甚至神话中，也没有什么东西能和这种千变万化的建筑相比拟。"②关于王致诚书简的影响，法国学者乔治·洛埃尔（Gerges Loehr）指出："在迷恋中国工艺品和崇拜中国的高潮中，出现了王致诚的书简。所以在欧洲追求英国－中国式园林的热潮中，必须在其构成中划出不规则的小路、蜿蜒小溪、湖泊及其小岛、湖礁、瀑布等。我们很容易发现，这种不规则和不对称状态和洛可可式的装饰完全相符。"③安田朴也说，王致诚的书简"在欧洲掀起了一种引人入胜的好奇。"④

王致诚的这封信在欧洲流传很广，他笔下的圆明园成为欧洲人心目中的时尚园林和梦幻仙境，同时也引起了欧洲园林建筑家的极大兴趣，他们要求看到更详细的素描。1744年（乾隆九年），中国宫廷画家唐岱、沈源、冷枚等完成了《圆明园四十景图》。这套图是根据乾隆皇帝的旨意，由当时著名的画师唐岱、沈源历经11年绘制而成的。所谓"四十景"，是指

---

① ［法］杜赫德编：《耶稣会士中国书简集——中国回忆录》第4卷，大象出版社，2005年版，第296—297页。
② 引自范存忠：《中国文化在启蒙时期的英国》，上海外语教育出版社，1991年版，第90页。
③ ［法］乔治·洛埃尔：《入华耶稣会士与中国园林风靡欧洲》，［法］安田朴、谢和耐等：《明清间入华耶稣会士和中西文化交流》，巴蜀书社1993年版，第303页。
④ ［法］安田朴：《中国文化西传欧洲史》，商务印书馆，2000年版，第526页。

圆明园内独成格局的 40 处园林风景群,一个景就是一座"园中园"或园林建筑群。《圆明园四十景图》为绢本彩绘,各幅图分别附有汪由敦所书乾隆《四十景题诗》,共计 40 对幅,每对幅为右图左诗,每幅图的绢心 64×65 厘米,连装池绫边为 83×75 厘米,是目前世界上最长的绢制彩色工笔画。这套工笔彩画精品,成为后人领略圆明园盛期风貌的最直观最形象的珍贵史料,也为中国造园和绘画艺苑留下一束奇葩。后来,王致诚应友人之邀,将《圆明园四十景图》的副本寄到巴黎。不过,王致诚所寄出的副本可能不是彩绘图的副本,而应该是"四十景图"的另一个版本,即奉旨校刊乾隆《御制圆明园四十景诗》的附图,为墨线白描图。这个副本寄到巴黎后,受到人们的重视。据说,到 1770 年,巴黎曾有人出售王致诚寄到巴黎的"圆明园四十景图"的复制本。《圆明园四十景图》彩绘绢本一直作为珍宝收藏在圆明园。1860 年,英法联军火烧圆明园时,这套珍贵的彩绘图被法人掠走,献给了法国当时的国王拿破仑三世。该画原件现保存在巴黎国家图书馆里。

1767 年,法国传教士蒋友仁在给巴黎的巴比雍(Papillon d'Auteroche)神父信中,对中国皇家园林做了比较详细地介绍。蒋友仁的这封信和王致诚介绍中国皇家园林的书信一样,也被收入杜赫德编的《中华帝国全志》。

在蒋友仁之后不久,另一位传教士韩国英写过一篇《论中国园林》的论文,介绍了从古代直到清朝的中国造园史,详细论述了中国的造园艺术的基本原则和技法。他特别指出,当时设计营造皇家宫苑的中国建筑师或园艺师,往往赋予艺术家、哲学家的很高修养。而他引征一位工匠刘舟关于园林选址意向的叙述,清晰显示了风水的美学情趣:"他们首先追求的是空气新鲜,朝向良好。土地肥沃,浅冈长阜,平坂深壑,澄湖急湍,都要搭配得好;他们希望北面有一座山可以挡风,夏季招来凉意,有泉脉下注,天际远景有个悦目的收束,一年四季都可以返照第一道和末一道光线。"

2 钱伯斯等人对中国造园艺术的研究

在向欧洲介绍中国园林艺术方面,除了上述传教士们的介绍和推崇外,英国建筑家威廉·钱伯斯(Sir William Chambers,1723—1796)起到很大作用。

丘园内的花园和鸟舍

法国巴黎尚蒂伊宫中国花园

钱伯斯在一条瑞典东印度公司的商船上任货物经理。1742—1744年间,他到了广州,工作之余收集了一批有关中国建筑、园林、服饰和其他艺术资料。他对中国的园林很有兴趣,曾向一位叫李嘉的中国画家请教过中国的造园艺术。1748年他曾再次到中国考察,描画了许多中国建筑、家具、服饰等的式样,特别是对中国建筑做了大量的速写。后来,他离开航海生活,先到巴黎、后到意大利学习建筑。1755年。钱伯斯回到英国,担任威尔士亲王的绘画教师。1757—1763年,为王太后主持丘园的园林和建筑设计,1761年开始任英国宫廷的建筑师,1782年成为宫廷总建筑师。

主持丘园的建设,是钱伯斯最主要的成就。与此同时,他还对中国建筑和造园艺术进行了深入研究,于1757年出版了《中国建筑、家具、服饰、器物的设计》一书,内容主要是介绍各种中国的建筑物和园林,有大量相当精确的插图。同年5月,他又在《绅士杂志》上发表了论文《中国园林的布局艺术》。钱伯斯的研究具有很高的价值,在当时就产生了相当大的影响。据说钱伯斯在完成《设计》一书后,曾将手稿请著名学者约翰逊(Samuel Johnson,1709—1784)审阅,约翰逊读后十分赞赏,说:"这部书不需要补充和修改,只要写几行序言就行了。"约翰逊在为这本书写的"序言"说:

> 要恰如其分地赞扬,既不少也不多,这是不易做到的。中国学术、政策和艺术已经受到无限的颂扬,这表明了新颖的事物有多么巨大的吸引力,而尊敬又如何容易变为钦佩。
>
> 我完全不希望被说成是中国人优越性的夸大者。我说中国人是伟大的或聪明的那只是把他们同周围各国人民比较而言;我不想拿他们同我们这里的古人或今人相比;不过我们必须承认,他们是一个突出而独特的民族;因为他们独处一方,同所有文明各国是隔绝的,而在没有先例可资借鉴的情况下形成了自己的风格,改造了自己的各种艺术。①

钱伯斯的这本书风行欧洲各国,成为中国风尚的范本。1775年,杜

---

① 引自范存忠:《中国文化在启蒙时期的英国》,上海外语教育出版社,1991年版,第93—94页。

切斯纳(A. N. Duchesne)在《论园林的形式》里说:"1757年钱伯斯先生所介绍的……中国人关于园林布局的观念,在英国和法国造成了很大的进步。"①1772年,他又出版了《东方园艺概论》一书,对中国园林艺术大加称誉。同年,这部书又出版了增订版,请了一位在伦敦居住的中国雕塑家谭纪华加了许多注释和解说,以增加其说服力。

伦敦维多利亚公园的中国凉亭和假山

钱伯斯的著作提出了和当时普遍流行性的园林形式完全不同的理念。他认为真正动人的园林应该源于自然,但要高于自然,要通过人的创造力来改造自然,使其成为适于人们休闲娱乐之处。他认为古典主义的花园过分雕琢,过于不自然,而所谓自然景致花园又不加选择和品鉴,枯燥粗俗。最好的是"明智地调和艺术与自然,取双方的长处,这才是一种比较完美的花园。"这种花园,就是中国式的花园。他说:"任何真正中国的东西至少都有它独创的优点,中国人极少或从不照搬或模仿别国的发明。"他还指出,中国人"虽然处处师法自然,但并不摒除人为,相反地有时

---

① 引自陈志华:《中国造园艺术在欧洲的影响》,山东画报出版社,2006年版,第61—62页。

加入很多劳力。他们说:自然不过是供给我们工作对象,如花草木石,不同的安排会有不同的情趣。""中国人的园林布局是杰出的,他们在那上面表现出来的趣味,是英国长期追求而没有达到的。"①钱伯斯相当系统全面论述了中国的造园艺术。关于中国造园艺术的基本特点,他指出:"大自然是他们的仿效对象,他们的目的是模仿它的一切美的无规则性。"他指出:

  首先,他们详察所选定的地址的地貌,看看它是平川还是坡地,有土丘还是有山岗,是开阔的还是幽闭的,干的还是湿的,是不是有许多小河和泉水,或者根本没有水。他们对各种各样的环境很重视,选择最适合于自然地貌的布局方法,这种方法花钱最少,最能遮盖缺点,而又最能充分发扬一切优点。②

  钱伯斯进一步阐述了中国造园艺术的基本原则,他指出:"中国园林的实际设计原则,在于创造各种各样的景,以适应理智或情感的享受的各种各样的目的"。"整个地段被分化成许多不同的景;他们的园林的完美之处,在于这些景致之多、之美和千变万化。中国的造园家,就像欧洲的画家一样,从大自然中收集最赏心悦目的东西,把它们巧加安排,以致不仅仅这些东西本身都是最好的,更要使它们在一起组合成一个赏心悦目、最动人的整体。"他认为中国的园林中的这些景都是有性情的。他说:

  他们的艺术家把景分为三种,分别称为爽朗可喜之景、怪骇惊怖之景和奇变诡谲之景。这后一种是传奇性的,中国人利用各种手段在那儿造成诧异之感。有时候,他们把小溪或者急流地引入地下,它们异常的响声使不知它从何而来的人感到奇怪。在另一些时候,他们把石头、建筑物和其他东西巧妙布置起来,以至当风通过它们的间隙和空洞时,会发出从来没有听到过的奇异的声音。怪骇惊怖之景

---

① 引自陈志华:《中国造园艺术在欧洲的影响》,山东画报出版社,2006年版,第62页。
② 同上书,第63页。

有摇摇欲坠的悬岩、黑暗幽冥的山洞、从山顶四面八方奔泻而下的汹涌湍急的瀑布。树木都奇形怪状,好像被风霜雨雪折磨得枝干断裂。……在这些景色之后,接踵而来的是爽朗可喜之景。①

钱伯斯对中国造园的具体方法,包括与四季的变化、每天清晨和中午、黄昏不同时段的变化,以及不同功能的变化,都有各自不同的设计和安排,还有用不同的尺度和色调变化来造成空间的深远效果等等。钱伯斯还非常重视色彩在园林中的独特作用,并首先将这种理论运用到实践中去。总之,他对中国园林怀着极为赞赏和推崇的态度,他说,中国人设计园林的艺术确是无与伦比的。欧洲人在艺术方面无法和东方灿烂的成就相提并论,只能像对太阳一样尽量吸收它的光辉而已。他还指出,"在中国,不像在意大利和法国那样,每一个不学无术的建筑师都是一个造园家……在中国,造园是一种专门的职业,需要广博的才能,只有很少的人能达到化境。"②

钱伯斯对于中国建筑和造园艺术的研究,在当时的欧洲各国产生了很大的影响,他所建造的丘园成为当时欧洲流行的中国风在园林建设上的一个样板,他的《中国建筑、家具、服饰、器物的设计》一书,也成为造园家们必备的参考书。可以说,钱伯斯在英国乃至欧洲的造园史上划了一个时代。

在钱伯斯前后,还有一些欧洲人对中国的建筑和园林做过比较深入的考察和研究。早在 1669 年,荷兰人纽霍夫出版了他到中国的考察报告,其中附有许多插图,其中也提到中国的园林和建筑。他说他在广东的一个村子里见到一座叠石假山:"进村之前很远,就见到一些悬岩,艺术和手工把它们雕琢和叠擦得如此精彩,以至远远地见到它们就使我们充满了钦慕之忱;可惜新近的战争破坏了它们的美,现在只有从留下的残迹去判断它们曾经是多么富有创造的装饰品。……为了对这些人造的悬崖峭壁的异乎寻常的奇妙表示敬意,我测量一下其中一个破坏得比较轻的,它

---

① 引自陈志华:《中国造园艺术在欧洲的影响》,山东画报出版社,2006 年版,第 63—65 页。
② 同上书,第 68 页。

至少还有40英尺高。"纽霍夫还说到北京皇宫护城河两岸的假山。"中国人的天才在这些叠石假山上表现得比在任何别的东西上更鲜明,这些假山造型如此奇特,以至人力看起来胜过了自然。这些假山使用一种石头(有时是大理石)造成的,用树木和花草精心装饰起来,使所有见过的人都大为吃惊,并且赞赏不已。"①

1688年,在德国纽伦堡出版了一本《东西印度及中国的游乐园林和宫廷园林》,也许是最早的一本关于东方园林的专著。1725年,德国学者斐舍(Johann Bernhard Fischer von Erlach)著《建筑物史》一书出版,最早在西方人写的艺术史中论及亚洲的风格。关于中国的部分,斐舍曾研究过卫匡国的《中国新图》和其他有关资料,他的书中有中国桥梁、北京城、南京瓷塔、人造石山、假山洞和佛塔的插图。此书于1730年译成英文,可能对钱伯斯发生过影响。

1729年,荷兰人冈帕菲(Engelbert Kaempfer)出版了《日本通史》,1732年出版了法文译本。冈帕菲曾经在日本居住过,对日本文化有比较多的了解。他在这本书中专门有一段介绍日本的花园,特别是小型的庭院,归纳了日本花园的五个特点:(1)局部地面铺卵石或毛石,极其整洁。上面再用大石块铺成矴步,人在矴步上走,不践踏卵石或毛石。(2)一些开花的树,种的散乱错杂,虽然也有某些规则。还爱种一些夭矫古拙的矮树。(3)庭院的一角有叠石假山,模仿自然。山上,经常在悬崖峭壁上造小小的象征性的庙宇。间或有小溪从山上倾泻而下,哗哗作响。(4)山上种树,不高大,但树形经精心修理,亭亭如盖,极其自然。(5)有一个养鱼的小池,周围种树。冈帕菲对假山尤为重视,他说:"按照艺术的原则发明和创造叠石假山,这需要很大的机智和灵巧。"②虽然冈帕菲介绍的是日本园林,但对当时的欧洲人了解中国造园艺术也起到了一定的作用,因为那个时代的欧洲人还分不清中国与日本文化的差别,而且严格说来,日本的造园艺术是在中国文化的影响下形成的,是中国造园体系的一个分支,一个支流。

---

① 引自陈志华:《中国造园艺术在欧洲的影响》,山东画报出版社,2006年版,第23页。
② 同上书,第28页。

3　坦普尔等人对中国造园艺术的评论

从 17 世纪上半期开始，经过传教士们和其他商人、旅行家的介绍，以及钱伯斯等人的研究，特别是像纽霍夫、钱伯斯等人的著作中附有大量的插图，此外，还有许多中国的工艺品如瓷器、漆器、外销画等等都有建筑和园林的图案，使欧洲人对中国的园林和建筑艺术已经有了比较多的了解。实际上，欧洲人是在当时关于中国知识的总体的联系中了解中国造园艺术的。在当时的中国风正盛的气氛下，在洛可可风格弥漫整个艺术领域的气氛下，人们对于中国的造园艺术和建筑艺术表现出极大的兴趣。除了专业的建筑师之外，许多文人学者都以谈论中国园林为时尚的话题。他们对中国风的园林设计起着比建筑师更大的作用。一方面，政治家、哲学家们试图将造园艺术作为他们所鼓吹的社会制度与政治主张的具体体现，画家、诗人们则把园林作为其笔下艺术的载体和描绘对象。另一方面，诗人、画家、哲学家、政治家又不断地提出新的造园观念与美学思想，推动着造园艺术的不断发展演变。中国造园艺术在欧洲的影响，其实是 17—18 世纪欧洲人对中国的哲学、文学、艺术、政治理想、伦理道德发生全面兴趣的一个表现。

英国学者威廉·坦普尔爵士（Sir William Temple，1628—1699）在 1685 年写了《论伊壁鸠鲁的花园，或论造园艺术》一文，全面论述了欧洲流行的各种造园艺术，其中赞扬中国的造园艺术，说"中国的花园如同大自然的一个单元"，它的布局的均衡性是隐而不现的。他说：

> 我们的建筑和园林之美主要靠一定的比例、对称和统一，我们的园中树木都互相陪衬，排列得整整齐齐，行间距离相同。中国人瞧不上这种办法，他们说，一个会数数到一百的孩子，就能把树一排一排种得很直，一棵连一棵，要什么距离就什么距离。而他们最用心的地方，在于把园林布置得极美极动人，但一般却不易看出各部分是怎样糅合到一起的。虽然我们对这类的美毫无所知，可他们有一个专门

用来形容这种美的字眼。如果他们一眼看上去对劲,就说"Sharawadgi"①好或者绝妙,还有类似的赞语。谁要是注意一下最好的印度袍子上的花纹,或者他们最好的屏风上、瓷器上的图画,就会看到这种散乱的美。②

坦普尔构拟了"Sharawadgi"一词,引起翻译家们的多种猜测,其实就是要表达一种"无序之美",来概括中国园林那种千变万化、如诗如画的特点。他认为中国园林的本质就在于"自由而不受束缚的风格"。但是坦普尔不主张英国人去盲目地仿效中国的园林,因为极易弄巧成拙,反而不美。美国哲学家洛夫乔伊(Arthur O. Lovejoy)指出:"早于斯威泽、肯特、布朗以及布里奇曼等人推出园林艺术模式之前,甚至更早于18世纪初蒲柏和艾迪生在他们的文学创作中表达园林艺术新观念之前,中国园林风格已开始对欧洲的美学思潮和风尚产生影响;一位英国大作家明确地把'无序之美'界定为中国思想,并认为中国园林就实现了这种无序之美;英式花园的兴起很大程度上要归功于人们对于中国园林理想化的理解。"③洛夫乔伊这里提到的英国大作家就是指坦普尔。洛夫乔伊认为,中国园林的流行,给英国引进了"一个新的审美规则",因而影响了整个西方的美学史,使现代审美到了一个转折点上。

到了18世纪,中国的园林和建筑艺术对欧洲影响越来越明显了,更引起人们的极大兴趣。1712年,英国著名散文作家艾迪生在《旁观者》杂志上著文讨论园林艺术。在园林美学方面,艾迪生深受李明《中国报道》的影响,提倡师法自然,反对人工造作,被称为"摆脱园林艺术中人工化最有影响的初期倡导者"。他认为自然远远胜过最精致的人工,壮丽的宫殿和园林不能满足人们的想象力,而广阔的田野则能够。他大力称赞中国的园艺。他写道:

---

① "Sharawadgi",虽经许多学者考证,尚不清楚原来的汉语词是什么。钱钟书认为可能是"散乱"或"疏落""位置",也有人认为可能是"疏落有致"。

② 引自周珏良:《数百年来的中英文化交流》,周一良主编:《中外文化交流史》,河南人民出版社,1987年版,第596页。

③ 引自张箭飞:《顿开尘外想,拟入画中行》,《读书》杂志2007年第11期。

有一些曾经给我们介绍中国情况的作家说，中国人讥笑我们欧洲造绳子和尺子来种树的方法，因为任何人都会按一定的行列、相同的间距来种树。他们宁愿去表现大自然的创造力，因此，总是把他们所使用的艺术隐藏起来。……我们英国的园林，恰恰相反，不是去适应自然，而是喜欢脱离自然，越远越好。我们的树木修成圆锥形、球形和方锥形。我们在每一棵树、每一丛灌木上都见到剪刀的痕迹。……我们欣赏一棵枝叶茂盛而舒展的树，胜过一棵被修剪成几何形的树。我们认为花朵繁密的果园毫无疑问要比整整齐齐的花圃组成的回文图案美丽的多。①

艾迪生进一步指出，园林和诗歌中都有两种不同类型的艺术：即自然的和人工的。他把花坛和花圃的建造者比作是十四行诗和英雄联韵体诗人，而把亭台、岩洞、格子篱笆和人工瀑布的建造者比作浪漫传奇的作者。他说："我主张的园林结构是希腊诗人品达的长短句并具颂歌式的，具有自然的粗犷之美，而又不失艺术的细致风雅。"②他认为中国园林是自然和艺术和谐的样板，它们利用自然的要素生成美丽的景色，"创造出具有全部魅力的园林来"。

艾迪生的朋友、著名诗人蒲柏（Alexander Pope，1688—1744）也积极宣扬自然式的园林，他在1713年9月29日《监护者》杂志第173号上发表文章，称赞中国园林崇尚"不加装饰的自然所具有的亲切淳朴之美"。"一切艺术的目的都在于模仿和研究自然"。并挖苦刻意将花木修剪成亚当、夏娃、通天塔等形状的英国园林。他在一首诗中写道：

> 把自然这位女神看成个端庄的姑娘，
> 既不可过分打扮，又不是不要梳妆，
> 切莫使每个美景到处可以观赏，
> 此中奥妙就是在于若隐若藏，

---

① 引自陈志华：《中国造园艺术在欧洲的影响》，山东画报出版社，2006年版，第39页。
② 引自范存忠：《中国文化在启蒙时期的英国》，上海外语教育出版社，1991年版，第83页。

> 要出人意料,要有变化,要遮没垣墙,
> 布景如此自可称至高无上。①

艾迪生和蒲柏还曾依中国植树的方式和他们所理解的中国式园林方法分别布置自己的花园,艾迪生还在自己的花园中引进中国的叠石假山和山洞。蒲柏营造了一个体现中国园林美学趣味的别墅花园,园内有一个天然岩洞,他为此骄傲:"请君前来观看,这里是伟大的自然。"经他们提倡,这种趣味一时成为风气,在英国产生了一种反对"正规花园"的运动,出现自然风景园。

哥尔斯密也认为:"在园林艺术方面,英国人尚未达到中国人那种尽善尽美的水平,不过近年来已开始仿效他们的做法。人们现在比以往更加忠心耿耿地顺从自然景观。"约翰·斯科特(John Scott)在其诗作中写道:"你也许正在寻幽访胜,在如茵的草野、蜿蜒的羊肠小径;中国的垂柳正拖着妩媚的长条,而宝河的白杨的高枝又正在风中飘荡。"芳妮·伯尼(Fanny Burney,1752—1840)在她给一位牧师的信中也谈到她游园时的感想,说她不喜欢园内笔直的英国式道路,向往自然弯曲的中国小径。

作家何瑞思·沃尔波尔也是自然风格园林的积极倡导者。他在1750年写给友人的一封信中说:"你无论何时回到英国来,都会因为我们有自由去追求我们的爱好而高兴,而这种爱好你是想不到的——公共建筑是希腊式的,至于小型建筑和园林则是哥特式或中国式的。"他在同年的另一封信中还说:

> 全国各地面貌一新,人人都在美化自己的庭园,他们不再给庭院围上墙垣和高高的篱笆,过路的人都能欣赏园中的花木。散处园中的建筑物——庙宇、桥梁等——应都是哥特式或中国式的,新颖别致,很是可爱……②

---

① 引自范存忠:《中国文化在启蒙时期的英国》,上海外语教育出版社,1991年版,第85页。
② 同上书,第91页。

第十七章 中国趣味的新风格

在法国，人们也对中国式的园林表现出很高的热情。1719年，路易十五的摄政王的母亲这样写道："一座装饰着雕像和喷泉的花园，依我看，还不如一个菜园；一道小小的溪流比一道雄伟的瀑布更使我心喜；总之，凡是自然的东西，都比那些人工的、豪华的东西更合我的心意。"①18世纪前半期，正值启蒙运动的高潮，启蒙思想家们纷纷主张效法中国儒家孔子的思想榜样。与此同时，对于中国的造园艺术也表现出浓厚的兴趣。伏尔泰在1738年的一首诗中说：

园子里花木双双对称，
矮树成行顺着一根绳；
……
花园呀！我一定要离开您，
人工过多使我反感又厌倦，
我更爱宽阔的森林，
空旷的自然并不规矩整齐，
它无拘无束，
这才合我的心意。②

1755年，法国建筑学家娄吉埃（Marc-Antoine Laugier，1713—1769）再版了他的《论建筑》一书，其中加进了关于造园艺术的一章。他说："我们喜好寻觅那种乡村中的悠闲气氛，造园的目的就是提供这样的场所。"在自然中，"我们欣赏树荫、草地和小溪细流，……欣赏景色的变化和它们荒芜的面貌"。园林应当采集所有这些美景，巧妙地加以安排，保证不失去"淳朴和优雅"。为了达到这样的境界，我们应该学习中国的榜样。他说："我认为，中国园林的品味比我们的好。""巧妙地把中国人的造园观念和我们的融合起来，我们便能成功地创造出具有自然的全部魅力的园林来。"③

---

① 引自陈志华：《中国造园艺术在欧洲的影响》，山东画报出版社，2006年版，第15页。
② 同上书，第87—88页。
③ 同上书，第91页。

法国的作家学者们对于中国风园林或者说英－中花园也表现出很高的热情,他们纷纷发表对于建造这样的新式园林的看法,畅谈有关中国的造园艺术。达古亥公爵(le duc d'Harcourt)说:"装饰一座园林,这就是打扮自然,这就是在一块小小的地坡上接近那些在广阔的空间里形成的美。"他还说,艺术的妙谛在于要使人看不出艺术。作家穆瑞勒(Jean-Marie Morel)说:"造园艺术的目的并不在于人工地再现自然,它是根据美丽的自然所显示的规律来布置园林的。"艺术家研究自然,并不是为了学会去模仿它,而是为了去促成它。吉拉丹侯爵(Louis-René, Marquis de Girardin)在一篇论文中指出,中国造园艺术的特点是整体性强,在深入细部之前,总是全局在胸。而且,中国园林的设计不在图纸上进行,而是在现场进行,因此最能同自然协调。他指出:中国式的园林避免大片的平地,喜好范围有限的像图画一样的景致。中国式的园林中,"构造景致的,既不应该是建筑师,也不应该是造园家,而应该是诗人和画家。"另一位学者沃特莱特(Claude-Henri Watelet)也在一篇论文中提到,园林有三种形式,即画意的、诗情的和传奇式的。中国式的园林就是传奇式的,要像钱伯斯描写的那样,有怪异的声响,造成令人惊讶的气氛;还要像王致诚描写的那样,有焰火。①

1773年,德国学者翁策尔(Ludwig A. Unzer)著《中国园艺论》一书,称赞中国的园林是一切园林艺术的典范。他指出:"我们可以公正地说,英国民族比其他民族更能够欣赏较为崇高的美。很久以前,他们就深信不疑,承认在园林设计方面中国风趣的优越性。"他把中国园艺中的曲线,作为心思灵活的一种表现形式。"中国人喜用蛇形曲线,并且正确地认为比直线更生动而多姿,故不独小径石梯,幽古水道,千回百折,若隐若现,甚至也用于桥梁的建筑。"他把中国人所具有的令人艳羡的一种振奋人类精神的力量,通过园林来触发各种情感,描述如下:"中国的艺术家认为适用于园囿的景色或意匠可以分三类:第一,可以激发人思想的赏心悦目的景物,其中甚至也包括激发一种淡漠的幽思;第二,引人惊讶恐惧的景物;第三,用意在于出奇制胜,使人目迷神往的景色。""他们使用极其巧妙的

---

① 引自陈志华:《中国造园艺术在欧洲的影响》,山东画报出版社,2006年版,第103—104页。

方式,使回声重叠反响,把这一片地方真正成为发人灵感的泉源"。一面有瀑布急湍,互相冲击,一面又有嵯峨怪石兀立,使人惊慑,如果再前行数步,赏心悦目的景物又在望中,"而这种种赏心悦目的景物,必须经常保持为园中的主要特色。"他还指出:"中国人的布置,善以幽暗柔和色调与光亮鲜明的色调互相映发,以简单的景与复杂的景相对照。他们以风趣为唯一的规则,结果所造成的整体,其中每部分都有显著的各不相同的特色,但总的效果,使我们发生和谐的快感。"他们在园中偏向于设置种种形式奇特的物品,因为它们可以增加园囿刺激游人感情的力量。"在他们的花园中,盘根错节的老树,尤为常见,因为它们特别具有吸引游人注意的力量。"翁策尔在他这部著作的结语中劝告欧洲人吸收中国人的阳刚之趣。他说:"除非我们仿效这个民族的行径,否则在这方面一定不能达到完美的境地。我们无须以学习他们的行径为耻。"①

德国艺术评论家、美学教授汉斯菲尔特(Christian Cajus Lorenz Hirschfeld,1742—1792)在1779年出版的《园艺论》中以哲学的形式表达了他对中国园林艺术的看法。他认为园林只是一种激发情感的布局。他对园林所激发的情感,作了一种合乎逻辑的分类:

> 高山巍巍,引人惊异,并由于外像的宏伟,使人的灵魂提升到一种高伟庄严的境界,使人震慑赞叹;具有优美曲线轮廓的丘陵,使人发生超逸愉快的感觉,洞则为幽栖之所,使人恬静而和平;它引导人作寂寞的沉思和冥想;岩谷有激发人惊异、敬畏、甚至恐怖和怪讶的力量,而使整个风景具有一种雄伟的特色。……反之,浅草小林,具有生动、愉快、欢喜的性质。草地给人温和流动的感觉,使人联想起淳朴天真的牧人的印象。②

中国园林中所采用的相映对比,对他来说,也是园林艺术的基本原则。汉斯菲尔特还谈到了中国园林艺术在整个欧洲推广和发生影响的情

---

① 引自[德]利奇温:《十八世纪中国与欧洲文化的接触》,商务印书馆,1962年版,第107—108页。

② 同上书,第108页。

况。他说：

> 在世界各地的花园中，其引起人们的注意，或曾被引人入胜的描摹，莫过于中国的花园。可以断言的，英国人本来有一种赞成这种花园的强烈偏见，而法国人和德国人正在开始倾向于这种偏见。今人建造花园，不是依照他本人的观念，或是根据比较旧有更好的风趣，而只问是不是中国式或中英式。①

汉斯菲尔特甚至担心，欧洲人急于仿造中国庭园建筑，会忘记了他们固有的技术和巧思。

4 风靡一时的英一中花园

中国造园艺术首先在英国发生了实际的影响。英国作家坎布里奇（Richard Owen Cambridge，1717—1802）就曾说："我们是欧洲最早发现中国风格的人。"

1750年，钱伯斯受肯特公爵（Kent）之托，在英国东南叫丘城（Kew）的地方建造别墅。他在此设计了一座中国式庭园，名为"丘园"（Kew Gardens）。园中垒石为假山，小涧曲折绕其下，茂林浓荫；园内有湖，湖中有亭，湖旁耸立一座高160英尺的九层四角形塔，每层有中国式的檐角端悬，屋顶四周以80条龙为饰，涂以各种颜色的彩釉。塔旁还有一座类似小亭的孔子庙，图绘孔子事迹，并杂以其他国家及其他宗教的装饰，惟雕栏与窗棂为中国式。丘园中某些局部的规划也具有相当程度的中国特色，在水面以及池岸处理上尤显突出，两者之间过渡自然。丘园中那如茵的绿草地，点缀其间的鲜艳的花卉，伫立一旁的深色调的参天古木组合在一起显得相当协调，充分体现钱伯斯独特的艺术感觉和创造力。1773年4月，一位诗人在《伦敦杂志》上写诗赞颂丘园：

---

① 引自［德］利奇温：《十八世纪中国与欧洲文化的接触》，商务印书馆，1962年版，第108页。

让野蛮人的荣耀使眼睛尽情享受吧。
八月,围绕广场的宝塔建起来。
完成之后,展现在里士满无限风光里的
是丘园,一个令人惊叹的杰作!①

丘园是钱伯斯最著名的代表作,是钱伯斯式风格最佳体现。前面提到的德国艺术评论家汉斯菲尔特对钱伯斯的"丘园"评论说:

钱伯斯建园,用曲线而不以直线,一湾流水,小丘耸然,灌木丛生,绿草满径,树林成行,盎然悦目。总而言之,肯特公爵入此园中,感到如在自然境界。……②

1763年,钱伯斯把"丘园"的建筑平面图和剖面图汇集成册,出版了《丘园设计图》一书。1771年,瑞典国王见到这本书后,封钱伯斯为骑士,授北极星勋章,英国国王乔治三世批准他可以在英国使用这个头衔,钱伯斯的声望达到了顶峰。

钱伯斯建造的丘园引起了模仿的浪潮。大约在1770年前后,中国的园林及建筑实际上成为英国某些公园的主题,涌现出一批"中国风"园林。比较有代表性的,有建于1772年的德罗普摩尔花园,不但有假山、水池和灌木丛,还有竹子和绿釉的空花瓷墩,很有中国风味。此外还有阿莫斯博雷花园、夏波罗花园等。牛津的沃斯顿公园也是用中国式园林构图方式来设计的。1798—1799年,罗伯特(Robert)在贝德福德的沃布建造了农场花园,其中的养牛场采用了中国形式,它是用白色大理石和彩色玻璃装饰的,在中心有一个喷泉。墙的四周环绕着许多中国和日本的各色碟碗,里面装满了新鲜牛奶和奶酪,操作台上的物品柜完全是中国式的家具。窗户是落地玻璃,上面绘有中国画,在幽暗的灯光下显得非常神秘。后

---

① 引自[法]亨利·柯蒂埃:《18世纪法国视野里的中国》,上海书店出版社,2006年版,第70—71页。
② 引自南炳文等:《清代文化——传统的总结和中西大交流的发展》,天津古籍出版社,1991年版,第276页。

来,1826年12月,德国慕斯考(Pückler-Muskau)王子来此参观,盛赞了这一中国花园式的建筑,认为它是卓越而美丽的。

这一时期的英国园林,"堆几座土丘,叠几处石假山,再点缀上错落的树丛,造成景色的掩映曲折,增加层次,引三两道淙淙作响的流水,穿过高高的拱桥,偶尔形成急湍飞瀑,汇集到一片蒹葭苍苍的小湖里去,湖里零散着小岛或者石矶。溪畔湖岸,芦蒲丛生,乱石突兀,夹杂几片青青草地伸到水中。道路在这些假山、土丘、溪流、树丛之间弯来绕去,寻胜探幽,有意识地造一些景,大多以建筑物为中心,配上假山和岩洞,或者在登高远眺的地方,或者傍密林深处的水涯。"①在众多园林建筑中,英国人最喜爱用的是"中国亭"。在18世纪,英国所建造的中国亭大部分是建造在水边或水中的,它们常常用于垂钓或划船。据研究,1738年,在英国白金汉郡附近的斯特花园中建造了目前发现的英国最早的中国亭。随着中国式园林迅速地传播开来,英国很多地区出现了中国亭。法国学者亨利·柯蒂埃指出:"在一个秀气的园林里面放置一个中式亭子,对所有的大领主和富有的金融家来说好像是花园必不可少的装饰。因为它的体积小,很轻盈,很快替代了流行很长时间的、很多柱子支撑起来的圆形古典小庙。"②

在18世纪后期,中国式庭园建筑在英国蔚成风气,日趋完善。此风传到法国,便有"英一中花园"之称。1770—1787年间,法国刊印了勒胡士(Le Rouge)编撰的《英一中花园》,共21册,使"英一中花园"这一名词流行起来。这部著作的内容十分庞杂,收罗了英国和欧洲大陆各国的"英一中花园"和中国式建筑,其中有法国宫廷收藏的中国园林宫室铜版画97幅,包括3幅圆明园的图,以及瑞典人切弗尔(Cheffer)收藏的铜版图100多幅。此外,大约与此同时,法国还出版了庞塞隆(Pierre Panseron)编的汇集《中国和英国的园林》,共4卷。到19世纪初,又有克拉夫特(J.C.Krafft)编的《法国、英国和德国的最美的图画式园林的平面图集》2卷出版。这几部大部头的资料书对于推动中国风的园林热起到

---

① 陈志华:《中国造园艺术在欧洲的影响》,山东画报出版社,2006年版,第72页。
② [法]亨利·柯蒂埃:《18世纪法国视野里的中国》,上海书店出版社,2006年版,第71页。

了很大的作用。

在 18 世纪后半期，法国一些贵族刻意模仿中国园林，在私人花园里建造亭台楼阁宝塔，小桥流水，假山石岛，甚至把圆明园的花卉移植到法国。此时，法国的风景园林开始出现在爱姆尼乌、拉瑞斯、皮提姆恩和姆考等地。巴黎的一些花园被设计成自然式，里面有湖面、小溪，还有中国的桥、岩洞和假山，即在凡尔赛曾流行的所谓的"乡村之景"。1774 年，凡尔赛的小特里阿侬花园建成，这座花园是由园艺师理查德（Antoine Richard，？—1807）设计建造的。这个花园位于小特里阿侬的东北、北和西北三面，里面有栽种异国植物的大温室、亭阁、大楼阁、塔、牛棚、羊舍、中国的鸟笼、大悬岩、上流河的源头、迫使河流积聚泥沙的岩石等。在当时，这座花园被认为是"最中国式"。这座花园是为玛丽—安托瓦尔特王后建造的，王后可能阅读过王致诚有关圆明园的描述，所以才有了建造这样的中国式花园的想法。

1773 年始建的蒙梭花园是一座很典型的英—中花园，水面多而且富于变化，有小溪和湖泊，湖心有一座小岛，岛上建造了一座中国式建筑物。还有中国式的桥和岩洞、假山。1780—1787 年建于纽斯特附近的斯腾公园是法国最精美的英中式园林，其部分建筑是根据尼霍夫访华时从中国带回的资料设计的，园林中有中国的三角亭等。

1782 年，法国建筑师贝朗热（François Joseph Bélanger，1744—1818）为一位富商建造了一所园林住宅，花园里面有中国的大瓷瓶，中国式的小亭、中国式的冰窖、凉亭及一座中国式的桥。同一年，贝朗热用了 63 天的时间，为阿尔托尔伯爵建造了名为"小玩意"的园林府邸，在花园里面，建造了两座中式的桥和一个巨大的中式帐篷。

18 世纪的法国建筑师让·弗朗索瓦·勒鲁瓦（Jean-François Leroy）为在巴黎郊外的尚蒂伊宫建造了一座中式花园。这座宫殿和花园是属于孔蒂王子（Bourbon Condé）所有的。这座中国花园的标志性建筑是一座规模不大的假山，上面有石块砌筑的登山小路。假山前有一条蜿蜒曲折的小河，河边建有茅草小屋。小屋旁有一个水车，说明这是一座中国的农舍。梅里戈（Mérigot）在《在尚缇伊花园里漫步或者远足》一书中描写到，在一片葱绿的庭院中，我们看见一个中式的楼阁,上面有灯笼式的顶塔,四周环绕着4个小亭子。为了区分开来,每个上面都有一个正在演奏某种乐器的中国女子。

里面有4个壁龛,每个都供奉着一位智者,上面都有一个中式香炉;在这些智者之间,窗间墙的前面是大理石的桌子,上面有一些表现中国节庆的浅浮雕。我们也可以在支撑多只烛台的柱壁上看到一些中国的文字语录。

天花板表现的是天空,一些中国的鸟儿在上面飞翔。中间是一只鹰,它的嘴巴看起来正好叼着用花装饰点缀的分枝吊灯的悬挂绳,这个灯是一件非常漂亮的波斯工艺品。楼阁的两扇门装饰着一些帘子,它们被优雅地撩起。

当人们在那里庆祝节日的时候,演奏者们被安置在环绕穹顶的地方,这样,大家就可以听见,但却看不见他们。[①]

法国的大型中国式园林,流行一种"阿莫"(Le Hameau),就是"村落"。它在园林里自成一区,包括磨坊、鸡舍、牛棚、谷仓、农家等,围绕着一片草地或一湾池水。18世纪后半期,法国还建造了一些大型的公共园林,其中也有采用"中国风"设计的。

"中国风"设计的园林在德国也很有影响。1773年,德国选帝侯约瑟夫四世(Elector Max Ⅳ Joseph)派园艺家塞凯尔(Friedrich Ludwig von Sekell,1750—1832)到英国,向钱伯斯学习中国的园林建筑。塞凯尔回国后为卡塞尔的领主建造"中国村",成为德国英一中花园最杰出的作品,也是德国最大的中国式园林之一。根据钱伯斯的意见,这样的"中国村"必须有一庙宇居中,在四周建造屋宇;而且当然还应该有一座拱桥,其下有一湾流水。这座"中国村"于1781年开始建造,位于威廉高地湖之南魏森斯泰因地方。这个村落命名为"木兰",所有建筑物都是中国式平房,建筑

---

① 引自[法]亨利·柯蒂埃:《18世纪法国视野里的中国》,上海书店出版社,2006年版,第75—76页。

风格模仿极妙,其他设施,悉仿中国。村落附近有一小溪,取名"湖江"。即使村中挤牛奶的黑人女郎,也着中国式衣衫,可见主人之中国趣味。歌德在魏玛也曾建造了一座花园,他对建造这座花园热情很高,亲自过问公园的设计并提出意见,园内有一座隐居庐,是中国式的,隐居庐的周围还有中国式的假山。当时有人评论说:"歌德的魏玛公园,创造了一所根据中国艺术精神的最宏伟的中国式风景园林。"①

在瑞典,国王派建筑师派帕(Piper)到英国学习造园艺术,回国后,1799年,他为国王建造了两座中国式花园,其中一座的漂亮的设计草图,几乎是圆明园的翻版,"一切就像是马国贤神父与王致诚神父北京来信中所描述的景色那样"。其设计的建筑主要是古典主义的,但在总体布局上有迂回曲折的小河,人造的岛屿,小山丘,弯曲的小路以及小桥、岩洞、假山等。在意大利和俄罗斯,受英法造园风气的影响,18世纪下半叶也出现了一些中国式的园林,其中还有一些中国式的建筑物。

中国的造园艺术对西班牙的皇家园林和宫廷建筑也产生了深刻影响。在塞维利亚著名的阿尔卡萨尔皇家公园中,就建有一座中国古典风格的中国亭。距马德里48公里的西班牙阿兰胡埃斯皇宫是一座由园林和宫殿组成的建筑群。阿兰胡埃斯地处塔霍河和哈拉玛河的交汇处,皇宫周围的园林区充分利用了充裕的水源并建成许多喷泉和池塘。在一处为绿荫环绕的池塘中,修建了两座具有中国风格的秀美凉亭,这个池塘被命名为"中国池塘"。此外,在宫殿建筑群中还有两座具有中国艺术特点的大厅,分别称为"中国画宫"和"瓷宫"。中国画宫内的四壁上均匀地镶嵌着176幅中国画,这些画在宣纸上的具有民间风格的中国画,据说是一位中国皇帝赠送给西班牙女王伊萨贝尔二世(Isabella Ⅱ,1830—1904)的。这些画反映了中国的民风、民俗和社会生活百态。宫殿的屋顶上垂下一座中国灯笼式的大吊灯,雕刻精美,显得十分别致。宫室周围摆着东方样式的椅子,靠背和椅腿上画着花卉图案,椅垫是用中国绣花丝绸缝制的。瓷宫建于1763—1765年间,是一座典型的洛可可风格的建筑。瓷宫的墙壁为8面镜子分割成相等的空间,一棵棵藤萝一样粗大的枝蔓在这

---

① 引自陈志华:《中国造园艺术在欧洲的影响》,山东画报出版社,2006年版,第117页。

些空间的顶部垂下来,无数的中国人物造型,包括男人和女人、老人与儿童、读书人和仕女、武侠和艺人等,与粗大的枝蔓交织在一起。扇子、瓷器和其他生活器皿巧妙地置放在枝蔓之间,轻歌曼舞的鸟雀在枝蔓中时隐时现。此外还有龙和凤的图案。而这些枝蔓、人物造型、器物、鸟兽等都是由"瓷雕"拼集镶嵌在墙壁上的,浑然一体,充满了中国情趣。

在18世纪的欧洲,仿造中国式的园林,或者说建造一座英-中花园,已经成为一种贵族的时髦。安田朴说道:"在18世纪时,无论东方建筑艺术在欧洲取得了多大的成功,但中国之热潮仍是在中国园林艺术中大获全胜。"①此风从英国开始,继而各国纷纷仿效,一时间中国式园林遍布欧洲各国,成为独特的风景。但是,主张建园的政治家文学家,园林的拥有者以及参与园林设计和建造的人,除了钱伯斯等少数人外,绝大多数都没有到过中国,他们对于中国造园艺术的了解都是通过传教士、商人、旅行者等的介绍和部分图画,那些出版了专门著作、图册的作者们也大都根据的是第二手材料。所以,他们不可能了解中国造园艺术的本质精神。正如范存忠教授指出的:"大多数仿效中国园林的人对于他们力图引进的工作只是一知半解。他们对中国艺术只知其形式而不知其精神;只知其装潢细节而不知其含义深远的手法;直至其异国情调的结构而不知赋予生命的气韵。总之,当时仿效中国园林并不是中国所能贡献的真正的艺术,而是一种不规则的、畸形的,甚至是奇形怪状的东西。但它自有一种妙处,一种难以捉摸的东西,即当时法国人所谓的Je-ne-sais Quoi。人们嘲笑它,但又无法抵制它的魅力。"②

5 家喻户晓的"中国瓷塔"

在欧洲人了解的中国建筑中,最有名的是南京的瓷塔,以至于在很多人看来,瓷塔是中国建筑的代表。

所谓"瓷塔",即是南京大报恩寺内的琉璃塔。大报恩寺位于南京中

---

① [法]安田朴:《中国文化西传欧洲史》,商务印书馆,2000年版,第527页。
② 范存忠:《中国文化在启蒙时期的英国》,上海外语教育出版社,1991年版,第100—101页。

纽霍夫的《出使中国记》插图，南京报恩寺琉璃塔。
1670年法国国王路易十四命人参照此画修建了凡尔赛特利亚农宫。

华门外雨花路东侧秦淮河畔，是明朝永乐皇帝是为纪念其生母，在1412年到1431年期间重修的，郑和担任过监工官。这座寺庙规模庞大，是一组有如宫殿般金碧辉煌的建筑群，其范围达"九里十三步"，曾与灵谷寺、天界寺并称为"金陵三大寺"。位于大殿后的大报恩寺琉璃塔九层八面，周长百米，高达78.2米，以五色琉璃精工砌筑，为当时全国最高建筑，甚至数十里外长江上也可望见。该塔是金陵四十八景之一。1856年，太平天国"天京内讧"，大报恩寺塔被北王韦昌辉下令炸毁。

欧洲人得知瓷塔，首先得归功于纽霍夫。他在《中国出使记》中以图文并茂的形式介绍了中国瓷塔，热情地推崇它造型的独特和无与伦比的美丽：

> 我们走出城区，去看一座著名的宝塔。那里被中国人称作报恩寺。……到了那里，你拾级而上……你所看到的所有营造设施都美轮美奂，巧夺天工，浸染着古老的中国风韵。我想整个中国也没有别

的地方可与这里媲美了……在寺院的中央，伫立着一座高高的瓷塔，它是精品之中的精品，展现了中国能工巧匠独特的才华与智慧……当我由这件艺术杰作联想到其他所有的艺术杰作，由这座非凡的建筑追忆起其他精妙的建筑时，一个念头袭上心头，我要以诗把它凝固：将宝塔与世界七大奇迹并置，这在西方旧世界也许显得荒谬：我为你崇拜的庙宇的灿烂深感惊恐，啊，南京，在此没有人信仰真正的神灵！①

伦敦丘园里的中国宝塔，1761 年建筑师威廉·钱伯斯为奥古斯塔王妃设计的。这座塔高 50 多米，共 10 层，在当时的欧洲应是最标准的仿中国式建筑。

纽霍夫图文并茂的介绍，使得南京大报恩寺塔成为最为西方人熟知的中国建筑。但纽霍夫将 9 层的宝塔错画成 10 层，这一错误直接影响到后来欧洲以此为蓝本设计的许多塔的层数。这座塔通体琉璃，但纽霍夫误认为是外表贴着珍贵的瓷砖，就把它称为"瓷塔"，从此以后大报恩寺塔就在欧洲以"瓷塔"著称。1665 年纽霍夫的书的法文版面世后，还激发路易十四 1670 年在凡尔赛建成了欧洲首个中式建筑——特列安侬瓷宫。欧洲人惊叹南京"瓷塔"的雄伟壮丽，视作"东方建筑艺术最豪华、最完美

---

① 引自[德]基德·海尔格·弗格尔：《中国宝塔在近代欧洲花园设计中的应用》，《新华文摘》2004 年第 16 期，第 124 页。

无缺的杰作",将其称为与罗马大角斗场、土耳其圣索菲亚清真寺、英国沙利斯布里石环、意大利比萨斜塔、埃及亚历山大陵和中国的万里长城相提并论的"中古世界七大奇观"之一。

传教士李明也介绍过瓷塔。他说：

在南京城外……有一座中国人称之为报恩寺的庙宇。这是三百百年前永乐皇帝兴建的。庙宇建在一个砖砌的高台上，形成一个四周有大理石栏杆的高阶梯，栏杆是未经加工打磨的。

……

屋顶架也是该塔的一个美丽之点，这是一个粗大的桅杆，它从第八层的地板竖起，一直向上伸出塔外，有30多法尺高。它像是插入同样高度的，车成涡形，离轴几法尺远的铁板里，铁板在空中形成一个光线可透过的镂空的圆锥面，在锥面的顶点上放置有巨大的金色球体。这就是中国人所说的瓷塔，而欧洲人可能会称它为砖塔。不管是什么材料制成，这肯定是东方最匀称、最坚固、最宏伟的建筑物。临塔顶远眺可见整个南京城，尤其是天文台的高达丘陵，距离瓷塔足有4公里远，位于塔的正北偏东半个方位点。①

经过纽霍夫以及传教士们的介绍，中国瓷塔在欧洲家喻户晓、童叟皆知。1839年，安徒生在童话《天国花园》中提到一位名叫"东风"的少年，穿了一套中国人的衣服，刚从中国飞回来。关于中国的印象，东风告诉他的风妈妈："我刚从中国来——我在瓷塔周围跳了一阵舞，把所有的钟都弄得叮当叮当地响起来！"在这个童话里，安徒生通过风妈妈四个儿子的叙述，描绘了世界各地的旖旎风光和独特的景物。故事中的瓷塔即表示着中国。1878年，诗人朗费罗（Henry Wadsworth Longfellow）写的《可拉莫斯》还提到瓷塔：

远方的南京城的侧旁，可以看见

---

① ［法］李明：《中国近事报道（1687—1692）》，大象出版社，2004年版，第88—89页。

> 瓷塔,古老而且古怪,
> 拔地伸向惊异的天空
> 它有九层彩绘的回廊
> 配有缠绕树叶状的扶栏,
> 瓦片的塔顶,在飞檐下,
> 挂着瓷铃,每时每刻
> 发出柔和悦耳的乐声……①

中国的瓷塔成了欧洲园林建筑中纷纷仿制的对象。17世纪晚期到18世纪各地出现的中国式宝塔,都是以瓷塔为样板,在其他装饰领域,也多见到它的形象。欧洲第一座中国式塔于1762年在伦敦西南部的丘园建成。这座八角形的砖塔共10层,高约50米,由威廉·钱伯斯设计。宝塔主体成八角形砖砌锥体,底部为廊。每层设有列窗,有10层突出的顶盖,覆以白绿相间的琉璃瓦。每层均有中式大红眺台围绕,檐角则有彩绘雕饰的玻璃巨龙,嘴中隐含铜铃,向外探望。木质旋梯直达塔顶。塔内色彩斑斓,饰以棕榈图案的壁纸和蓝天图案的穹隆。此塔是当时欧洲仿建得最准确的中国式建筑,曾在欧洲轰动一时,成为其后许多地方中国式塔的模仿对象。有法国人甚至说:"丘园的塔是园林建筑物令人振奋的新发展的一个万人瞩目的象征。"2003年,包括此塔在内的丘园被联合国教科文组织列为"世界文化遗产"。

在法国小城安布瓦斯附近的尚黛鲁普府邸中,有一座全部用石材砌筑的中国式塔,建于1775年至1778年间。塔为八角形,共7层,高约37米。其下粗上细的外形轮廓、优雅上翘的屋檐、窗棂格图案的栏杆都有大报恩寺琉璃宝塔的影子,特别是底层一圈16根柱子的外廊,与琉璃宝塔很相像,不过它的细部都属西方古典主义的多立克柱式。中国式塔在德国至少有3座遗存。波茨坦的无忧宫花园内有一座建于1769年至1770年间的龙塔,平面呈八边形,共4层,底层封闭,上面3层开敞,每层的腰

---

① 引自[英]吴芳思:《中国的魅力——趋之若鹜的西方作家与收藏家》,东方出版中心,2009年版,第57页。

檐都是曲面的,因为塔身每个戗脊上共装饰有 16 条龙,故而得名。德国的另一座中国式塔,是矗立在奥哈尼恩包姆花园小山上的八角形钟塔,于 1795 年至 1797 年间建成。塔身以红砖砌筑,共 5 层,每层有檐,檐角悬挂风铃,各面均设一小窗,外形大致准确。在德国慕尼黑的英国园中,也有一座著名的中国塔。此塔仿照丘园塔设计,建造年代与上述建塔时间相仿。塔高 25 米,共 5 层,12 边形,木结构,每层均为全开敞的阁楼,外檐装饰镂花木格,空灵通透,出檐舒展。

6 中国建筑艺术的影响

在中国的造园艺术传播到欧洲的同时,中国的建筑艺术也一起传播到欧洲。实际上,建筑艺术和造园艺术是一个整体,在中国的园林中,都有一些或大或小的建筑物,或者说,中国的建筑物或建筑群都有相应的庭院或花园。它们是作为一个完整的体系展现在人们面前的,所以,当人们介绍中国造园艺术的同时,也都一起介绍了中国的建筑艺术。17 世纪末来华的法国传教士李明在其所著《中国近事报道》中,曾盛赞北京的宫殿:

> ……皇帝的府邸更不一般,粗柱支撑的牌楼,通往前厅的白大理石台阶,覆盖着光彩夺目的琉璃瓦的屋顶,雕刻的装饰,清漆金饰,墙饰,几乎一色大理石或陶瓷铺设的路面,尤其是组成这一切的数量极大,所有的东西都具有一种华丽庄严的气势,显示出伟大皇帝的宫殿的气派。[①]

李明认为,中国宫殿总的看来表现出一种庄严伟大,不愧为王者之宫。但它也有严重的缺点,宫中建筑的装饰不甚整齐,到处都有一种在欧洲人看来感到不快的不成式样之处。李明的这种批评完全是因为他以欧洲传统的艺术眼光来看待中国的建筑风格。

18 世纪欧洲曾陆续出版了一些介绍中国建筑图书。1750 年,英国建

---

① [法]李明:《中国近事报道(1687—1692)》,大象出版社,2004 年版,第 68 页。

钱伯斯《中国建筑、家具、服饰和器物的设计》(1757)中的建筑图

筑家哈夫佩尼(William Halfpenny)出版了《中国庙宇、牌坊、庭园坐凳、栏杆等的新设计》。后来改名为《中国风的乡村建筑》于 1755 年再版,其中分为 4 个部分,分别是:"中国庙宇的设计""中国桥梁""中国门"和"中国大门",有 20 幅可供使用的设计图。第二年再次增订再版,增加至 32 幅设计图。这本书是专门为仿造中国建筑而编撰的,其中有构造、施工、估价和技术等方面的介绍。1754 年,有爱德华(Edward)和达利(Darly)合作的《为改善当前的趣味而作的中国式建筑设计》一书出版,其中有建筑、花园、家具、花木等方面的 120 插图。1758 年,出版了奥沃(C. Over)编的《哥特式、中国式和现代的装饰性建筑》,有 54 幅铜版画,以中国的园林建筑为主。

欧洲各国模仿中国建筑,在宫廷里建造所谓中国式宫殿,主要是把屋面做成凹曲面,四角翻起,挂上个檐铎。比较张扬一点的,在屋脊上塑几条走龙。其余部分大体仍是欧洲的式样。还有一些带有中国风格的装饰。早期模仿中国风格的建筑是凡尔赛的特里亚农宫。1669 年,路易十四命法国建筑师路易·勒·沃(Louis Le Vau)在凡尔赛西边的特里亚农兴建一座小型城堡。这座宫殿是仿造纽霍夫的南京瓷塔的插图设计的,被称为"瓷宫"。这是一组单层建筑,有一大四小五组房间,坐落在花园当

钱伯斯《中国建筑、家具、服饰和器物的设计》(1757)中的中国商人住宅剖面图

中。这座建筑的外观并没有所谓中国风特色,但在内部装饰上大量采用中国设计手法。屋檐下挂着青白两色是兽形饰物,外墙贴满瓷砖,客厅的墙上贴满白色大理石,上面饰有蓝色的花纹,地面和墙裙均用瓷片贴面。室内装饰也力求体现中国风格,全部摆设中国家具。特里亚农瓷宫建成以后,被认为是神秘中国的象征,法国贵族们纷纷效仿,很快在法国各地出现了许多类似的宫堡和别墅等建筑。有人指出:"中国风从宫廷吹起,经城市向乡村扩展。早在1673年,即在特里亚农瓷宫完工仅两年,《风流信使》就报道,国王的廷臣对国王的情趣上行下效,甚至资产阶级都将自己的花园和住宅改建成逍遥宫。数十年内,这种时尚风行至德国和欧洲其他地方。"①

在德国,洛可可时代最著名的建筑之一是易北河畔的彼尔尼茨宫。彼尔尼茨宫兴建于18世纪20年代,后增建新宫,建筑物采用东方大屋顶的特殊结构,侧面的凉亭以及它的扁平长狭的特色,都是中国离宫别苑的

---

① 引自严建强:《"中国热"的法国特征及其解释》,中国中外关系史学会编:《中西初识二编》,大象出版社,2002年版,第5页。

风格。但它又混合着德国的建筑风格,因而被称为"中国—哥特建筑形式"。这座混合风格的宫殿,同北京的圆明园颇为相似。巴伐利亚的路德维希二世(Ludwig Ⅱ of Bavaria,1845—1886)曾经打算在德国仿建一座圆明园,他曾命人复制《圆明园四十景图》,进行展览。但他的建园计划未能实现。这位国王的一位先祖艾曼努埃尔(Max Emanuel)也是中国园林和建筑艺术的热烈爱好者。艾曼努埃尔曾在法国过流亡生活,及回慕尼黑,带来了爱慕中国事物的时尚。他依据中国的瓷塔自行设计了一座浮屠塔,于1719年建在慕尼黑的尼姆芬堡公园中。塔身中有蓝白二色之装饰,左右都可以看到石头刻成的许多龙蛇,构成"龙泉"。

建于18世纪50年代的波茨坦桑苏西宫也是德国一座著名的洛可可风格的建筑。桑苏西宫中的"日本亭"是德国人仿造中国亭台最成功的一个例子。在波茨坦及其附近,还有其他一些模仿中国风格的建筑物。科隆大主教奥古斯都的乡间别墅也充满中国情调。奥古斯都聘请著名建筑师吉拉德(Girard)为他建造布律尔宫。吉拉德曾在施莱斯海姆和尼姆芬堡从事中国风格的建筑艺术达10年之久,成绩卓著,遐迩闻名。他为奥古斯都建造的布律尔宫屋顶作拱状的曲线形,整座建筑物体长而只有一层,屋的四角悬小铃为装饰,大主教称为"高贵而不狭隘"。另有休息室一间,乃仿中国贵人的避暑别墅,在内可以自由自在,没有任何仪式的束缚。距此不远,还有一所仿中国式塔楼的称谓"蜗庐"的建筑。

在瑞典,1753年,瑞典国王阿道夫·弗里德里克(Adolf Frederick,1710—1771)为他的王后露维莎·欧瑞卡建造了一座"中国宫",作为王后33岁的礼物。有学者指出:"中国宫,是瑞典人崇尚中国艺术设计风尚的一个突出例证。可以说,在18世纪,几乎没有任何其他纪念物比这座中国宫更能表达欧洲与中国之间的亲善友好关系,并给人以至深的印象。"① 这年7月,露维莎王后在写给母亲的信中,描述了她收到这份生日礼物的情景:

> 我突然惊讶地看见了一个真正的仙境,按照国王陛下的命令,建

---

① 方海:《中国家具传入西方简史》,《国际汉学》第7辑,大象出版社,2002年版,第242页。

成了一个我从未见过有如此美丽的中国宫。卫士们都穿着中国服装，两个陛下的随从官员装扮成中国武官。卫士们在做着中国兵操。我的长子……站在中国宫门口，穿着中国王子的服装，旁边是穿着中国文职官员服装的侍从们。王子向我读了一首诗，并递给我一串钥匙。如果说从外面看使人惊讶的话，进入宫室后，也同样使人惊奇。……正厅是以一种极其高雅的印度风格布置的，在厅的四个角落，放着四个巨大的瓷花瓶。在其他的屋子里，有着古老的日本漆器柜子、覆盖着印度布料的沙发，所有这些都精美极了。里面有一间卧室，床和四壁都蒙上了印度布料，装饰有最精美的瓷器；宝塔、花瓶和鸟。一个日本漆器抽屉柜中放着各种新奇的东西，其中有中国刺绣。在两翼的侧室放上桌子，一边是德累斯顿式的，一边是中国式的。在我欣赏了这一切以后，陛下传令开始表演中国芭蕾舞。……①

德国波茨坦长乐宫中为腓特烈
大帝建造的中国式茶亭

在 18 世纪流行中国建筑风格，到 19 世纪时还留有余韵。清末张德彝出使欧洲，他在伦敦游览的时候，还看见过中国式样的华庙，"湖心矗一小岛，岛有楼房花木，名曰'华庙'。其建造规模，略如中国式。"这个"华庙"应该是仿造中国式样建造的楼阁。在瑞典，张德彝还见到了一所"中国房"，"忽见中国房一所，恍如归帆故里，急趋视之。正房三间，东西配房各三间，屋内格窗装修，悉如华式。四壁悬草书楹联，以及山水、花卉条幅；更有许多中华器皿，如案上置珊瑚顶戴、鱼皮小刀、蓝瓷酒杯等物，询

---

① 引自李明：《瑞典"中国宫"的形成及其风格》，《国际汉学》第 4 辑，大象出版社，1999 年版，第 162—163 页。

之皆运自广东。房名'吉纳',即瑞言中华也。"

不过,在当时的欧洲,更多的情况,正如赫德逊指出的那样:"主要建筑的样式几乎没有受到洛可可风格的影响;在建筑上古典传统仍居统治地位。但次要的建筑,特别是乡村的避暑别业和别墅——当时人们对此非常爱好,较之用于庄严目的的大建筑物更为重视——洛可可的制作得到了充分的发挥,并且借取了中国式的亭榭、土耳其式的凉亭的形式。直接模仿中国人的多层塔也建立起来了。结构轻快,凹面屋顶,奇特的顶尖,屋檐前的挂铃,走廊、奇形怪状的窗子和精巧的隔壁都是洛可可建筑的特征。"①

7 别具风味的中国房间

大概从18世纪开始,在许多贵族和上流社会人士的宅邸中流行按照中国的风格进行装修,或者保留一间所谓"中国房间"。这种中国房间,有专门摆放和收藏瓷器的瓷屋,或用漆绘木板装饰的漆屋,还有的就是按照他们想象的中国风格,进行装饰和装修:地上铺中国地毯,墙上贴中国壁纸,挂中国画,陈设中国家具,摆设中国的瓷器、漆器和其他工艺品。这种住宅的装饰风格流行一时。赫德逊指出:"正是在洛可可时代的内部装饰之中,从远东传入的瓷器、漆器和丝织品都才首先进入了家庭;确实,企图适当地款待客人,乃是洛可可风格得以发展的一个主要原因。家家都有中国房间,其中一切物品都是中国的,如果没有真的,就用仿制的。"②

有一位叫露西·阿夏德(Lucie Achard)的18世纪的作家记载了一位贵族的中国房间,他写道:

> 本杰明(Benjamin)的表姐罗萨莉·德·贡斯当(Rosalie de Constant)在1773年的冬天参观了圣-克鲁宫之后,说:我们看到奥尔良公爵的房子……客厅设计成中式的。夏尔特(Chartres)公爵夫

---

① [英]赫德逊:《欧洲与中国》,中华书局,1995年版,第257页。
② 同上书,第258页。

第十七章　中国趣味的新风格 / 799

法国人丹尼尔·马罗的中式房间设计图,约1700年。

人的房子也很漂亮,餐厅装饰的是漆成黄色的木板,上面镶嵌了小的中式画,一切都非常简单,但是又很高雅。①

1755年,有一位英国教师罗伯特·罗伊德(Robert Lloyd,1733—1764)在报纸上发表了一篇题为《城里商人的乡间小宅》的讽刺诗,说有一位城里的商人在乡间买了一小套住宅,于是他的妻子就按照最时髦的样式重新装修:

　　泥匠、木匠、细木匠,约期
　　会同中国艺术家和设计师。
　　为了进行奇妙的改造,

---

① 引自[法]亨利·柯蒂埃:《18世纪法国视野里的中国》,上海书店出版社,2006年版,第53—54页。

共同订出改造的纲要。
那个隐藏的、有用的圆顶,
原在水松丛中并不露形,
如今过路的人感到奇妙,
那是哥特式或中国式的神庙,
上有艳丽的小旗获得好多口钟,
屋脊上还懒怠地躺着一条龙;
另有四呎来宽的小沟一条,
上面架起一座拱背的木桥,
桥身弯来曲去,别具形象,
抄的是哈彭尼的正确图样。①

  装饰这种"中国房间"的风气在 18 世纪欧洲各国都大为流行。笔者曾经参观过在美茵河畔法兰克福的歌德故居。这所故居是歌德父母的老房子,在二楼有一间主厅,名字叫"北京厅",厅中陈设着中国式的描金红漆家具,蓄着八字长须的彩色小瓷人,墙上挂的也是印有中国图案的蜡染壁被。在同一层楼的音乐室里,摆着一架仿照中国家具风格制作的古老风琴,琴盖上绘有一幅典型的中国风景画:山水、杨柳、宝塔、垂钓,一派中国乡村的静谧气氛。看来歌德的父母也是中国风格的热烈爱好者,歌德就是在这样的家庭气氛中成长的。

  笔者还在巴黎参观过雨果的故居,也有一间充满中国情调的中国房间。这间以中国古瓷器、书画及漆木家具等布置的中国风格浓郁的房间,是雨果为他的情人朱丽叶特·德鲁埃设计的"中国厅"。1863 年,雨果在海外流亡地根西岛,为朱丽叶特新居亲自设计和布置了卧室和客厅,1903 年建雨果故居纪念馆时,把朱丽叶特在根西岛的原物搬来,原封不动地重新组成了这间"中国厅"。据说这里的绘画和雕刻,也大多出自雨果本人的手笔。朱丽叶特在给雨果的一封信中写道:"这里充满你神奇的艺术思想,就像一座圣洁的殿堂,令我肃然起敬。我特别欣赏曼妙的卧室装潢,

---

① 引自范存忠:《中国文化在启蒙时期的英国》,上海外语教育出版社,1991 年版,第 93 页。

第十七章　中国趣味的新风格 / 801

一个洛可可式混搭风格的房间

那简直就像一首真正的中国诗歌。"有趣的是,这些绘画和雕刻,乃至整个房间的装饰,乍一看很有中国味道,仔细地看却又不很像中国。雨果并没有到过中国,但他和那个时代的许多文人学士一样,对遥远的中华文明怀有浓厚的兴趣,强烈地受到流行欧洲大陆的中国风的感染。他所创作的,是他心中想象的中国,是他的头脑中编织的中国。

奥地利维也纳美泉宫
"蓝色中国沙龙"的中国壁纸

美泉宫是奥匈帝国哈布斯堡王朝的宫殿,位于维也纳西南部一片开阔的绿地上。据说,当年马蒂亚斯皇帝到这里狩猎,饮一泉水,心神清爽,就称此泉为"美丽泉"。70多年后,即1743年,玛丽亚·特蕾西亚女皇下令在此建造宫殿,平地上涌现了这一座气势磅礴的皇宫和华贵典雅的巴洛克式花园。当时,正是中国风在欧洲宫廷蔓延流行之时,女皇用许多价值连城的中国艺术品来布置自己心爱的宫殿。徜徉在这座富丽堂皇的宫殿里,到处都可以见到中国古典艺术的痕迹。宫中专门有东方古典式建筑,如嵌镶紫檀、黑檀、象牙的中国式房间,用泥金和涂漆装饰的日本式房间。房间内部的装饰品也以东方风格统一协调,摆着琳琅满目的中国瓷器,其中有青瓷、明朝万历彩瓷大盘和错花花瓶等,令人目不暇接。最具典型东方特征的是两间圆形、椭圆形"中国厅"。这两个小厅里的墙壁上镶嵌着大小不等的中国漆画,镀金边框的支柱上托放着中国的青花瓷瓶。这两个厅的装饰,是18世纪欧洲宫廷装潢最典型的代表作。女皇玛丽亚·特雷西亚经常在这两个小"中国厅"里会见大臣,商讨国务。据说女皇非常喜爱中国文化,甚至曾和亲友一起,在金碧辉煌的宫廷里上演中国传统大戏。还有一间"漆画厅",把专门从北京进口的漆画板镶嵌在桃木墙面中间,装饰上镀金的花边,别具风味。更为著名的是那间"蓝色中国沙龙",因中国青花瓷而得名。在当时,中国瓷器特别贵重,所以是用230块白底蓝色的绘画模仿陶瓷的风韵挂在墙上。1918年,正是在这间"蓝色中国沙龙"里,奥匈帝国末代皇帝签署了退位诏书,黯然结束了延宕7个世纪之久的哈布斯堡王朝的统治。

第十八章
欧洲"中国风"的外溢扩散

一 中国风在俄罗斯

1 从西欧吹来的中国风

在本书前面的有关章节中,对18世纪西欧出现的中国热作了详细的介绍,这场中国热由大规模贸易带动,传教士们的推波助澜,在欧洲社会引起广泛的反响,深入日常生活的各个领域,涉及宗教、哲学思想、艺术、造园与建筑等各个方面,波澜壮阔,蔚为大观。这是中华文化西传史上最为华丽和繁盛的一章。当时的俄罗斯与西欧各国保持着密切的联系,这种席卷西欧各国的中国风也吹到了俄罗斯,在俄罗斯上层社会以及更广泛的人们生活中引起一阵阵波澜。

大量来自欧洲的中国作品在俄罗斯翻译出版并大量发行。18世纪的俄国知识界大力翻译和介绍了有关中国文化的法、英、德文的著述,譬如涅恰耶夫翻译了伏尔泰的著名剧作《中国孤儿》,剧作家冯维辛将法文本《大学》译成俄文。还比如1711年出版的《中国花园》,分别于1773年、1777年、1785年三次出版的《中国哲人,或生存之道》,分别于1780年和

建筑师为俄罗斯女皇叶卡捷琳娜营造的"中国宫"的设计稿

1782年两度出版的《波特主教全球行纪》，1783—1784年翻译出版的《全球通史》，1784年翻译出版的米罗主教的《亚洲或中国、日本、波斯和蒙古现状》，1786—1788年翻译出版的《中国人的科学、艺术、道德、习俗札记》，1774—1777年翻译出版的杜赫德《中华帝国全志》，1788年翻译出版的《鞑靼战记》《中国哲学家孔子》，1789年翻译出版的《中华帝国历史地理》，1789年翻译出版的《中国国家管理》，1790年翻译出版的殷宏绪的《中国人怎样制造瓷器、怎样养蚕》，1790年翻译出版的《孔子的一生》等。这些译文的出版，成为俄国的中国信息的主要来源。这些作品中的内容，或者记录作者亲身经历见闻，或者出自欧洲文人笔下，大都文笔优美，故事生动，成为18世纪俄国的畅销书。18世纪俄国共出版了有关中国的书籍和论文120种，其中有100种来自翻译欧洲的作品。有的作品发行数量很大，甚至有的不止一个译本流传。

与中国贸易的发展也促成了中国风的流行。自从《尼布楚条约》和《恰克图条约》之后，俄国与中国的贸易有很大的发展。与此同时，在法国时尚风潮的影响下，俄罗斯上层也开始收集漆器、瓷器。由于当时的中俄贸易是在国家垄断下进行的，来自中国的商品首先由皇室贵族挑选，成为他们收藏的对象。后来，价格便宜的瓷罐从中国和西欧大量涌入俄国，成

俄罗斯莫斯科附近库斯科沃公共园林中的亭子，中国式屋顶。

为俄国普通人生活的必需品。俄国政府为了在国内生产瓷器，在来华商队中安排专人学习中国制瓷技术。随着瓷器在本地的生产，价格下降了，瓷制餐具也摆到普通百姓的餐桌上。俄国人尤其喜欢中国的棉布，俄国革命家拉吉舍夫写道："富裕人每天都穿中国棉布衣服，其他人在节庆时穿"。《恰克图条约》签订后，双边的贸易有了很大的发展。1762年，在叶卡捷琳娜二世取消对华贸易垄断后，大量的中国商品充斥俄罗斯市场，激起俄国人对中国商品和艺术的向往和追求。

位于俄罗斯察尔斯科-泽洛田野的中式村庄

彼得一世在荷兰学习、考察时就很喜欢中国瓷器和漆器。回到俄国后,他在皇宫按照中国风格布置了两个中国房间"东厅"和"西厅"。宫内摆设各种中国物品,连墙上都绘有中国风情的图画,还在夏宫绿色办公室的玻璃柜中陈设了中国的艺术品。彼得一世在1714年以私人收藏为基础,在彼得堡建立了一所珍宝馆和陛下图书馆。他多次派特使朗格来中国,将搜罗到的各种中国书画及中国皇帝的赠品运回俄国。彼得一世还通过商队为莫斯科大药房从中国定制了专用的药罐,这种特殊器皿现在俄罗斯几个博物馆都有收藏。他还为自己定制了一套紫砂茶具。皇帝的近臣如缅希科夫、戈洛文、沙菲罗夫、阿普拉斯金等都藏有中国的文物。在彼得一世统治时期,中国风格已经成为俄国艺术的时尚,俄罗斯的艺术中就尽显中国风格。后来这所珍宝馆和陛下图书馆的藏品都并入了圣彼得堡皇家科学院,使科学院成为最早具备汉学研究条件的地方。

女皇叶卡捷琳娜二世热衷于谈论中国的古老文化,表示要效法中国皇帝,实行开明政治。她在与伏尔泰的通信中对中国的社会制度赞赏不已。叶卡捷琳娜酷爱来自遥远中国的瓷器、丝绸、漆器、玉雕、牙雕,乃至工艺屏风、折扇、灯笼、茶叶、山水画等,从1764年开始,叶卡捷琳娜下令在圣彼得堡建造博物馆,广泛收集世界各国文物,其中有许多是当时中国风的产物。叶卡捷琳娜自己还用俄文创作了一部小说《费维王子的故事》,于1783年出版,书中讲述了一位中国古代的贤明皇帝教育太子成长的故事。蔡鸿生指出,在叶卡捷琳娜时代,"在俄国贵族中间,也像法国贵族一样,出现过一股中国热:物质文化方面,崇尚中国的建筑风格(如亭子、拱桥)和室内摆设(如花瓶、屏风);精神文化方面,则宣扬儒家的政治理想和道德标准,鼓励有关孔孟之道的译述事业。"①

俄罗斯汉学家斯卡奇科夫也指出:

> 以俄国宫廷为核心的俄罗斯贵族,也对中国有着浓厚的兴趣。官方商队把生活必需品——丝绸、棉布等由中国向俄国进口,一些奢侈品——画、瓷器、漆器、地毯、扇子、装饰品也运到了俄国。沙皇的

---

① 蔡鸿生:《俄罗斯馆纪事》(增订本),中华书局,2006年版,第79页。

宫廷和他的近臣也都收藏中国的艺术品和日用品，如布留斯伯爵的收藏中就有200多件中国物品。

中国风也吹到了俄国的文学、艺术和建筑家的头脑中……

同法国封建君主一样，叶卡捷琳娜二世及其宫廷幸臣也在中国的生活方式、法律、哲学和中国历史之中为专制政权的合理性寻求依据："拿着皇杖的美德和拥有美德的政府结合的多么紧密"。①

著名导演夏尔勒取材中国故事创作了大型芭蕾舞剧《美女与妖怪》，并于1819年在圣彼得堡隆重上演。20岁的普希金曾饶有兴致地在剧场观看了这场令他终生难忘的演出。19世纪是俄国文化全面发展的时期，对于中国文化兴趣尤为热烈，涉及的方面也越来越广泛，与中国相关的问题越来越多地受到俄国社会的关注。

喜爱和模仿中国庭园与建筑之风也从西欧吹到俄国。1744年，俄国人为彼得堡斯莫尔尼宫设计了一个模型。这个模型首先令人瞩目的是门前的大塔，从它的一座浮屠的侧影中，表现出意大利巴拉亭式和中国式的奇异的结合。这个模型受中国的影响，大围墙上有许多中国式角亭。另外，彼得大帝曾请中国建筑师到俄国。

18世纪40至50年代，在彼得堡郊外的沙皇村为叶卡捷琳娜女皇修建了夏宫。在夏宫中，有一小片建筑，称为"中国村"，是叶卡捷琳娜女皇于1782年建的。这组建筑群有19栋房子，占地约400平方米，以浅黄色和深绿色为主色。主体建筑是灯塔状的八角形观象台，四周绕着各式小屋。所有建筑都用口含铁链的龙作为装饰。据说女皇身边的建筑师没有人到过中国，他们只得凭想象修建了部分建筑，再请英国人来做参谋。这位英国人提出增建神兽和龙等中国元素，可是建筑师想当然地采用了欧洲的有翅膀的"恶龙"的形象。在中国村外围的小河对岸，有一座中式的楼亭，是俄国皇室举行假面舞会的地方。不远处还有一座中国龙桥，走过去就是中国剧院，这座中西合璧的建筑始建于1778年，剧院中陈设着瓷器和家具，都是从中国引进的珍品。夏宫的花园里的中国剧院、中国式的

---

① [俄]斯卡奇科夫：《俄罗斯汉学史》，社会科学文献出版社，2011年版，第84—85页。

小桥和楼台亭阁等建筑物一直保留至今。

18世纪时,清政府向俄罗斯派出了3个使团,对于俄罗斯上层社会直接与中国人接触、了解中国也起到很大作用。1712年,康熙皇帝派出以殷扎纳为首的使团,慰问驻扎在俄罗斯境内伏尔加河下游的蒙古土尔扈特部,内阁侍读图里琛作为史官同行,来去共用了3年。使团虽然没有去俄国首都,但所经之地,俄国地方官员迎来送往,排兵列阵,鸣枪放炮,鼓吹迎接。中国使团的言行举止给俄国人留下深刻的印象,以至于俄国官员向沙皇报告称图里琛为"天朝使者""知识高明"。1729年,由托时率领的使团出使俄国,1731年1月抵达莫斯科,新女皇安娜接见了中国使团。女皇为中国使团举行了3次欢迎仪式,场面宏大。雍正皇帝赠送给女皇的礼品装满18个漆木箱子。1731年,清政府又派出德新使团,前往祝贺安娜女皇登基。1732年使团到达圣彼得堡,给女皇赠送了雍正皇帝的礼品,包括玉石、瓷器、漆器、玻璃器皿、书房木器、首饰匣、香袋和各色绸缎等。使团还参观了皇家科学院,与科学院的院士们接触交流。俄国是中国使团出使的第一个欧洲国家。18世纪清朝政府派往俄罗斯的3个使团,为促进两国文化交流做出了贡献。

2　汉学家对中国风推波助澜

曾在中国俄罗斯馆的传教士和留学生们,对于当时的中国风也起到推波助澜的作用。著名汉学家列昂季耶夫与启蒙思想家诺维科夫携手合作,通过在后者主办的《饶舌者》杂志上发表宣扬儒家治国思想的译文《中国哲学家程子给皇帝的劝告》和《雍正帝传子遗诏》,来影射叶卡捷琳娜二世开明专制时期的种种社会弊端。这两篇文章是列昂季诺夫直接由中文翻译的。他依照俄国政府命令翻译的《大清会典》被叶卡捷琳娜二世认为是一部强调君主至上和贵族特权的文件,有助于俄国的专制统治。18世纪以后,除了传教士团之外,还有一些俄国人陆续到中国来。"俄罗斯报刊上登载了这些游记,后来又专门出版了旅行杂志、日记、含有大量历史知识资料的新闻日记、特写、政论文章、评论和述评的书;中国之行还产生了不少文学作品、畅销书籍;描写作者看见的或想象的关于中国和中国人民生活的长篇小说、中篇小说、短篇小说。""除了政治事件和日常生活的异国情调外,深深吸引俄罗斯思想家和艺术家的还有中国的精神生活,信仰、哲学和诗学的起源和发展,艺术和日常生活的美学,以及除了火药、印刷术、指南针(好几百年来人们已经习惯于将这些与中国人民的科学、智力发展相提并论)等之外,在生活的方方面面的历史性创造。"①

  19世纪初反拿破仑战争胜利之后,无论是俄国当权者,还是俄国民众都改变了对欧洲的看法,民族自信心增强,甚至对18世纪以来大量来自西方的美化中国的观点产生了怀疑,希望借助本国汉学家的著作了解中国的真实面目。在新的时代背景之下,比丘林的著作相继出版,在俄国社会引起一定反响。比丘林是俄国汉学史上与国内思想文化界关系最为密切的汉学家,他的著作更以前所未有的丰富信息对驱散19世纪前期弥漫于俄国社会的关于中国的混乱认识发挥了重要作用。

  比丘林回国后,广泛交游,结识并影响了很多俄罗斯社会文化、政治、艺术界的精英人士。他在出版首部汉学著作的第二年(1829)便成为公共图书馆的荣誉馆员,从此与克雷洛夫等作家相识,经常参加奥多耶夫斯基家的星期六聚会,与更多的文化界名人建立了友谊,如诗人普希金、批评家别林斯基、历史学家波利伏伊、作家奥陀耶夫斯基、十二月党人别斯杜热夫等。俄国的报刊上常出现比丘林关于中国的文章,文化人士聚集的沙龙里也常听到比丘林关于中国这个神秘的东方古国的介绍。

  1848年,比丘林出版了《中国及其居民、道德、习俗、教育》一书,肯定中国文化的独特性,认为中国具有与全人类、全世界各民族的相通之处,同时也拥有完全不同于欧洲各国的优秀特质。比丘林在书中介绍中国国家管理机构的结构和活动、中国的立法和司法程序、教育机构的特点、粮食供给状况以及中国人的社会生活和家庭生活。俄国的知识界对比丘林这部著作表现出了极高的兴趣。比丘林向俄国知识精英介绍和传播中国文化,增进了他们对中国和中国文化的了解。正是由于比丘林,19世纪俄国文化精英如普希金等开始关注中国。在比丘林汉学著作的影响下,

---

① [俄]罗曼年科主编:《临近又遥远的世界——俄罗斯作家笔下的中国》,"编者前言",北京大学出版社,2011年版,第1—2页。

奥多耶夫斯基创作了幻想小说《4338年》,思考在遥远的未来中俄成为世界上最先进最发达国家后之间的关系。他笔下的主人公是一位来自北京的在俄国从事科学研究的中国学者。他的构思与比丘林将中国现实理想化的倾向不无关系。

由于比丘林推崇中国文化,他的作品又大多是中国典籍的编译,所以在其著作中不免流露出对中国社会的理想化倾向。这一点受到别林斯基的批评。别林斯基对传教士团学生科瓦尼科在《祖国纪事》上以"德明"为笔名发表的10篇《中国旅行记》大加赞赏,认为他客观而真实地反映了清帝国的社会现实。先科夫斯基对比丘林过于迷恋中国的态度提出批评,但是他还指出:"很可能,当代没有一位东方学者能够像不倦的汉学家亚金夫神甫这样,从纷繁浩瀚的东方文献中找出关于东亚历史的重要资料和如此多的新史料。"

俄国汉学家斯卡奇科夫指出:"比丘林对俄国社会思想史的意义是巨大的:他关于中国的著作丰富而多样,他对书刊上关于这个国家的虚假消息给予了尖锐的、公正的批判,使得更广大的俄国社会关注过去鲜为人知的中国历史和文化的某些方面,让人们重新审视那些由西方引入的不正确地看待中国的态度。"[①]

3 中国文学在俄国的流传与影响

中国文学最早在俄国引起注意的,是欧洲作家们介绍的作品。1763年,圣彼得堡的《学术情况通讯月刊》发表了题为《中国中篇小说》的俄文译文,译自英国作家哥德斯密的《世界公民》的部分章节。这部分内容是哥德斯密根据《古今奇观》卷二十《庄子休鼓盆成大道》改写的。1785年,圣彼得堡出版了《庄子与田氏或显明的不忠实》一书,收录了4篇小说,是从法文译过来的,内容还是《庄子休鼓盆成大道》。1788年出版的俄译文学作品选集中收录了一篇中国话本小说《善有善报》,是从英译本《今古奇观》卷三十一《吕大郎还金完骨肉》转译的。1788年,涅恰耶夫根据伏尔

---

① [俄]斯卡奇科夫:《俄罗斯汉学史》,社会科学文献出版社,2011年版,第171页。

泰改写的《中国孤儿》剧本,以诗体译成俄文出版,流传于俄国宫廷和上层社会中。在此之前,诗人和剧作家苏马罗科夫从德文翻译了《赵氏孤儿》,1759年发表时题作《中国悲剧(孤儿)独白》。

19世纪20—30年代德国出版的几部中国小说和诗歌,很快进入俄国文坛。1827年《玉娇梨》译成俄文,1833年出版《好逑传》。此外还有一些中国诗歌译成俄文。1856年,《祖国记事》杂志第6期刊载了俄国诗人费特转译苏轼的诗,1896年,圣彼得堡出版了《诗歌里的中国和日本》一书,其中载有杜甫的《羌村》等4首;稍后出版的翻译诗集《中国之笛》,也载有杜甫《赠李白》等4首。1829年《雅典娜神庙》杂志第11期刊载一篇短文《学者之女雪恨记》,介绍了关汉卿的《窦娥冤》剧情,还叙述了另一种元代杂剧《元夜留鞋记》的故事梗概。1839年《读书丛刊》杂志第35卷译载一篇元剧,名为《樊素,或善骗的使女》,即郑光祖的《㑇梅香骗翰林风月》。1847年出版了高则诚《琵琶记》俄译本,系由法文转译。列昂季耶夫斯基翻译的《西厢记》译本《旅行者》出版之后也受到俄国舆论的关注。《读者丛刊》称赞《旅行者》是"中国的巴尔扎克的小说和创作",描绘了"遥远异国人民的风情习尚和思想观念"。

当第十一届传教士团在北京时(1830—1840),有一位名叫帕维尔·库尔良采夫的随团学生,因病于1832年回国,随带一部中国文学名著《石头记》的手抄本,共35册,现藏俄罗斯科学院东方研究所彼得堡分所。这大概是最早流传到俄国的一部中国文学作品。这个《石头记》抄本在1962年被汉学家李福清发现,受到两国学术界的高度重视,我国红学界认为其底本属脂砚斋评本,称为"列藏本"。1986年,两国学者合作出版了这个抄本的影印本。

同一届传教士团学生科瓦尼科回国后,用"德明"的笔名,为1841—1843年《祖国记事》杂志写了10篇《中国纪行》。在1843年第1期发表的第9篇文章中,翻译介绍了《石头记》第一回的片段,首次向俄国知识界传播了曹雪芹的名著的信息。这篇文章曾引起著名文艺批评家别林斯基的注意和赞赏。科瓦尼科在谈到他的翻译动机时说:"中国人的家庭生活、喜庆节日、婚丧嫁娶、消遣娱乐、官宦的舞弊、奴婢的欺诈……这一切在书中都有惟妙惟肖的描述。""如果把这本书译成俄文,那么那些想了解中国人习俗或希望学习汉语的人都将受益匪浅。"①1857年,瓦西里耶夫在《俄罗斯导报》第11卷发表了《圣彼得堡大学东方藏书札记》,将中国小说分成四大流派,对写实派作了这样的评述:"《金瓶梅》被公认为写实小说的代表作,但《红楼梦》无疑更胜一筹,该书用散文写缠绵的情节,刻划引人入胜的题材,在欧洲确实找不出一部能与之媲美的小说。"②瓦西里耶夫在《中国文学史资料》的讲义中说道:"用《红楼梦》命名的续补小说纷然杂陈,表明原著给中国人造成五花八门的印象;这部小说历来是被当作奇书、谤书或淫书来读的,至于对家庭生活的细腻描写,文笔的秀丽和典雅,反而被忽略了。其实,《红楼梦》既然这样美妙隽永,续作层出不穷也就势在必然了。这些续补之作,虽较原著相去甚远,但它们也是描写中国人的生活,表现他们的心灵,我们并不认为这类书是毫无可取之处的。"③瓦西里耶夫在以后出版的《中国文学史纲要》中还说:"如果你想了解迄今仍与我们隔绝的中国上流社会的生活,那么,消息只能得自小说,恰当其选的正是这本书。"④瓦西里耶夫收藏了《红楼梦》的多种版本,包括《程甲本》《程乙本》《藤花榭》本和《芸香阁》本,以及《红楼梦》的6部续作《补红楼梦》《后红楼梦》《红楼圆梦》《增红楼梦》和《红楼复梦》。瓦西里耶夫还把《红楼梦》正式列入彼得堡大学东方系的教学计划,作为汉学训练的组成部分。斯卡奇科夫到彼得堡大学东方系任教时,指定以《金瓶梅》和《红楼梦》作为汉语的口语教材,借以锻炼学生的会话能力。直到1902年,波波夫到东方系教授汉语,仍以《红楼梦》作为必读书。他选出第二至第四回作为中文范本,供学生研习汉语之用。

4 普希金与中华文化

通过汉学家们的翻译介绍,中国文化典籍在俄国流传,以及西欧的中国热对俄国的影响,使中华文化在俄国有了比较广泛的传播,引起俄国知

---

① 引自李明滨:《中国文化在俄罗斯》,新华出版社,1993年版,第101、39页。
② 引自蔡鸿生:《俄罗斯馆纪事》(增订本),中华书局,2006年版,第100页。
③ 同上。
④ 同上。

识界的很大兴趣,许多著名的文学家、艺术家都以很高的热情关注中华文化、议论中华文化。很多俄国作家"从来没有去过中国,但在他们的哲学、道德、诗学的探索和思考中,在他们通过创作对世界的系统认识中,中国一直占有重要地位,获得某种深刻的,在一定程度上是经常的、几乎一直存在的形式。其实,他们就像其他众多的关注中国题材的俄罗斯艺术家一样。"①

最早表现出对中国浓厚兴趣的是俄国伟大诗人普希金。普希金是俄罗斯民族文学的奠基人,被誉为"俄国文学之父""俄罗斯诗歌的太阳"。普希金是俄国文学史乃至世界文学史上罕见的在诗歌、小说、戏剧、散文、文学理论诸多领域里都有卓越成就的经典作家。

普希金起初是通过西欧国家的文字材料和本国文学前辈的著述来了解中国的。据统计,在普希金的藏书中,有很多法国、英国、德国等国的文字著述都对中国有很详细的介绍,这些有关中国的书籍多达82种,书中生动的描述使普希金对中国这个神秘的国家怀有强烈的向往。前文提到沙皇宫廷中的中国热,普希金早年在彼得堡沙皇村的皇村学校读书,见到园林、亭台、小桥等各种中国式的建筑物,很可能受到这种气氛的感染。受到皇村的中国文化氛围的熏陶,普希金在他的长诗《鲁斯兰与柳德米拉》中描述了自己梦想中的中国式大花园,用了这样的诗句:

  在那迷人的田野里,
  五月的清风徐徐送爽,
  密树枝叶微微颤动,
  中国夜莺婉转歌唱。

另外,当时俄国文化界对中国古代文明的宣传,也可能使普希金受到影响。1819年,由著名导演夏尔勒·狄德罗取材于中国故事而编排的大型舞剧《汉姬与陶》(又名《美女与妖怪》)在彼得堡上演,普希金就去看过。

---

① [俄]罗曼年科主编:《临近又遥远的世界——俄罗斯作家笔下的中国》,"编者前言",北京大学出版社,2011年版,第2页。

1823年他写的诗体小说《叶甫盖尼·奥涅金》中,通过主人公的眼光,再现了该剧演出的情景:"舞台上,魔鬼、恶龙、爱神,还在跳跳蹦蹦,吵吵嚷嚷。"在第一章的手稿中,谈到奥涅金的教育和读过的书时,提到"(孔夫子)中国的圣贤,教导我们尊重青年"。

1820年,亚历山大一世决定将普希金流放至西伯利亚,后改为流放到南俄。流放南俄之后,普希金与一些曾远行东方的旅行家相遇,其中包括在1805年随拟访华的戈洛夫金使团到达中俄边境地区的维盖尔。普希金与之多次会面、交谈,西伯利亚和中国是他们谈话的主题,并与普希金少年记忆中的中国联系在一起。1828年,普希金从流放地米哈伊洛夫斯基村回到彼得堡以后,结识了著名汉学家比丘林。有学者认为,比丘林创作生涯中最为辉煌的一页是与伟大诗人普希金的相识与相知。一位是学者,一位是诗人,他们都是19世纪上半叶俄罗斯文化的杰出代表。比丘林把自己翻译的中国书籍,其中包括《西藏志》《三字经》,赠送给普希金。比丘林将自己的著作《厄鲁特人或卡尔梅克人历史概述(15世纪迄今)》送给普希金使用,保证了诗人在《普加乔夫起义》中对卡尔梅克人进行了成功的描写。普希金在书中写道:"我们感谢亚金夫神甫,他关于卡尔梅克迁徙的叙述最为准确公正,他渊博的知识和勤奋的劳动使俄国与东方的关系清晰起来。"通过这些书籍以及与比丘林的交往,引起普希金对中国的热烈向往之情。他在1829年12月30日写的《致友人》诗中说:

我们启程吧,我已整装待发;
任凭你们去哪里,朋友们,
只要你们能够想得出来的地方,
我都欣然跟随你们,
到任何地方,只为逃避高傲:
到遥远中国的长城脚下,
到沸腾的巴黎去,到那里去,终于,
在那里,夜里的划桨人不再歌唱塔索。
古城昔日的威严在废墟下沉睡,
在那里柏树林散发着芳香,

到任何地方我都做好了准备。

我们启程吧……但是，朋友们，

请你们告诉我，在远行中我的热情是否会枯寂？

普希金的一位朋友希林格，是外交部官员兼东方学家，其时正奉命组团到中国西北边境考察贸易情况，比丘林也是考察团成员。普希金的这首诗就是写给他们二人的。1830年1月7日，即写《致友人》之后8天，普希金写信给宪兵总督本肯多尔夫，说："我现在还没有结婚，也没担任官职，我想到法国和意大利旅行，如若不能获准，我想申请允许我随同前往中国的使团访问中国。"但是，沙皇政府向来限制普希金的活动，普希金想访问中国的愿望未能实现。

然而，这并没有减弱普希金对中国和中华文化的热情。他仍注重搜集和阅读有关中国的图书资料。他在编辑《文学报》时，有好几期刊登希林格、比丘林考察中国的情况报道，或摘登他们的信札，介绍中国的新情况。前文提到《文学报》上曾刊登过一篇评论比丘林译《三字经》的很有影响的文章，据猜测就是出自普希金的手笔。同时他认真研读了《中华帝国全志》第一卷和第二卷。与此同时，普希金在皇村学校时的同学、著名的十二月党人别斯图热夫、丘赫尔别克被流放到远东西伯利亚，都曾到过俄中边境，他们在寄回的信件中详尽记述了有关中国边境地区的所见所闻，这些都引起普希金的热情关注。

19世纪俄国作家中最早访问过中国的是冈察洛夫（1812—1891）。冈察洛夫是19世纪俄国最著名的批判现实主义作家之一。他的长篇小说创作在19世纪俄罗斯文学史上占有相当重要的位置。

冈察洛夫曾担任俄国海军上将普嘉京的秘书，1852—1854年随普嘉京乘战舰作环球航行，后写长篇游记《战舰"巴拉达"号》，以生动的文笔记述这次航行。他们于1853年11月中旬乘坐"巴拉达"三桅巡洋舰到达长江口。他在上海停留了20天左右。在关于中国的章节中，他通过在这里的观察，认为"中国人民是生机勃勃和富有精力的人民"。当时正值上海爆发小刀会起义。冈察洛夫在日记中写道："在中国爆发了动乱。……位于扬子江上游的南京，现在是起义军的主要据点。……上海县城关闭着，不能进去,起义军不放人进城,他们正和官兵作战。"①冈察洛夫当年写的游记,至今还是研究当时上海情况的有价值的文献。

著名小说家契诃夫于1890年到库页岛调查流放犯的苦役生活,途中经过我国的黑龙江,称赞它是"一条非常美丽的河流"。他还游览了瑷珲城,沿途中结识了不少中国人。他写信给他妹妹说"看见了中国人。这是善良的和相当聪明的人民"。

二 中国风从欧洲吹到美洲

1 南美洲的中国风

17—18世纪,欧洲中国风如火如荼,越演越烈。风流所及,美洲作为欧洲各国的殖民地,中国风也通过欧洲文化间接地渗透到美洲殖民地上层社会。由大帆船贸易开始的中国与美洲的联系和交流,首先使中国与美洲在器物层次上发生文化接触。

大帆船贸易运往美洲的最主要的货物就是中国的生丝和丝绸。中国丝绸质地优良,工艺精美,在殖民地美洲市场上极为畅销。瓷器也是销往美洲的大宗商品。据1735—1746年在美洲进行科学考察的豪尔赫·胡安和安东尼奥·德·乌略亚记叙,他们看到利马的商店里陈列着中国瓷器,从智利到巴拿马,到处都有出售中国丝绸,而且人们喜欢穿这种丝绸的服装,东方货物胜过了西班牙的产品。而秘鲁的商人是用从安第斯矿上挖掘的大量白银来换取中国的瓷器、丝绸等商品。墨西哥人就记载说:"把中国的丝绸和瓷器与秘鲁的白银做交易有很大的利润。"

远来的中国瓷器价格十分昂贵,在初入美洲时,购买瓷器往往要用同等重量的白银。在墨西哥的殖民贵族中,以拥有多少中国瓷器作为衡量

---

① 引自戈宝权:《谈中俄文字之交》,周一良主编:《中外文化交流史》,河南人民出版社,1987年版,第552页。

其财富与文明教养的标志之一。18世纪后期,有些贵族还专程到广州大量订制绘有家族纹章或勋章图案的成套茶具和餐具。很多教堂专门珍藏中国瓷器,当做贵重的财产。由于瓷器极为贵重,人们连瓷器的碎片也舍不得丢弃,用瓷片装饰庭院或花园中的蹊径。

在中国与美洲的贸易往来中,与丝绸、瓷器等大宗货物输往美洲的同时,中国的实用工艺美术的技法与风格也随之传播。特别是品种繁多的瓷器上均绘饰着各种花纹图案、中国风景、历史故事,最能反映民族风尚与审美观念,是传播东方古典情趣的媒介。因此,在这一时期的拉丁美洲,也和欧洲一样流行洛可可风格,追求豪华和富丽堂皇的效果,崇尚色彩的艳丽、飘逸和线条的流畅与奔放。

此外,各种中国制作的家庭工艺品和日用小商品,如折扇、画屏、漆器、梳子等都曾大量运往美洲,并对当地的装饰艺术发生重要影响。和欧洲一样,许多家庭在室内装饰方面模仿中国风格,墙壁上贴中国的壁纸,悬挂中国的山水画,室内摆放屏风、瓷器、精雕漆柜、镂花硬木家具,使用丝绸绣花台布和窗帘。这些都是美洲殖民地上层社会家庭为显示东方情调而常有的摆设。在一些建筑内部的结构和装饰风格上也受到中国建筑文化的影响。巴西社会学家弗雷耶尔(Gilberto Freyre)认为,巴西建筑受到了与东方有密切接触的葡萄牙影响。巴西花园中有仿中国式的亭台和塔式建筑物,东方式的屋顶成了某些巴西房屋的特点。弗雷耶尔指出:

> 对于巴西作为热带地区的一种新型文明的发展,中国甚至起过直接的影响。葡萄牙人从中国带给巴西以建筑价值观念和建筑技术,它们后来变成巴西自己的东西。长时期从中国输入一种美观大方的长袍,供巴西的法官和法学博士使用。①

在生活用品方面,也以中国商品为流行时尚。1767年,"圣卡洛斯号"大帆船驶往阿卡普尔科,船上的水手随身携带了8万把妇女用的梳子

---

① [巴西]弗雷耶尔:《赤道新大陆——近代巴西文化》,引自周一良主编:《中外文化交流史》,河南人民出版社,1987年版,第850页。

到墨西哥卖。由中国的轿子演变而来的欧洲轿式马车,在美洲也很流行。1625年,一位英国人到墨西哥城,据他记述城内约有15000辆马车。这些马车装饰的十分豪华,"车厢上镶嵌着金银饰物并披挂着中国丝绸"。"每天傍晚5点钟,大道上就排着有钱的妇人们的马车。她们穿着中国的丝绸。在她们面前走过的是一群骑士的行列。"①

中国风在当地的文学中也有所反映。17世纪初的墨西哥诗人巴尔布纳(Bernardo de Balbuena)在诗歌《伟大的墨西哥》中写道:

墨西哥将全球均衡地分成两厢,
它像太阳普照大地,
无处不显露它的形象。
与秘鲁、摩鹿加、中国、
波斯国度、摩尔人以及其他各地,
它都有交往,
而不论是近邻或是远邦。

在马尼拉大帆船贸易时代,墨西哥不仅成为东西方物质文明的交汇地,而且发展成为东西方文化的交流中心。在那个时期到中国的传教士中,特别是西班牙的传教士,有不少是经过墨西哥辗转来到中国或者到亚洲的。在他们返回欧洲的时候,也有人要经过墨西哥停留。这样的人员往来,就成了一个交换信息的地方。他们从东方带回了有关中国及其他亚洲国家的历史、文化、政治体制、宗教信仰、民族习俗乃至山川形势、地理位置等方面的信息,甚至有一些中国的书籍也被带到墨西哥。墨西哥的一些修道院逐渐成为研究东方文明的学术中心。后来,当一些传教士经墨西哥前往中国或亚洲其他国家时,在这里获得相当多的有关东方的知识。比如较早进入中国并撰文介绍中国的传教士拉达,在到亚洲之前就曾在墨西哥从事传教活动有五六年的时间。而在拉达去世后,他搜集的中国图书有一部分辗转传入墨西哥。写出了《中华大帝国史》这部名著

---

① [墨西哥]派克斯:《墨西哥史》,生活·读书·新知三联书店,1957年版,第99页。

的门多萨,也曾在墨西哥逗留,实际上这部名著大部分是在墨西哥完成研究工作的。

2 美国的中国风

早在美国与中国直接通商之前,就有许多中国商品通过英国东印度公司运到北美大陆,饮茶的习惯也在北美殖民地居民中流行起来,中国的瓷器,包括茶具、餐具以及日用器皿和装饰用品都在13个州的家庭中普及了。易于吸水的南京布(江南土布)也是非常流行的商品,当地的男人喜欢用这种布做裤子,或者做被褥。

1768年,以费城为中心的美国科学界人士发起了促进对中国工艺、园艺作物和生活艺术的研究热潮。美国哲学学会出版的人种学刊物,期望减少不同文化和种族之间的差异,但直到此刻,许多美国上层人物对中国的知识还是不甚了了。因为当时主要是开展贸易活动,美国商人来去匆匆,常年居住在澳门、广州地区者极少,还受到语言等各方面的限制;甚至广州领事向国务院的报告,42年间也只有寥寥一册手写短信,而且内容基本上限于商务。据说美国首届总统华盛顿直到1785年才知道中国人不是白种人,并感到大为惊诧。1771年,《美国哲学学会会报》第1卷上发表了查理·汤姆森写的"发刊词",热情洋溢地要求北美知识界研究引进中国物产的实际问题:

> 引进古老的东方国家的物产,特别是中国的产品,将使我们这个国家得以得到期待已久的长足进步。我们如能有幸引进中国的工艺、生活艺术、先进的管理和当地的植物,那么美国一定会成为像这个一样人口十分兴旺的民族。[①]

汤姆森认为费城与北京的纬度相同,气候和蔬菜也都相仿,因此他主张进口中国的样品,采纳中国的技术,在美国发展棉花、茶叶,建立丝织业

[①] 引自沈福伟:《西方文化与中国(1793—2000)》,上海教育出版社,2003年版,第13页。

和瓷器制造业。他认为宾夕法尼亚州也能制造出像进口的中国瓷器一样精致的瓷器。富兰克林认为,不仅中国的德行政治值得学习,而且中国的农业成就也堪称北美的典范。如果借鉴中国的经验,北美也可以成为中国那样的繁荣地区。他说道:

> 我们有理由希望,如果进行适当的调研,很多中国土生的植物,包括茶叶也可以在美洲发现,茶叶已经在我们中间广泛饮用,成为我们的生活必需品并非常有利可图。……如果我们能如此幸运以至于把中国人的勤劳、他们的生活技术和改善耕作的方法以及他们本土的植物引进来,美洲会很快成为像中国那样人口稠密的地区,这样美洲能容纳的居民会比世界相同纬度的任何国家都要多。①

富兰克林一度非常努力地在殖民地提倡发展养蚕业,认为丝绸不但让中国人有衣可穿,而且还可以用来出口,繁荣自己国家的经济。富兰克林对他的同事宣称,如果人们觉得种小麦没有意思,那么他们应当考虑养蚕和制作丝绸,生产麻布和丝绸对于美国内陆来说再合适不过。他并引用中国为例表示,中国的丝绸业的发达使得这个国家人人都可以用丝绸来做衣服穿,同时他们还可以把多余的丝绸用来出口,而后来这些丝绸便传遍了印度和欧洲等地。

杰斐逊在得知中国的某些旱稻品种在欧洲生长得非常不错时,竭力从欧洲的朋友那里获取这些旱稻的种子,他希望将这些旱稻移植到南卡罗来纳的种植园里,这样可以解决水稻带来的许多问题。乔治·华盛顿一度非常努力地在自己的花园里种植来自中国的花草,希望他们能够在北美的土壤中繁衍开来。

随着中美之间航线的开通,美国的商船直航中国,许多有关中国的知识也在美国流行开,中国文化艺术风格在美国也有所流传。来中国的商人、海员等,都曾把一些中国艺术品带回美国。伊罗生指出:

---

① 引自王立新:《在龙的映衬下:对中国的想象与美国国家身份的建构》,《中国社会科学》2008年第3期。

驾驶这些轮船的商务航海家们带回了茶叶、丝绸以及对中国和中国人的看法,甚至还带回了一些作为游客的中国人。这些航海家们为新英格兰房屋装饰增添了中国式的格调,在今天我们还可以见到这种装饰。他们还在他们的郊区花园建造了亭子,使村民有了对中国人肤浅的了解。这种了解是一种把浪漫、刺激、朦胧、美丽、距离、古怪、精致和危险合在一起的混合物,它直到今日还一直影响着美国人对中国的看法。[①]

1784年,美国商船"中国皇后号"首航中国广州,开辟了中国与美国的直接贸易。在当时的中美贸易中,中国瓷器亦是输往美国的大宗货物。"中国皇后号"首航中国时,曾在广州购置了962担瓷器。1786年它再度远航中国,返航时又运载了大量瓷器,包括青花瓷器、瓷塑观音像、瓷宝塔等。以后陆续来中国的美国商船,都把大量中国瓷器运销美国。在18世纪末,中国瓷器占美国商船运载货物量的15%,到19世纪初,就增加到24%。中国出口到美国的瓷器装饰图案起初和法国18世纪所使用的中国瓷器相似,在上面描绘蝴蝶、花卉、柳树、亭台楼阁、鸟禽等图案,底色一般为蓝色或白色。后来,在瓷器的边缘上装饰金星、蓝色甚至乌贼黑色,成为独特的风格。18世纪后期,收藏中国瓷器在美国成为一种时尚,社会上有很多富豪、学者、名流等都精心搜集中国的瓷器。

1796年,一位曾经当过荷兰东印度公司代办的荷兰人豪斯格斯特(A. E. van Braam Houckgeest)定居美国费城。他曾于1790—1795年间在中国工作,赴美时带来了2000幅中国绘画和大量的中国家具以及其他艺术品。他在费城郊外建造了一座中国风格的住宅,他把收集的中国古玩布置在房间里,形成了浓厚的成东方情调,命名为"中国退隐园",楼上是一座宝塔,里面装有包括17个中国人物塑像的立体布景。当时费城的一些名流们常是他的座上客,以领略东方艺术情调。他还于1797年出版了《荷属东印度公司使臣朝觐中国皇帝实录》,这是在美洲出版的第一本

---

① [美]哈罗德·伊罗生:《美国的中国形象》,中华书局,2006年版,第39页。

关于中国的书。19世纪初,美国也受到欧洲流行的中国风的影响,一些富商和博物馆开始收藏中国古典艺术品、民间艺术品、瓷器和丝织品等物,甚至还举行过中国画展览。

富兰克林对中国的长城也很有研究。在1754年至1763年殖民地对抗北美印第安人和他们的法国盟友的战争中,身处宾州的富兰克林力主修建一座类似于中国长城的城墙,来保护殖民地的居民。虽然这座"长城"没有被保存下来,但那座城墙对法国人和印第安人构成了巨大的障碍,令他们无法进入殖民地核心区域。而纽约等地的商人效仿中国的运河系统在纽约和奥本尼之间建立了自己的运河,直到今天这条运河对纽约经济的影响仍清晰可见。

自18世纪初开始,中国的建筑和家具风格在北美逐渐流行开来,人们视这些来自遥远的中华帝国的设计为流行时尚。其特点便是在顶部拥有像宝塔一样的曲线,刻上龙的图案,以及两边的"耳朵"往上翘起。杰斐逊是最早推崇中国设计风格的人之一。杰弗逊在修建自己的花园时,对采用中国的园林设计风格表现出了非常大的兴趣。他最终在花园的屋顶、门廊和过道的栏杆中采用了许多中国元素。杰弗逊晚年曾一度考虑修建一座有中国式屋顶的建筑,以及几座中国式亭子。他在1771年的笔记中明确表示,他希望修建一座方形的中国庙宇。费城的富商约翰·拉铁默的住宅里也完全按照中国风格布置,墙壁上贴着中国壁纸,张挂着丝织帷幕,摆放着中国的瓷器和家具,客厅里悬挂着一幅表现广州大火的油画。

18世纪中国风在美国的流行,其影响是持久的。伊罗生在20世纪中期指出:"一个多世纪以前,由新英格兰航海家引进的中国式的房屋装饰风格,至今还伴随着我们。在最近几年里,中国式的风格已扩张到女性时装,甚至是面部化妆中。在本世纪(20世纪)20年代,麻将热席卷全国,然后消失,但中国餐馆却已成为美国城市风景中令人熟悉的一部分,杂碎、炒面和许多十分精致的碟子已经被这块拥有许多烹调技术的国土所吸收,变得很自然。……根据大量一般的知识来源,我们很小就可以轻车熟路地一眼认出中国农民戴的圆锥形草帽,或是中国式房顶向上翘起的角。我们知道中国谜语、中国棋、中国灯笼、中国红、中国黄。"①

三 中国风的衰落与复活

持续了一个世纪的中国热,到了 18 世纪末期,开始出现明显的回落。那些一度是中国风尚的狂热爱好者,到这个时候,都放弃了早年的热情。对某一种事物过分的迷恋终将导致厌倦,18 世纪欧洲对中国文化经历了近两个世纪的仰慕之后,迅速走向对中国文化的排斥。当年那种时尚的流行,首先是从物质领域开始的。学者高千惠指出:"历史上东西文化交流经验,渗透性最强的部分,往往是时尚的吸引,自由的交流影响。""流行文化起于人们对于小物件的迷恋,所以,从丝织品、瓷器、珐琅、小饰物,到居家生活的家居品味,物质的吸引永远快于文化的认知,能迎合消费品位的生产,首先能快速渗入他者的国度。"②而经过了 100 多年,这些新奇的、昂贵的和稀少的东西,已经能够在欧洲大批量生产,成为人们日常生活的用品,因而也就不再构成社会的一种时髦的追求。

这一时期欧洲出现了一系列的事件,庞贝古城的发掘,所谓的中国艺术风格或中国情趣的影响被古典主义所取代;亚当·斯密《国富论》的出版,意味着深受中国文化影响的重农主义的衰落;耶稣会被取缔不仅中断了来自中国信息的主要渠道,也在很大程度上终止了人们对由"礼仪之争"引发的中国文化的讨论。对于欧洲人来说,那个曾经一度人人谈起的帝国,慢慢地变得陌生了,以致最后都令人不可理解了。学者李定一分析了 18 世纪末欧洲中国热消退的原因,指出:

> 到第 18 世纪末期,欧人对中华文化的狂热,才开始消失,其原因有三:
> (1) 中国与罗马教廷因为仪俗的争执,使传教士被中国驱逐,失去了

---

① [美]哈罗德·伊罗生:《美国的中国形象》,中华书局,2006 年版,第 42 页。
② 高千惠:《千里丝一线牵——汉唐织锦的跨域风华》,历史博物馆,2003 年版,第 14、24 页。

重要的中国文化的宣传者。
(2) 欧洲的产业革命,已经发生。欧人对于中国所重视的,不再是古国的文化,而是资源与市场了。
(3) 对希腊与罗马研究的兴趣复浓,一切装饰艺术,专为崇尚希腊罗马式,不再重视中国的艺术。①

而由于欧洲社会的大变动和工业文明的巨大发展,"欧洲中心主义"也迅速膨胀发展起来。西方人不仅不再以热情的仰慕、渴望之情看待中华文化、东方文化,而且对17—18世纪欧洲出现的中国热、对中华文化曾经在欧洲产生的影响也持否定的态度。

所以,到了18世纪末,曾经在欧洲风起云涌的中国热逐渐地减退了、退潮了。在法国大革命之后,法国作家们的著作不再提及中国了。人们不再动辄以中华帝国作为参照,相反,到处都表现出对中国文化的批评。雷蒙·道森指出:"欧洲启蒙运动的亲华倾向和中国式风格热潮都已走到了它们的自然规律路程的尽头,令人完全失去了动力。昔日震旦的辉煌锦绣,由于嘲讽者的不断抨击,由于鉴赏力不可避免地转移,还由于对中国的真正了解的不断积累,而受到磨损和撕裂。"②史景迁也指出:"无论18世纪的西方人曾经怎样真心实意地赞美中国的装饰品,西方人热衷于购买中国的陈设品、瓷器、墙纸以及丝绸品的中国工艺品时期,随着沸腾的、一日千里飞速发展的早期工业革命以及铁路时代的来临而消失了。洛可可的光芒在维多利亚时代人们自尊自大的目光中消失殆尽。西方人对中国的兴趣在逐渐减少。"③

在18世纪欧洲中国风势头正劲的时候,就有一些反对的声音。这些反对的声音,一方面是对中国的历史文化提出批评,但更多的是对当时欧洲"全盘华化"的风潮提出质疑和否定。到18世纪50年代以后,这种批

---

① 李定一:《中华史纲》,中国长安出版社,2012年版,第415页。
② [英]雷蒙·道森:《中国变色龙——对于欧洲中国文明观的分析》,中华书局,2006年版,第167页。
③ [美]史景迁:《中国纵横——一个汉学家的学术探索之旅》,上海远东出版社,2005年版,第97页。

评的声音逐渐占了上风。英国学者赫德逊在1931年出版的《欧洲与中国》一书中指出,1789年以后,由于中国热的完全消失,绝大多数欧洲史学家都不能正确评价中国思想在18世纪对欧洲的影响,而把这一中国热仅仅视为一种赶时髦的怪诞举动,或看做一种假以中国名义而与实际的中国文化毫无联系的乌托邦幻想。当时有不少人讽刺这种狂热地追求中国风的时尚,薛拜尔(John Shebbeare)在1756年的一封信中写道:"什么地方都见不到简洁和高尚了,到处都是中国式的或者哥特式的。""住家里的每一把椅子、镜框和桌子,都非中国式不可;墙上糊着中国的壁纸,画满了人像,而这些人,不像是上帝创造的,一个谨慎的有远见的国家,为了孕妇的利益,应该禁止这些画。……然而,对中国建筑的爱好已经泛滥,以致如果一个猎狐人因追逐猎物跳过门槛而跌断了腿,却发现这门不是一个四面八方都是零七八碎的木片的中国式门,他就会感到悲哀。"①桂冠诗人怀特海(W. Whitehead)也在一篇文章中写道:

> 几年前,一切都是哥特式的;……如今又有一种奇怪的主意占了上风,弄得样样东西都是中国式的,或者说是按中国的情趣设计的;若用较为谦虚的说法,便是"半中国式的"。桌子、椅子、壁炉架、镜框,甚至最平常的家具都得屈从这一新奇的标准;中国热真可谓风靡一时,户外的东西更是这样,连牛棚的门也改成了T形或Z形,而每间牛舍的角上都挂了铃子。②

1770年,有一位自称杜尔班的人在巴黎出版了一本《锡兰游记或哲学家游记》,嘲笑一位叫阿尔法拉比尤斯的有"东方癖"的哲学家。书中的阿尔法拉比尤斯是一位"彷徨的才子","被所有的国王驱逐"。他"疯狂地仰慕中国","坐在一条去北京的船上","热情洋溢地称赞孔夫子著作"。这实际上是暗指伏尔泰。作者声称,中国根本不配所有的阿尔法拉比尤斯们为它制造的名声。"中国出过哪些艺术家?直到17世纪,他们还是

---

① 引自陈志华:《中国造园艺术在欧洲的影响》,山东画报出版社,2006年版,第154页。
② 引自范存忠:《中国文化在启蒙时期的英国》,上海外语教育出版社,1991年版,第92页。

那套没有明暗对比的绘画,没有声部的音乐,没有布局的建筑。假如他们真的历史悠久,那么随着时间的推移,他们应该学会不再用单音节说话,从他们那个由6万个字母组成的字母表中删去一些东西了。怎么能想象一个文明、机智、即使发生革命也能用自己的法律来统治的民族,在4000年的时间里,竟没能找到一种更简单的方式来说明事物的特征和描绘它的思想呢?"①

赫尔德、歌德等人也把矛头对准洛可可文化,反对模仿中国,批评中国式的园林艺术。歌德在《伤感的凯旋》中有一段讽刺中国式的园林艺术:

> 来到这座完美齐全的园林,
> 我们什么也不再缺少。
> 这儿有起伏的山峦、
> 各种名目的灌木丛林、
> 迂回曲折的长廊、瀑布和沟壑、
> 大量的木樨草及其他各种芳香花草、
> 云杉、巴比伦柳树、
> 隐居洞穴的遁世者、青青绿草中的羊儿、
> 清真寺庙和辟有小小陈列室的楼阁、
> 苔藓铺成的一张张极不舒适的地床、
> 方尖柱、迷宫、拱门、拱廊、
> 渔舍、供人沐浴的水榭、
> 中国—哥特式的人造山洞、亭台、
> 中国式的庙宇、石碑、
> 还有墓穴,尽管我们此刻并没有什么人安葬,
> 可所有这一切我们都必须统统拥有。②

---

① 引自张海林:《近代中外文化交流史》,南京大学出版社,2003年版,第78页。
② 引自[德]夏瑞春编:《德国思想家论中国》,江苏人民出版社,1989年版,第272页。

所以，在17—18世纪前期全欧洲极力追捧和效仿的中国风格以及在这种风格影响下出现的洛可可艺术，那种弥漫于全社会的流行时尚，那种以来自中国的奢侈品为时髦的社会风潮，到了18世纪晚期和19世纪初，则成了嘲讽的对象。流行了一个多世纪的中国风在这个时候正逐渐地消退了，不再被人们提起了。

19世纪是西方的工业文明高歌猛进的时代，是资本主义和现代化大发展的时代。这个时代是理性主义和科学主义占据主流文化的时代。但是，与此同时，也在欧洲各国出现了浪漫主义思潮，并反映在艺术各部门中。浪漫主义的产生有其特殊的历史背景，即当时社会各阶层对资产阶级的生活和制度所标示的一种否定批判的态度。在政治上，18世纪末的法国的大革命以及随之而来的欧洲各国的民族解放运动和民主革命运动，一方面唤起了人们高涨的政治激情，另一方面也使人们对启蒙主义的理性王国产生幻灭和失望之感。而工业革命的深入则不仅激化了英国内的社会阶级矛盾，而且使人们对资本主义都市文明产生普遍的厌恶情绪。在哲学思想上，卢梭"返归自然"的学说和表现自我的主张大大地冲击了理性主义，为浪漫主义诗歌起了开路先锋的作用。德国古典哲学家强调天才、灵感和主观自由，以哲学的思辨唤醒了诗人的主观倾向和幻想活动，为浪漫主义诗歌奠定了理论基础；而空想社会主义思想则不仅使诗人以批判的态度正视现实，更使他们把希望的目光投向未来。

浪漫主义的文化和文学思潮影响广泛，英国作家卡莱尔是浪漫主义最突出的代表。美国的超验主义是浪漫主义的一个特殊的流派，爱默生是其突出的代表人物。在浪漫主义思潮流行的时候，有些思想家和作家在对西方工业文明的批判中，又在东方情调背景下想象中国。这是一些浪漫主义思想家的一个特征，就是对东方和中国文明的想象和向往。于是，被黑格尔理性主义贬低的中国及其文化又进入他们的视野，在对工业文明厌倦的同时，到东方去寻找田园诗般的乐园。米利耶·德特利说："在18世纪流传着中国贤哲和所说教者的神话，到了19世纪则演变为中国爱情诗人和歌手的神话……19世纪后期，翻译中国诗歌曾一度成风，此时人们还能找到上述神话的痕迹,但常常是采用戏仿手法来处理。"①米利耶·德特利还说:"中国只是浪漫主义诗人理想的合适的代名词,一个梦幻的自由空间,在那里诗歌是合理的行为,远离日常生活的平庸和拘束;而且根据不成文的规矩,这里人们喜爱的美丽要服从新的标准:戈蒂耶在他同样题为《中国热》的诗中肯定地说:'如今我的爱在中国'。"②

史景迁将19世纪西方文学家对中国的想象称之为"新异国情调"。他认为这种新异国情调中"混杂了暴力、魅惑和怀旧情绪"。他将"新异国情调"的想象概括为4个方面的内容:

> 第一是对中国式优雅及细致的欣赏。中国人从蚕丝、瓷器、寺庙建筑中得到灵感,奠定了美学基础,进而对木头及其他材质发展出高度敏感性,因而形成这种优雅细致的特色。第二是中国人对肉欲的高度自觉。刚开始,这种自觉和前述的新美学息息相关,但是很快就独自发展得更强烈、更彻底,带有难以理解、危险、又令人迷醉的气氛,其中还掺杂了热浪、夜晚恶臭空气、香味及汗味。接下来一点,则与第二点密不可分,也就是中国人对暴力、野蛮、潜藏的残忍、强奸的威胁及难以控制的冲动等所具备强烈的感应。最后一点,则视中国为伤心之地。那是一块永远有所失落的地方,既因未对物质主义加以防范而失落在西方里,又因历史的沉重包袱而失落在中国里,而其本身的羸弱与贫穷,则使一切更形复杂。③

所以,我们在19世纪的作家们那里,看到了他们对于中国及其文化的浪漫主义看法。

---

① 孟华主编:《比较文学形象学》,北京大学出版社,2001年版,第245页。
② 同上书,第244—245页。
③ [美]史景迁:《大汗之国——西方眼中的中国》,广西师范大学出版社,2013年版,第184页。

第十九章
中国文学在欧洲的传播与影响

一 《赵氏孤儿》与《好逑传》

1 舞台剧中的中国故事

欧洲人的中国趣味表现在他们日常生活的许多方面,不仅在娱乐活动中引进了中国的神秘情调,而且在舞台剧中引进了所谓"中国人"和"中国故事"的题材。

在巴黎建有一座中国娱乐剧院,演出有关中国题材的舞台剧。中国的笑话甚至也被采用到歌剧和喜剧之中,特别是小剧场和"意大利喜剧班"采用最多。1692年,这个戏班在御前第一次演出了雷格那德(Regnard)和杜夫累尼(Dufresny)所作《中国人》的五幕喜剧。这部戏的剧情是:主人公奥克塔夫爱上了一名叫伊萨贝尔的姑娘,但他得知另有3个竞争对手,其中一位是中国博士。为了赢得爱情,他略施小计,让他的仆人阿勒甘(Arlequin)先后假冒3位竞争者前去求婚,在不明真相的未来岳父面前出尽洋相,最后自己从容登场,稳操胜券。阿勒甘是18世纪法国流行的意大利喜剧中的一个著名丑角。他扮演的中国博士从一个中国橱柜中走出来,竭力吹嘘自己是一个修辞学家、哲学家、逻辑学家、音乐家以及天文学家,然后把橱柜打开,将一件件来自中国的时髦的东西展示出来。一队小提琴师奏起东方音乐……在阿勒甘的协助下,奥克塔夫大功告成。此时身为中国博士的阿勒甘竟然高唱道:"我特地从刚果来到此地,呵呵呵。"

1723年,内斯托剧团在圣日耳曼演出了一部两幕独白的中国戏剧,名为《小丑、水狗、医士与塔》。全剧以北京皇宫外为布景,主要人物有中国的皇帝、公主、喜欢公主的仆人、阁老(中国官名)、中国大臣、日本王子、他的丑角侍从等,在这个滑稽剧的末了,公主和王子跪在皇帝的面前,中国皇帝说:"饶恕你们了,起来吧,大家尽情地享乐吧,尽情地跳舞吧。"于是人们遵命跳起舞来,随而闭幕。1729年,这个剧团又在圣劳伦特演出三幕的《中国公主》,亦以北京城为布景。剧中扮演的角色洋洋大观,包括了亚洲各地的人物,其中有中国皇帝、戴亚曼提那公主、巴斯塔王子、努累丁王子、威沙婆尔的嗣君,还有一个不可少的被认为曾任中国古代宰相的科拉斯。

在当时流行的喜剧和歌剧中,还可以举下列几种:《中国人》独幕喜剧,内有诗歌;《回来的中国人》,是抒情剧,以1753年第一次在巴黎歌剧院演出;《法国的斯文华人》独幕剧,仿《回来的中国人》,于1754年在巴黎演出。此外还有《中国人及突厥人的舞蹈》《鞑靼人》《意外相逢》《中国老妇人》《中国令节》《金囡囡》等。①

在英国也出现了中国题材的戏剧作品。早在莎士比亚的戏剧里,就有好几次提到中国与中国人。1686年,弗朗西斯·法恩爵士(Sir Francis Fane)写作了一个剧本《牺牲》。在这个剧本中,有亚细亚、巴比伦、南京、北京、杭州等地名,人物有铁木尔、中国皇子、火药和印刷术的发明者等。这个剧本一直没有上演。英国作家塞特尔(Sir Elkanah Settle,1648—1724)写有一部悲喜剧《中国之征服》,于1673—1674年上演。这部剧本主要讲的是17世纪中期满族人入主中原的故事。人物有李自成、吴三桂、崇祯皇帝、顺治等,这部戏有两个互相联系的情节线索:一是讲复仇,

---

① [德]利奇温:《十八世纪中国与欧洲文化的接触》,商务印书馆,1962年版,第139页。

清帝的父亲被汉人杀害,死后有灵,出现了好几次闹鬼。于是,清帝与吴三桂统兵入关,以报不共戴天之仇。二是讲爱情,清帝的儿子顺治曾在中原居住,并爱上了一个汉族女子。清兵入关时,这个女子率领一支娘子军与清军激战,还曾与顺治打了一仗。但是,爱情高于一切,她终于向清军投降。后来,顺治做了皇帝,她也成为皇后。

关于清兵入关的题材在当时颇为时髦,1697年,英国的霍华德爵士(Sir Robert Howard)也写了一部《鞑靼人征服中国》的剧本,并请著名剧作家德莱顿(John Dryden,1631—1700)改编。德莱顿在给他的儿子的信中说到了这件事:"我回到伦敦后想把罗伯特·霍华德的一部剧本修改一下。这个剧本他写好很久才交到我手里:剧名《鞑靼人征服中国》。修改起来,要花费我6个月的工作,或可得100英镑的报酬。"①但是这个改编的计划最后没有完成。

还有一出歌剧,叫做《仙后》,是改编莎士比亚的《仲夏夜之梦》而成。这个剧本发表于1692年,据说也是塞特尔所作。其中最后一幕以一个中国花园为背景,并有一对中国恋人唱歌。这一幕的舞台指导这样写道:

> 灯光渐渐暗了,只有一个进口处有人跳舞。于是音乐响了,台上灯光突然明亮起来,出现了一座中国花园的透明的景色。那里的建筑、树木、花草、果品、飞禽、走兽都和我们这里的大不一样。尽头处是一道拱门,从拱门一直望去可以看到别的拱门,那里有隐蔽的凉亭,一排树木伸展到视线的尽头。上面还有一座花园,一步一步上去,通到屋顶;花园两边有雅致的凉亭,有各色各样的树木,无数鸟雀在空中飞舞,平台上有一个喷泉,吐出的水落在一个大盘子里。②

于是,走进一男一女,相对唱和,歌颂中国人的生活,说是简朴、清净、有光、有花、有爱,无拘无束,纯任自然。树丛里走出6只猴子跳跃,两个女子相对唱和。台上出现了6个中国式的柱子,顶着6个大花盆,盆里种

---

① 引自葛桂录:《中英文学关系编年史》,上海三联书店,2004年版,第25页。
② 引自范存忠:《中国文化在启蒙时期的英国》,上海外语教育出版社,1991年版,第106页。

着中国金桔。柱子一步一步向前移动，于是，进来24个人一起跳舞。结婚女神和那两个女子一起歌唱，称颂姻缘美满。全剧在五光十色、歌声舞影中闭幕。

在1755年，先后在英国和法国上演了歌舞杂剧《中国的节日》，当时也有人把它叫做大型芭蕾舞。这部戏的作者是瑞士人让·乔治·努瓦尔(Jean-Georges Noverre)，在当时被称为"舞蹈中的莎士比亚"。这部戏在法国演出时，获得很大成功，既华丽，又新奇，引起观众的极大兴趣，据说当时有"万人空巷"之盛况。18世纪法国学者德伯尼埃(Jean A. Desboulmiers)的《法国歌舞喜剧院史》中记载了这部戏的豪华的舞台布置，他写道：

> 开幕时，只见一条大路，大路尽头处是平台。一张梯子直通上面的宫殿。一下子变出一个公共场所，布置得很美丽，预备游艺会开始。大厅深处坐着16个中国人。又一下子，这16个变成32个，在台阶上舞蹈。这些人逐渐走下台阶的时候，走出8个老爷，8个奴才，在台阶上站着。于是，这些人排成8行，开始舞蹈，进退俯仰，很像惊涛骇浪之起伏。于是全体在台阶下面排成一个别致的纵队。6个白奴扛着一顶华丽的暖轿，上面坐着一个老爷；同时，两个黑奴拖着一辆车子，上面坐着一个青年。前前后后拥着一大堆中国人，吹打各色各种的乐器。于是，大舞蹈开始。队形的变化，人物的排列，真是尽善尽美。于是，32个人对舞，变出多少新鲜别致的花样。分而又合，合而又分，变动之至。最后一幕，这些中国人回到大厅。一会儿，这歌大厅变成一间瓷屋，中间放着32个花盆，花盆里装着上面见过的32个中国人。①

《中国的节日》在英国上演时也很受欢迎。1756年3月伦敦的《评论月报》上有一篇文章评论这部戏说：

---

① 引自范存忠：《中国文化在启蒙时期的英国》，上海外语教育出版社，1991年版，第129—130页。

这个戏的布置很周密,舞台的装饰很考究,演员的衣服很华丽。舞蹈的队形很美,很别致,而又变化无穷,演员有90人之多,而表演时却整齐清楚,真是难得。《中国的节日》曾在巴黎上演,轰动一时,但与这次伦敦的表演比较,那真是区区不足道矣。①

　　这类中国题材的剧本在18世纪时层见叠出。不过剧中的"中国故事"与真实的中国并无多少关系,而是出自欧洲人对异国情调的向往和想象。所以,中国文化对欧洲舞台剧的影响并不像在绘画、园林建筑等方面的影响那么突出。然而,"当时虽然没有产生伟大的作品,但这些简单而自然的喜剧,与几乎独占17世纪舞台的古典派悲剧的严肃的风格形成对照,培养了观众对变化的爱好,从而使直到这时只能在小说里发泄的表示喜怒哀乐的想象出现在舞台上。"②

2 《赵氏孤儿》的西译与流传

　　中国文学在欧洲产生重大影响的事件,首推《赵氏孤儿》的西译和流传。《赵氏孤儿》是元代纪君祥所作的元曲。它是第一个传入欧洲的中国戏剧,是18世纪唯一在欧洲流传的中国戏剧。

　　《赵氏孤儿》全剧的法文译本是由来华传教士马若瑟于1732年翻译的,取名为《中国悲剧赵氏孤儿》,1734年巴黎《法兰西时报》杂志上刊登了一部分。1734年2月,巴黎的《水星杂志》发表了一篇没有署名的信,说是从法国西北部布雷斯特寄来的。信中有几节法文翻译的中国戏剧。信上说:

　　　　先生,这就是我答应给你的一件新鲜别致的东西。请你告诉我,你和你的朋友们看了这本中国悲剧觉得怎样。此外,还请你告诉我,

---

① 引自范存忠:《中国文化在启蒙时期的英国》,上海外语教育出版社,1991年版,第129页。
② [德]利奇温:《十八世纪中国与欧洲文化的接触》,商务印书馆,1962年版,第60页。

我之所以对这本戏发生兴趣,是不是由于这样一种心情,即凡是时代较古或地区较远的东西总能够引起我们的欣慕。①

1735年杜赫德的《中华帝国全志》出版时,将全剧译本收录在其第3卷中。

马若瑟的译本是经过删节的节译本。译者只译对白,不译诗,曲子则都没有译,只注明谁在歌唱。但基本上保存了原作品的轮廓。从这一点上看来,译文可能是从明朝的改写本译出,因为现存元刻本《赵氏孤儿》是只有曲子没有对白的。《赵氏孤儿》较完整的法文译本,是大约一百年后朱利安(S. Julien)的散文韵文译本,于1834年出版。

马若瑟为什么要翻译《赵氏孤儿》呢?据有的学者研究,因为这出剧最符合当时法国文学界对悲剧的观念:时间,地点和情节的一致;主题来自古代历史,是涉及国家民族大事的重大题材;主人公属于王公贵人;文体高雅,用语不俗;悲剧也必须用诗体。另一方面,剧中人物高贵的英雄气概也是吸引马若瑟的原因之一。程婴、韩厥、公孙杵臼为了国家民族不惜牺牲自己的忠义道德,正合乎这种悲剧观。

马若瑟在传教士中属于索隐派的少数派。罗马教廷和耶稣会上层把索隐派观点视为异端,严禁发表。马若瑟多年来试图发表自己观点的请求始终受到耶稣会上级的拒绝。就在这种情况下,他开始和傅尔蒙的通信。在信中他一再向傅尔蒙提出的请求,是希望能在法国发表他的索隐派著作。由于自己的作品被耶稣会禁止出版,他希望这些论文出版时不要署上自己的名字,也多次对傅尔蒙说过他可以把收到的著作做作自己的东西发表。他多次说到傅尔蒙是他认识的唯一有能力帮他传播他的理论的人。他寄给傅尔蒙的最重要的作品,是《汉语札记》。这是马若瑟积多年心血写成的详细介绍中国语言和文学的著作,他希望这本书能帮助传教士和欧洲学者,包括傅尔蒙本人学习中文。1731年底,马若瑟着手翻译《赵氏孤儿》。从他与傅尔蒙的通信中看来,前后用于翻译的时间很短,他自己说用了七八天的时间。马若瑟在信中还说:"如果您认为它值

---

① 引自范存忠:《中国文化在启蒙时期的英国》,上海外语教育出版社,1991年版,第107页。

得出版,您可以用您的名义印出来,用不着担心人指责您剽窃,因为朋友之间一切共享,因为我给您了,因为如果您费心校阅它的话,您的贡献是最大的。"马若瑟所托的两个送信人把包裹先交给了耶稣会的杜赫德。杜赫德当时正在编辑《中华帝国全志》,就把《赵氏孤儿》的译文包括在里面,然后又把包裹还给了傅尔蒙。傅尔蒙见到此剧发表后很是吃惊,公开指责杜赫德,并以马若瑟的亲笔信为证。这场笔墨官司打了很多年。

杜赫德的《中华帝国全志》是18世纪欧洲广为流行的一部巨著,《赵氏孤儿》也借以流传。在《中华帝国全志》出版之后五六年,英国就出版了两个英文译本,这两个英译本中都包括《赵氏孤儿》。另外,在18世纪50年代,以采集、编订英格兰和苏格兰民歌得名的托马斯·帕西(Thomas Percy,1729—1811)曾从葡萄牙文译本转译了中国小说《好逑传》,并选辑了有关中国语言、礼俗、宗教、诗歌、戏剧、园林等文字,合为一集出版,其中也包括《赵氏孤儿》。这个译本文字雅驯,更适合18世纪中叶英国读者的口胃,有助于在英国的流传。

杜赫德在《中华帝国全志》中对《赵氏孤儿》有简短的介绍,并略加评论。当时法国还有一些人对它作过评论,例如伏尔泰的朋友阿尔央斯侯爵(Marquis d'Argens,1704—1771)大概是最早对《赵氏孤儿》进行详细分析评论的。当时法国人对中国戏剧知识所知不多,并且都以当时法国古典主义戏剧的原则来衡量,认为《赵氏孤儿》不遵守"三一律",又违背了希腊悲剧不在台上表现令人看了不快的情景(如有人在台上吊死)的规律。另外,他们对剧中人物上场自报"家门"、有白有唱,也颇觉奇怪和不解。

英国评论家理查德·赫德(Richard Hurd,1720—1808)对《赵氏孤儿》进行了较为详细的评论。赫德于1751年发表了他编注的《贺拉斯致奥古斯都的诗篇》,后附《论诗的模仿》一文,其中论及《赵氏孤儿》。赫德主要列举了这本戏与古希腊悲剧相似或相近之处,从而对它的优点加以肯定。赫德说,《赵氏孤儿》的故事与古希腊悲剧家索福克勒斯的《厄勒克特拉》很有相似之处。在《厄勒克特拉》里,阿加门农被他的妻子和她的情人刺死后,他的孤儿俄瑞斯忒斯由一位老师父的拯救而脱险,并被他带到另一个地方掩藏起来、抚养成人,俄瑞斯忒斯长大后便回来替父亲报仇。

这一故事的轮廓与《赵氏孤儿》是相似的。《赵氏孤儿》的主题是"怨报怨",《厄勒克特拉》的主题也是"怨报怨"。关于复仇的动机,在《厄勒克特拉》里来自神座的谕旨,在《赵氏孤儿》里则来自父亲临死时的遗命。赫德指出,《赵氏孤儿》里有许多表达愁苦的词句、格言式的话语、道德性的情绪,很像《厄勒克特拉》。此外,在情感激扬的部分,"掺杂着歌曲,提炼而为壮丽的诗句,有些像古代希腊悲剧里的和歌"。赫德说,《赵氏孤儿》就它的布局或结构而谈,也与希腊悲剧很相近。他指出这本戏的"特殊的单纯性,通体没有动作",特别表现在人物介绍方面,"演员上场,开口就把姓名、角色、任务等一一交代清楚"。他认为,就这本戏的前三折来说,动作是完整的、统一的,就是要诛灭赵氏,而且这动作"进展的差不多达到亚里士多德所要求的那种速度"。在作了这样的比较分析后,赫德论述了为什么中国戏剧会与古希腊悲剧有相近或相似之处。他认为,中国作家和希腊作家一样,都是自然的学生,而好的作品,就是成功地模仿自然的作品。他说,《赵氏孤儿》是模仿自然的、成功的作品,是中国人民的智慧的产物,是可以与古希腊的悲剧相比。赫德写道:

  这一个国家,在地理上与我们隔得很远。由于各种条件的关系,也由于他们人民的自尊心理和自足习惯,它与别的国家没有什么来往。因此,他们的戏剧写作的观念不可能是从外面借过来的。我们可以肯定地说,在这些地方,他们只是依靠了他们自己的智慧。因此,如果他们的戏剧与我们的戏剧还有相互一致之处,那就是一个再好也没有的事实,说明了一般通行的原理原则可以产生写作方法的相似。①

《赵氏孤儿》传入欧洲后,不仅引起评论家的注意,同时也引起了剧作家们的兴趣。在 18 世纪 40 年代到 80 年代,就出现了四五种改编的剧本。最早的是英国威廉·哈切特(William Hatchett)的改编本,于 1741 年出版,在赫德发表他的评论前十年。这个改编本的标题是:"《中国孤

---

① 引自范存忠:《中国文化在启蒙时期的英国》,上海外语教育出版社,1991 年版,第 117 页。

儿》;历史悲剧,是根据杜赫德的《中华帝国全志》里一本中国悲剧改编的,剧中按照中国式样,插了歌曲。"这个改编本基本保持了元剧的轮廓和元剧的主要段落,但剧中人物有了很大改变,把老子、吴三桂、康熙都用上了。哈切特的这个改编剧本是献给阿吉尔公爵(Duke of Argyl)的,他在卷首的献词中写道:

> 异国的产品,地上长的也好,脑子里来的也好,只要有益或有趣,总能够得到人们的欣赏。多少年来,中国把它的农产品供给我们,把它的工艺品供给我们;这一次,中国诗歌也进口了,我相信,大家一定会感到兴奋。

> 我们必须承认,杜赫德给我们的那个中国悲剧(也就是我们这本戏的根据)是很粗糙、很不完善的,可是我觉得这里有些合情合理的东西,连欧洲最有名的戏剧也赶不上。中国人是一个聪明而有见识的民族,在行政管理方面是非常有名的。因此,毫不奇怪,这戏的情节是政治性的。戏里揭露了一系列行政腐败,而中国那位作家又把它描写为使人深恶痛绝的东西,好像他在这方面熟悉了您的坚贞不屈的性格似的。当然,中国作者也未免过分了,他把一个人描写得不像人而很像魔鬼。不过,这也许是中国诗人的习惯,有意把首相写成魔鬼,免得老实人受骗。①

哈切特着意指出这部剧的政治性,实际上他改编这个剧本也有政治讽刺的意义。因为18世纪20年代到40年代初,英国首相沃尔波尔(Sir Robert Walpole,1676—1745)专权,而哈切特将剧本献给那位阿吉尔公爵,恰恰是沃尔波尔在政治上的对手。

1753年至1755年间,伏尔泰根据中国元代杂剧《赵氏孤儿》改编创作了《中国孤儿》剧本。

---

① 引自范存忠:《中国文化在启蒙时期的英国》,上海外语教育出版社,1991年版,第121、124页。

伏尔泰把《赵氏孤儿》改编为五幕道德剧《中国孤儿》上演,进一步刺激了戏剧家们对这部中国戏剧的兴趣。1759年,英国演员和剧作家墨菲(Arthur Murphy,1727—1805)依据伏尔泰的改编本再做改编,完成了英语的改写本,也叫《中国孤儿》。和伏尔泰一样,墨菲也把这部中国剧首先看作是一种道德剧。许多评论家认为,墨菲改编的《中国孤儿》在许多方面借鉴了伏尔泰的版本。他的《中国孤儿》有一个序幕,是出自桂冠诗人怀特海的手笔。在这序幕的开头说:

> 希腊与罗马,不用谈了。到了这年头
> 那些陈旧乏味的东西早已过了时候;
> 就是加上一些不相干的玩意,
> 在观众看来,依旧是索然无味。
> 至于庄严的行列,配上纤徐的音乐,
> 谁也不再留意,好比纪念市长的节日。
> 今天晚上,我们诗人附着老鹰的翅膀,
> 为了搜求新颖的品德,飞往日出的地方,
> 从中国的东海之滨给咱们英伦人士
> 勇敢地带回了一些孔子的道理。①

墨菲改编的《中国孤儿》1759年4月在伦敦德如瑞兰剧院上演,由当时著名的剧作家和演员加立克(David Garrick,1717—1779)在剧中饰主角,布景服装也极富于东方的异国情调,连演8场,颇获成功,从而使墨菲成为当时有名的悲剧作家。据说,演出时,剧院特别备置了一套名贵的中国布景,以及最适合的中国服装。"舞台上出现了一大堆光彩夺目的外国服装——中国人的服装以及比他们更勇武、更有画意的侵略者的服装。"当时的报刊有文章评论说:"服装是新鲜、精巧、别致;布景是宽敞、整齐、妥帖。一开始,就看到宫殿里的一个大厅,大厅深处可以看到篡位者的宝座。戏里也谈到这宫殿是如何的富丽堂皇,但这描写一点也没有超过舞

---

① 引自范存忠:《中国文化在启蒙时期的英国》,上海外语教育出版社,1991年版,第137页。

台的实际情况。此外,还有一个祭坛,是一座新奇精巧的建筑。"①豪华的舞台布景和艳丽的服装是墨菲的《中国孤儿》获得成功的一个重要因素,让人们在舞台上看到了奇异的中国风情。同时,他的剧本改写的内容和人物的塑造更是取得成功的主要因素。1759 年 4 月,哥德斯密在《评论杂志》上撰文评论说:"在第一次上演该剧的晚上,所有的观众们都似乎感到满意,高度满意,而且也是理由充分的满意……强烈的感情、光彩夺目的背景和巧妙的导演都成为他们那欢乐的根本原因。"②当时有一首诗写道:

> 今天晚上有一位诗人乘苍鹰的双翅,
> 向着新的道德翱翔,
> 飞向日出处,飞向东方的中华帝国,
> 它勇敢地使英国人听到了儒家伦理。③

关于墨菲《中国孤儿》的成功,范存忠指出:"这本戏的政治意义远超过了它的戏剧意义。这是一本采取戏剧形式的政治讽刺作品。""墨菲的《中国孤儿》里演的是中国抵抗鞑靼侵略的故事,也就是一个民族抵抗另一个民族的侵略的故事。这里,一方面是残暴的侵略者,另一方面是向侵略者作殊死斗争的人物:英勇的孤儿以及扶持王室、不惜生命来争取自由的忠臣、义士、爱国者。因此,在七年战争的紧张的年代,这出戏曾被认为宣扬爱自由、爱祖国的作品,而作者墨菲曾被认为爱国主义者的导师。"④

在 18 世纪后期,墨菲的这个剧本仍在英国的舞台上上演,同时还曾到爱尔兰和美国演出。

《赵氏孤儿》在欧洲的流布,除法、英两国外,还随《中华帝国全志》的德译本和俄译本问世而传到德国和俄国。《中华帝国全志》的德文译本于

---

① 引自范存忠:《中国文化在启蒙时期的英国》,上海外语教育出版社,1991 年版,第 139 页。
② 引自[法]安田朴:《中国文化西传欧洲史》,商务印书馆,2000 年版,第 636 页。
③ 同上书,第 637 页。
④ 范存忠:《中国文化在启蒙时期的英国》,上海外语教育出版社,1991 年版,第 124、141—142 页。

1747—1749年出版,其中包括元曲《赵氏孤儿》,四回《今古奇观》以及十几首《诗经》。德国人大概就是通过它们最初接触中国文学的。1781年8月,歌德动笔将《中华帝国全志》所载的《赵氏孤儿》故事改编成悲剧《哀兰伯诺》,这是一部被歌德的朋友席勒称之为可以"引导或敦促人通过作品本身而直探作家心灵的作品之一"。这部悲剧几经修改,时辍时作,一直到1806年还是未能完成,令歌德感到非常遗憾。

意大利作家梅塔斯塔西奥(Pietro Metastasio,1698—1782)在维也纳逗留时,应奥地利皇后邀请编写一个剧本,恰好他在这时读到了《赵氏孤儿》,就决定以这个题材做一尝试。他选取了原作中的一部分情节,于1752年编成了《中国英雄》,当年在申布龙的皇家剧院上演。

对于上述几个《赵氏孤儿》的改编剧本,根据剧作家本人对于原作的不同理解和自己的创作理念,改编和再创作了各不相同的《孤儿》。有人评论说:"哈切特的《中国孤儿》是一部政治讽刺剧,梅塔斯塔西奥的《中国英雄》是一首诗,伏尔泰的《中国孤儿》是一出道德剧,而墨菲的《中国孤儿》则是一出情节剧。"①安田朴指出:"这些不同的所谓《中国孤儿》在欧洲获得的成功(如果它大部分应归功于杜赫德神父的宠爱)证明了欧洲当时在何种程度上迷恋中国。"②

在俄国,除《中华帝国全志》于1774年出版俄译本而刊布《赵氏孤儿》外,涅恰耶夫还将伏尔泰的《中国孤儿》译成俄文,于1788年出版,流传于俄国宫廷和贵族社会之中。另外,诗人和剧作家苏马罗科夫还在1759年从德文翻译了《中国悲剧〈孤儿〉的独白》。

3 伏尔泰与《中国孤儿》

伏尔泰在读到传教士马若瑟的法译本《赵氏孤儿》后,给予了较高的评价。他说:"在一段时间之前,当我阅读由马诺瑟神父翻译的、大家可以在杜赫德神父为大众提供的文集中发现的中国悲剧《赵氏孤儿》时,这种

---

① 许明龙:《欧洲十八世纪中国热》,外语教学与研究出版社,2007年版,第108页。
② [法]安田朴:《中国文化西传欧洲史》,商务印书馆,2000年版,第634页。

悲剧思想又在我的脑海中出现了。"他指出,《赵氏孤儿》是中国14世纪的作品,若与法国或其他欧洲国家14世纪的戏剧相比,不知高明了多少倍,简直可以算是杰作了。13—14世纪的中国是蒙古族统治的时期,居然还有这样的作品,这说明征服者不但没有改变被征服者的风土习俗,而是正相反,保护了中国原有的艺术文化,采用了中国原有的法制。这也就证明了,"理性与智慧,与盲目的蛮力相比,是有天然的优越性的"。他把《赵氏孤儿》与《一千零一夜》相提并论,说:

伏尔泰的《中国孤儿》1755年8月20日在法国大剧院上演时,演员勒干扮演的成吉思汗。

      大家会认为它是在阅读既有活动而又具有场面的《一千零一夜》。尽管这是令人难以置信的,但这也是颇有意义的;尽管有一大批事件,但全部都是非常明确而清楚的。这就是在任何时代和在任何民族中都具有的两大优点,而这种优点均不存在我们的许多现代戏中。中国的戏剧确实没有其他的美,时间还和活动的统一、感情的发展、风俗习惯的真实写照、表情和口才、理智、激情都是它所缺乏的。但正如我已经指出过的那样,其作品要优于我们当时所创作的一切。①

---

① 引自[法]安田朴:《中国文化西传欧洲史》,商务印书馆,2000年版,第606页。

伏尔泰还指出：

《赵氏孤儿》是一部不朽的历史著作，它主要被用于比大家过去已做过而且将来很可能还会做的有关这一疆域辽阔帝国的记述更好地介绍中国的思想。与我们今天的那些优秀作品相比较，这出戏确实非常粗俗，没有多少艺术魅力。但如果大家把它与我们14世纪的戏剧做一番比较，则它毕竟还是一部代表作。当然，我们的行吟诗人、我们的司法界、我们那无忧无虑的孩子和愚蠢母亲的社会，与这位中国作者的生活背景并不相近。我们还应该指出，这出戏是用官话写成的，这种语言基本未发生变化，而我们却只能勉强听懂在路易十二和查尔斯八世时代的人所讲的语言了。①

于是，伏尔泰以《赵氏孤儿》为摹本，创作了《中国孤儿》。伏尔泰的《中国孤儿》对原作进行了较大的改编。他把这个故事从公元前5世纪的春秋时期往后移了一千七八百年，把一个诸侯国内部的文武不和故事改为两个民族的文明与野蛮之争，把在西方人心目中最能代表落后民族的征服者的成吉思汗作为剧中的一个重要角色。在技术方面，他遵照新古典主义的戏剧规律，把《赵氏孤儿》剧情的时间跨度从20多年缩短到一个昼夜。情节也简单化了，原剧包括弄权、作难、搜孤、救孤、除奸、报仇等段落，伏尔泰只采用了搜孤救孤。同时，依照当时英雄剧的做法，加入了一个恋爱的故事。他的《中国孤儿》原来写了三幕，后来采纳了朋友的意见，扩大而为五幕，目的在于描绘风土习俗，从而激发人们的荣誉感与道德感。

伏尔泰改编的《中国孤儿》1755年在巴黎法兰西剧院公演，盛极一时。当时著名的演员勒干（Lekain）扮演成吉思汗，M.克莱朗（M. Clairon）扮演伊达梅。他们穿着西方制作的东方式服装，挂土耳其大刀，戴翎毛红顶的头盔，无比威武；伊达梅穿白裙青绿上衣，衬以金色网络，肩

---

① 引自[法]安田朴：《中国文化西传欧洲史》，商务印书馆，2000年版，第607—608页。

披波兰式金黄外套,十分优娴典雅。他们在舞台上表演这可歌可泣的故事,几乎轰动了整个巴黎。《中国孤儿》当时共上演16场,后来又在宫中演出,宫廷也对这一出完全是中国内容的法国戏大加欢呼。剧本也跟着出版,并引起广泛注意。巴黎出版界还把20年前发表过的马若瑟的《赵氏孤儿》译本重新付印,单独发行,刺激了人们对这部中国戏剧的兴趣。1756年2月的《爱丁堡评论》发表文章评论伏尔泰的《中国孤儿》,文章说:

> 伏尔泰先生也许是法国最有名的多方面的作家。大家承认,他在差不多任何一种的写作上,几乎可以赶上十七世纪最大的作家,而那些作家主要是致力于一种写作的。在他最近的悲剧《中国孤儿》里,他的创作天才尤为突出。我们读了这本作品,一方面觉得高兴,一方面又觉得奇怪,因为他把中国道德的严肃与鞑靼野蛮的粗犷一齐搬上法国舞台,而同时与法国最讲究的严谨细致的种种规矩毫无抵触之处。①

《中国孤儿》剧中有战争,有爱情,有道德,但主要的是道德。所以伏尔泰在《中国孤儿》剧名下又加了一个副题:"五幕孔子的伦理"。他着重于臧棣这一角色,他说:"臧棣应当像是孔子的后裔,他的仪表应当跟孔子一个模样。"伏尔泰以《中国孤儿》来表达他对中国文化的观念,力图证明中国文明的伟大力量和它的巨大价值。这部剧以形象的方式说明,统治中国的王朝虽然会灭亡,但中国古老的文明却将永久地存在,它深深地扎根于人民之中,成为他们为民族献身的美德。剧本中借用伊达梅之口说:"我们中华民族从古以来,有的是高尚的艺术,有的是威严的法律,还有清静的宗教。这些都是世世代代可以夸耀世界的立国之宝。"又说:"我们的国朝是建立在父权上,伦常的忠信上,正义上,荣誉上,和守约的信义上,换一句话,孝悌忠信礼义廉耻就是我们立国的大本。我们大宋朝虽已被推倒,但是中国民族的精神是永不会亡的。"因此,在中国大地上,真正的

---

① 引自范存忠:《中国文化在启蒙时期的英国》,上海外语教育出版社,1991年版,第133—134页。

被征服者,并不是中国人民,而是成吉思汗和鞑靼族。在剧的结尾,成吉思汗表示要释放臧棣夫妇和孤儿王子,伊达梅听了不相信,问他:"是什么东西使你改变了主意?"成吉思汗回答说:"你们的道德。"成吉思汗为中国文化所感化,他对伊达梅表示:

> 你把大宋朝的法律、风俗、正义和真理都在你一个人身上完全表示出来了。你可以把这些宝贵的教训宣讲给我的人民听……忠勇双全的人是值得人类尊敬的。我要以身作则,从今起我要改用你们的法律。①

伏尔泰把中国文化看成是最合乎理性和人道的文化,他在《中国孤儿》中表达了中国文化的力量和价值,同时也表达了他对中国文化的推崇和向往之情。这也是当时许多启蒙思想家共同的文化趣味和理性激情。安田朴指出:"总而言之,伏尔泰对纪君祥、马若瑟和《中国孤儿》都毫不重视。他仅仅希望根据当时流行的一种奇谈怪论而传播他作为其著作基础的固执思想之一,这就是孔夫子的无比卓越和中国人的道德。""这出悲剧……中最典型的中国内容就是其标题中的'中国'一词。"②

丹麦学者乔治·布朗德(Georg Brandes)指出:"这出悲剧是伏尔泰于其完全成熟的年代所写的剧本中最典型的一种。""作为魅力或诱惑力最明显的外表形式,诗人得以用这种办法扩大观众通常视野中的远东式乔装改扮。其背景是伏尔泰对于一个非常古老的、信奉异教的、同时又是风俗纯洁的中国那种性情温良恭俭让的文明所深刻感受到的和经常表现出来的注意力,其次是对严格的人文主义伦理道德的赞扬:忠诚、牺牲精神和对一种严格的人类理想的经久不衰的热爱。最后,《中国孤儿》明确地表现了一种人生哲学,而这种哲学又是赤裸裸地与《单纯的诚实汉人》和其他多种简单的哲学故事相对立的。"③

应该说,布朗德和安田朴对于伏尔泰的《中国孤儿》的评价是比较准

---

① 引自严绍璗:《日本中国学史》第1卷,江西人民出版社,1991年版,第223页。
② [法]安田朴:《中国文化西传欧洲史》,商务印书馆,2000年版,第614—615、633页。
③ 同上书,第616—617页。

确和中肯的。伏尔泰并不是欣赏中国的戏剧艺术,也不是关注中国文学的表现形式,他所强调的就是用这部戏剧来宣扬中国人的道德观,宣扬孔子学说的伦理思想。实际上,在那个时候,

> 欧洲人并不真正对中国文学感兴趣,无论是在中国生活过的耶稣会士还是通过耶稣会士了解中国的本土欧洲人,对中国的戏剧和诗歌通常评价不高。然而中国文学作品中的道德训诫色彩却吸引了许多欧洲人的心,一如孔子哲学。中国的小说和戏剧对18世纪的欧洲人来说不是文学作品而是道德手册,正好又被他们用来讽谏欧洲社会道德凋敝的现状。《赵氏孤儿》和《好逑传》对欧洲人而言实为孔子道德哲学的具象化,通过这些故事,欧洲人看到也相信孔子的说教贯彻到中国社会之中,更巩固了他们以中国人是有道德的民族、中国社会是个值得效法的道德世界的观念。①

4 《好逑传》的西译与流传

在18世纪译成西文并广泛流传的中国文学作品,还有几部短篇故事。在1735年出版的《中华帝国全志》中,收录了耶稣会士殷宏绪翻译的3篇小说:《吕大郎还金完骨肉》《庄子休鼓盆成大道》和《怀私怨狠仆告主》,这是迄今所知最早译成西方文字的中国古典小说。学术界最初认为这3篇小说是从"三言二拍"中选译的,但现在学者们多认为其底本应为《古今奇观》。这3篇小说的译本在当时也有一定的流传和影响,如伏尔泰在其小说《查第格》中,吸收模仿了《庄子休鼓盆成大道》的情节。1762年,英国作家哥德斯密的《世界公民》中的第18封信,也搬用了庄子夫妻的故事。

中国古典第二才子书《好逑传》在欧洲的翻译和流传,是中国文学走进欧洲的一个重要标志。

---

① 张国刚、吴莉苇:《启蒙时代欧洲的中国观——一个历史的巡礼与反思》,上海古籍出版社,2006年版,第212页。

《好逑传》为第一部译为西文的中国文学作品。曾在广州居住多年的英国商人威金森(James Wilkinson)于1719年将《好逑传》译成英文,但译本中有1/4的内容是葡萄牙语译文。1761年,英国文学家托马斯·帕西发现了威金森的译稿,将葡萄牙文部分改译成英文,又把整个译稿做了调整付印。这个刊印本的封面有这样的题字:"《好逑传》,或《快乐的故事》,从中文译出,书末附录一、《中国戏提要》,二、《中文谚语集》,三、《中国诗选》,共四册,附加注解。"这是《好逑传》在欧洲最早的译本。多年以后,约翰·弗朗西斯·达维斯爵士(Sir. John Francis Davis)出版了另一个译本。据不完全统计,从18世纪到20世纪初,《好逑传》在欧洲有十多个译本。

帕西是欧洲第一个对中国的纯文学有比较深刻认识的人,他曾多方面注意中国文化,对中国文化的了解程度,显然高于他同时代的英国人。在帕西的《好逑传》译本的扉页上,他引了杜赫德《中华帝国全志》上的一句话:"如果要了解中国,那么除了通过中国而外没有更好的办法了,因为这样做,在认识该国的精神和各种习俗时肯定不致失误。"帕西在出版"序言"中说:"正当海淫海盗小说故事充斥国内市场的时候,这本来自中国的小说,作为一本讲究道德的书,还有劝善惩恶的作用。"他指出:一个民族自己创造的东西最能说明该民族的风俗人情……它不是对每个细节巨细无遗的描摹,而是通过人物自己的行动来表现他的思想、感情等。帕西认为,根据欧洲人批评的标准,《好逑传》存在诸多不足,如事件不够充分,布局不够精细,想象不够准确生动,叙述过于琐碎,且枯燥冗长。他还认为这类才子佳人小说奴化了中国人的心灵,很容易导致奴隶般的顺从和对新鲜事物的惧怕。当这种心态巩固着帝国的平静和安定时,中国人的精神变得迟钝,他们的想象力受到摧残。但是,

值得肯定的是,如果说中国小说缺乏其他东方国家小说中大胆的想象,却也没有其他作品中随处可见的荒谬。中国人十分重视文学,所以他们比其他亚洲国家更注重小说叙事的真实自然。《好逑传》与东方其他作品相比,叙事巧妙井然,缺少奇异非凡的描述,却更加真实合理。故事情节有全局整体的规划,每一个事件都指向同一

个终点,情节流畅连续,叙事自然真实。①

除了《好逑传》的正文外,珀西还加了大量的注释,珀西收集了大量有关中国的资料,使英国的读者对小说的情节能有更深的体会,也使他们更多地了解中国的思想文物。珀西的这些注释很有特色,大多数注释比较短,但也有一些长篇大论。比如关于瓷器、陶器、宝塔、宗教和道德、人参、茶、酒和烈性酒、灌木和草药、孔子、文官制度和科举考试、妇女和家庭生活等,实际上成为一部关于中国的小型百科全书。他在"序言"中就说,他的愿望是,"这部中国小说和它的注释合在一起,可以成为阐述中国人的一本简明扼要而又不是破绽百出的书,就是一方面使极大多数读者的好奇心得到满足,而同时又使其他读者能重新温理他们的记忆。"②

在珀西这个《好逑传》的编译本后面,他还加了3个附录,一个是《中国戏提要》,也是从威金森的旧稿里找出来的,是一出中国戏剧故事。第二个附录是选编了一些中国谚语。第三个附录是《中国诗选》,选译了20首中国诗,大部分是从杜赫德《中华帝国全志》中摘译出来的。珀西还专门译著了一本《关于中国人的杂著》,这是德、英、法作家和学者关于中国的合集,其中包括伏尔泰的《中国孤儿》,英国学者钱伯斯关于中国园艺的一篇论文和珀西自己的关于中国语言文学的一篇论文。珀西在"前言"中说,中国人的判断力和想象力在许多方面评价都很低,但在园林和文学方面尚足资借鉴。珀西还编译有《夫人的故事:六个短篇小说》,其中的《庄子休鼓盆成大道》出自《古今小说》,也是中国短篇白话小说在英国较早的译本。

珀西的《好逑传》出版后,引起人们的很大兴趣。在1766年,一位署名"M"的一位法国人将《好逑传》译成法文。在德国,慕尔(Murr)是第一个介绍中国长篇小说的人,他把《好逑传》从英文译成德文。这个德文译本引起了歌德和席勒的注意,1796年,歌德在与席勒的通信中讨论了《好逑传》。席勒以它为蓝本,改编创作了一个哑谜式的中国神话剧本,取名《图兰朵》。后来歌德曾对席勒的这个剧本评论说:"原在种种令人心情沉

---

① 引自宋丽娟、孙逊:《"西学东传"与中国古典小说的早期翻译(1735—1911)》,《中国社会科学》2009年第6期。

② 引自范存忠:《中国文化在启蒙时期的英国》,上海外语教育出版社,1991年版,第154页。

重的故事后,有这样一个轻松的童话结局:阿尔托姆,神话般的中国皇帝!图兰朵,爱打哑迷的公主!"他认为此剧描写"奇异的北京"及"爱好和平、生活随便而幽郁的皇帝",对德国舞台有很大的价值。歌德晚年曾再次阅读《好逑传》,并与艾克曼进行过比较深入的讨论。

除珀西的译文以外,这个时期英国还有中国短篇白话小说如"三言二拍"中的一些单篇译文,如约翰·瓦茨(John Watts)于1736年翻译的三篇中国小说:《庄子休鼓盆成大道》《怀私怨狠仆告主》和《吕大郎还金完骨肉》,皆是从《中华帝国全志》法译本转译的。

在诗歌方面有威廉·琼斯(William Jones,1746—1794)对《诗经》中《卫风·淇奥》等篇的翻译。琼斯的主要学术成就是对梵文的研究,他是通过《中国哲学家孔子》接触到《诗经》的,他深为《论语》中孔子所引用的诗歌所感动,进而找到《诗经》的中文原本,经过一段时间的努力,他用拉丁文翻译出《卫风·淇奥》篇,后来又翻译出《周南·桃夭》和《小雅·节南山》。他还在亚洲学会作过一次关于《诗经》的讲演,他在讲演中称《诗经》为中国第二部经典,并指出:诗在任何民族、任何时代,都被重视,而且在任何地域,都会采用同样的意象。

二 欧洲作家们的中国知识

1 17世纪欧洲作家的中国知识

在17—18世纪的中国热衷,欧洲的作家们也都程度不同地涉猎了有关中国的知识,并且在各自的作品中时常援引中国的事例。

早在16世纪末,英国文学家普坦汉姆(George Puttenham,1520—1590)在《诗艺论》中就曾提到中国文学。普坦汉姆在意大利游历期间,从一位曾到过中国的意大利人那里了解到中国的学术和文艺情况,并对中国和波斯的诗歌产生了兴趣。他说:

在意大利期间，熟识了一位绅士，他曾长期在东方各国旅行，看见过中国和鞑靼王子的官院。我对这些国家的细情，特别是各种学识和民间诗歌很好奇，他就告诉我：他们完全生活在极聪明的创造之中，他们运用诗歌，但不像我们那样，冗长而沉闷地描写，因此他们要表达奇思妙想，就用简介的诗韵，写成菱形诗或方块诗，或者其他类似的图形，他们还依原样刻在金、银、象牙之上，有时则用五彩宝石巧黏成字，点缀链子、手镯、衣领或腰带，赠送情人，以作怀念之物。这位绅士给我几首这样的诗，我逐字逐词地把它们翻译过来，尽量逼肖原来的句子和形状。这多少有点难以处理，因为要受原来图形的限制，不能走样。①

据有的学者研究，普坦汉姆这里所指的大概是中国古代回文织锦诗等文字游戏。

西班牙作家塞万提斯在其著作中多次提到"契丹"和"中国"。他与同时代的大多数欧洲人一样，还没有弄清楚"契丹"与"中国"实际上是一个国家。他把"契丹"和"中国"作为两个遥远而又神秘的东方帝国来看待。他在1613年发表的诗作《幸福的下流坯子》中，在历数这个恶棍所去过的地方中，包括"契丹"和"中国"。在《堂吉诃德》中，更是多次提到"契丹"和"中国"以及一些与它们有关的事件和传说。例如在上卷第十章中，堂吉诃德说："这回你错了。咱们在这四岔路口耽不了两个钟头，就能看到很多披甲戴盔的武士，比赶到阿尔布拉卡去夺取美人安杰丽咖的还多。"②其中，安杰丽咖为传说中的"契丹"公主，阿尔布拉卡是"契丹"皇帝的城堡。《堂吉诃德》下卷第一章引有一首诗，其中写道："至于她怎样接位做了中国女皇，也许别人能用更好的'拨'来弹唱。"据该书译者杨绛考证，这段诗中的第一句是由"她把印度的王位给了梅朵罗"改成的。塞万提斯所以将"印度女王"改为"中国女皇"，可能是受到当时流行的中国热气氛的影响。③《堂吉诃德》下卷有一"献辞"，虚构了一个中国皇帝请他去办西

---

① 引自葛桂录：《中英文学关系编年史》，上海三联书店，2004年版，第11—12页。
② [西班牙]塞万提斯：《堂吉诃德》上卷，人民文学出版社，1979年版，第70页。
③ 同上书，第17页。

班牙学院的故事,其中写道:

> 最急着等堂吉诃德去的是中国的大皇帝。他一月前特派专人送来一封中文信,要求我——或者竟可说是恳求我把堂吉诃德送到中国去,他要建立一所西班牙文学院,打算用堂吉诃德的故事做课本;还说请我去做院长。我问那钦差,中国皇帝陛下有没有托他送我盘缠费。他说压根没想到这层。
>
> 我说:"那么,老哥,你还是一天走一二十哩瓦、或者还照你奉使前来的行程回你的中国去吧。我身体不好,没力气走那么迢迢长路。况且我不但是病人,还是个穷人。他做他的帝王,我自有伟大的雷莫斯伯爵在拿坡黎斯,他老人家不用给我区区学院头衔或院长职位,也在赡养我,庇护我,给我以始愿不及的恩赐。"
>
> 我这样打发了他,现在也就向您告辞。①

曼图瓦的阿里瓦贝内(Lodovico Arrivabene,约 1530—1597)曾写过一本以中国为背景的长篇小说《黄帝》,于 1597 年出版。这是第一本以中国题材进行写作的小说,此书有一个长长的标题,概括了小说的内容,其中说:"曼图瓦人阿里瓦贝内在《黄帝》一书中,除叙述了中国第一位帝王光荣的 Vitei 和英勇的 Iolao 的可歌可泣之侠义事业外,也刻画了 Ezonlom 的形象,他是最优秀的君主和十全十美的统帅……"②此书的作者有关中国的知识并不多,但他把主人公塑造成为智慧和道德的典范,他写道:

> 最好的老师是中国人;据知,世界上没有一个国家推行道德。手册上所言出人意料,他们优于任何人,如同太阳的威力和光辉胜过每一颗星星。③

英国作家伯尔顿(Robert Burton,1577—1640)的著作中曾大量提到

---

① [西班牙]塞万提斯:《堂吉诃德》上卷,人民文学出版社,1979 年版,第 174 页。
② [意]白佐良、马西尼:《意大利与中国》,商务印书馆,2002 年版,第 102 页。
③ 同上书,第 103 页。

中国的知识。伯尔顿在牛津大学做了30年学问,自况为"一条闲游的狗,看见鸟儿就要向它汪汪叫"。他的主要著作之一是《忧郁症的解剖》。这本书原意是一本医书,分析忧郁症的病原、征象、治法,还讨论了爱情忧郁症和宗教忧郁症。但并不止于此,作者几乎谈到了人生各方面的问题。在他看来,世上所有政治、宗教、社会以及个人内心的种种矛盾,都是或者可以概括为一种病,这就是"忧郁"。他为诊治这种无处不在的流行病开出了不少"药方",其中就包括东方的中国文明。这本书中提到中国的地方有30多处,主要来源于马可·波罗的游记和利玛窦的中国札记。涉及的内容有宗教、迷信、偶像崇拜、巫术、鬼神、政治制度、经济、法律,科举制度、城市规划、地理;卫生、饮食、医药、心理、幻觉、精神病、嫉妒等。伯尔顿认为繁荣富庶、文人当政、政治开明的中国正是医治欧洲忧郁症的灵丹妙药。他以人文主义精神赞扬中国的科举制,因为科举制表明重才而不重身世。他在赞扬中国的同时,对英国的贵族大为讽刺,他说:

> 他们从哲学家和博士中挑选官员,他们政治上的显贵是从德行上的显贵中提拔上来的;显贵来自事业上的成就,而不是由于出身上的高上,古代的以色列就是这样。至于他们官吏的职务,不论在战时或平时,就是保卫和治理他们的国家,而不像许多人那样,光是放鹰打猎,吃喝玩耍。他们的老爷、高官、学生、硕士以及由于自己的德才而升上来的人——只有这些人才是显贵,也就是被认为可以治理国家的人。[①]

伯尔顿赞扬中国规划完善的城市,其中包括元代的大都;赞扬中国人民的勤劳和国家的繁荣。他在设计他的理想国时,以墨西哥和中国为借鉴,他说:

> 耶稣会士利玛窦等人笔下的中国人十分勤劳,土地富庶,国中没有一个乞丐或游手好闲的人,因此他们兴旺发达。我们的条件也一

---

① 引自范存忠:《中国文化在启蒙时期的英国》,上海外语教育出版社,1991年版,第8页。

样,我们的人民体魄强健,思想活泼,物产应有尽有,如羊毛、亚麻、铁、锡、铅、木材等,也有优秀的工匠来制造产品,但我们缺少勤奋。我们把最好的商品运往海外,他们能很好利用,满足需要,把我们的货物分别加工,又运回我国,高价出售,有时用零碎原料制成一些廉价品,反回来卖给我们,价钱比成批原料还贵。①

17世纪英国还有一位对中国极感兴趣的作家叫托马斯·布朗(Thomas Browne,1605—1682),他在其读书笔记、《瓮葬》和《对几个民族未来的预言》等著作中都一再提到中国。在读书笔记中,他提到在他全部读完的书中就有葡萄牙耶稣会士曾德昭的《大中国志》、平托的游记以及英国牧师珀切斯的游记。在《瓮葬》中,布朗根据穆拉修的《航海记》对中国的丧葬风俗进行描绘和评论,并以科学理性精神澄清西方人在中国瓷器制作方面流传的各种谬误。他在《对几个民族未来的预言》中假借一个人送给他的一首诗歌中预言鞑靼人将席卷中国,他在注释中引用了中国人筑长城的故事,并引用了一个"旧的预言":将来的某个时候,中国的旅客会来往通行无阻。

在17世纪有不少文学作品写到中国,例如被誉为"德语诗歌之父"的奥皮茨(M. Opitz)的长诗《歌颂上帝的战争》,开德国流浪汉小说先河的格里美尔斯豪森(H. J. Ch. von Grimmelshausen)的《痴儿西木传》、英国人希德(Th. Head)的《扬·彼鲁斯流浪记》等模仿《痴儿西木传》的作品,都是较有名的。在这些作品中,对中国的描写大多出自作者的想象,目的仅是满足读者对中国的好奇心。

真正以中国为题材并且有事实为基础的作品,是洛恩施坦(D. C. von Lohenstein)的《阿尔米琉斯》和哈格道恩(W. Hagdorn)的《艾全》。这两部卷帙浩繁的小说,都主要取材于卫匡国的《鞑靼战纪》,写的是明末清军入关前后的事。如在《艾全》中,就具体写到了李自成起义、吴三桂勾结清兵从北京赶走李自成以及崇祯皇帝之死等。只不过李自成被丑化为

---

① 引自杨周翰:《弥尔顿〈失乐园〉中的加帆车——17世纪英国作家与知识的涉猎》,张隆溪、温儒敏编:《比较文学论文集》,北京大学出版社,1984年版,第137页。

残暴的叛贼,吴三桂则被美化为英雄的骑士。这两部小说写的尽管好像是中国,实际上仍充满了巴洛克时期的游侠骑士小说的思想和情调,作者追求的只是冒险、艳遇、异国风情等等给人以消遣的因素。

17世纪英国著名诗人弥尔顿(John Milton,1608—1674)在不同的诗篇中,多次提及中国,一个传奇般遥远的国度。在《深思的人》一诗中提到他前往遥远的国度朝圣,描述了"神奇的铜马,鞑靼国王就骑在这样的马上"。在其名著《失乐园》中也曾多次提到中国。在《失乐园》的第3卷中,说撒旦来到地球,从喜马拉雅山飞下,想飞向印度去猎取食物,但

> 途中,它降落在塞利卡那,那是一片荒原,那里的中国人推着轻便的竹车,靠帆和风力前进。①

这里的"塞利卡那",意为"丝绸之国",也就是中国。弥尔顿所提到的那种"帆车",李约瑟的《中国科学技术史》中曾详尽追溯了它在西方的报道,可见这是很引起西方注意的事。斯威夫特(Dean Swift)也引用过这句话,他写道:"中国的车,造的这样轻巧,能行驶过道道山峦。"

《失乐园》第11卷,撒旦把耶稣带上一座高山,让他眺望人间的宏伟景象:

> 在这里他纵目眺望,看到古今有名的城市,最伟大的帝国的都城,从契丹可汗的都城汗八里克的坚固城垣和帖木儿王座所在,奥克塞斯河旁的撒马尔罕,直到西那诸王的北京……②

但是,弥尔顿沿袭了当时人们关于中国的错误的地理知识,不知道汗八里和北京实际上是一座城市。

当时的文坛领袖威廉·坦普尔是英国辉格党著名的政治家和外交家,也是一位散文大师,他的文章"被当作练习与写作的范文"。坦普尔没

---

① 引自范存忠:《中国文化在启蒙时期的英国》,上海外语教育出版社,1991年版,第5页。
② 同上书,第6页。

有到过中国,他的中国印象最早来自葡萄牙旅行家平托。他对中国文化抱有浓厚的兴趣,并且从当时能接触到的各种材料中获得了一定的关于中国的知识。坦普尔在许多文章著作中谈到中国。1683 年,他发表了《论英雄的美德》一文,其中用了大量篇幅介绍中国文化的诸多方面的内容。他热情地赞颂中国的历史和政治制度,说中国是世界上已知的最伟大、最富有、人口最多的国家,是拥有比任何别的国家更优良的政治体制的国家。他认为,中华帝国看来是以最大的力量和智慧,以理性和周密的设计建立并进行治理的,实际上它胜过其他国家人民和欧洲人以他们的思辨能力和智慧所想象的整体。他甚至说中国的好处是"说之不尽"的,是"超越世界上其他各国的"。他认为中国最大的英雄是伏羲和孔子,特别是孔子具有"突出的天才,浩博的学问,可敬的道德,优越的天性",是"真正的爱国者和爱人类者",是"最有学问、最有智慧、最有道德的中国人"[①]。孔子著述的唯一目标,就是教人能过一种好的生活。他在 1692 年发布的《论古今学术》中说,"中国好比是一个伟大的蓄水池或湖泊,是知识的总汇。"古代人做学问,也和近代人一样,需要有人引路,而担任引路的人,大概来自印度和中国。因为他们"民性中和,地域清净,气候均匀,而又有长治久安之国。"[②] 他把孔子与苏格拉底相提并论,指出:

> 孔子开始了同样的构思,呼吁人们从无用的与无休止的面对自然的考察转到对道德的思索上来;但分歧在于,希腊人好像看来主要放在私人与家庭的幸福上,而中国人则放在王国与政府的优良品质与善于驾驭上,据悉这样的王国与政府存在已经有数千年,也许可以恰如其分地把它叫做学者政府。[③]

他还赞扬中国的历史政治制度,称中国是世界上已知的最伟大、最富有、人口最多的国家,是拥有比任何别的国家更优良的政治体制的国家。1671 年,坦普尔还专门写了篇文章《政府的起源及其性质》,在谈到政府

---

① 葛桂录:《中英文学关系编年史》,上海三联书店,2004 年版,第 27 页。
② 同上书,第 37 页。
③ 同上书,第 37—38 页。

起源时，他不同意当时一些社会学家提出的"社会契约论"，认为政府起源于"父权"，是家庭组织的扩大，这简直是孔子"君君、臣臣、父父、子子"家庭国家观的英国版。

2 18世纪欧洲作家的中华文化评论

英国讽刺作家斯维夫特也多次提到中国。他在《格列弗游记》的"大人国"一章中，说他们和中国人一样，很古的时候就有印刷术。他还知道中国人的书写方式是从上往下。他另一篇作品《澡盆的故事》里，他提到希望这本书能译成东方语言，特别是中文。在《木桶的故事》里，提到中国的帆车，说那些大车造得那么轻巧，好像能飞驰过大山那样。在一篇谈到如何改进英语的文章里，他称赞中文能在常受到鞑靼人的征服时保持不变，并且是有两千年以上历史的古书的语言。

英国作家笛福也曾提到中国，但与当时文坛大部分赞扬中国不同，笛福抱着激烈批评的态度。他在1705年出版的《凝想录》，又名《月球世界活动记录》。在这本书里，笛福谈到中国时说，所有人都知道中国人是一个古老、智慧、彬彬有礼并且心灵手巧的民族，中国人拥有许多西方世界从未听闻的知识。早在诺亚时代，洪水泛滥以前，中国人就已经知道火炮了。中国人还建造了一支10万人的军队以防洪水。中国人还发明了一种机器，能使一个誊录员一只手写字，另一只手抄录；一个商人一只手记录贷方，另一只手记录借方；一个律师一只手草拟契约，另一只手誊写那份契约。又说，在中国的一些地方，人们的知识已经发展到能了解彼此思想的程度，这样人们就可以利用知识抵制伪装、欺骗、敲诈以及欧洲的千万种发明。还说，英国国会决定要发明一种通向月球的交通工具，于是把这个任务交给了中国人。而中国人果然不负众望，最终发明出一种带有翅翼的能够飞上月球的飞车。

笛福的这些话似乎是在赞扬中国。实际上他的这个"来自月球"的说法，隐含着认为有关中国文明的种种传闻属于夸饰之词，甚至是子虚乌有。而且在他看来，中国人并没有比欧洲人或其他民族有多少了不起。小说借英国人请中国人制造登月的飞车来批判英国国会轻信和不负责任行为,对中国神话中"盘古开天辟地""女娲抟土造人"的传说也十分厌恶。

在《鲁滨逊漂流记》第二卷中,他写鲁滨逊从荒岛回家后,住了7年,郁郁不乐,于是再度出行。鲁滨逊与一位英国商人一起买船东行,两人像东印度公司的人员一样,沿途买卖土特产,过东京湾后,便驶向中国海岸,经澳门,北行至"会昌"上岸,陆行至南京,买了不少宁缎、锦缎、印花布、生丝、茶叶、丁香等。又随几位传教士同往北京,在北京住了4个月,离京时竟雇了18匹骆驼来装运在中国采购的货物。不过,笛福除对长城和瓷器加以肯定外,对中国事物和中国文化多采取批评态度。笛福驳斥耶稣会士宣扬的中国文明和富庶,他说中国的建筑、制造业和贸易都无可观,北京是个建设得很糟糕的城市。他说中国人向来被称为勤劳和兴旺,其实裸体的美洲土人比他们还要幸福些。因为中国人对自己的智慧非常自傲,因而使人们对他们估计过高。中国人的宗教集中表现在孔子的教训中,顶多也不过是"精致的异教"。中国人在一些怪物的偶像面前弯腰致敬,而那些偶像是人类所能制造出来的最下流、最可鄙、最难看、最使人看了恶心反胃的东西。

史景迁说,笛福"是利用中国负面的例子赞美他的祖国英国。然而这种慷慨激昂的论调却与当时的社会趋势背道而驰。当时的主流是,借着亚洲的优点彰显西方社会内在的弊病。"[①]

在18世纪的英国作家中,艾迪生、沃尔珀尔、约翰逊等人都曾援引过中国的知识,或在作品中使用所谓中国题材。

18世纪前期,对中国文化推崇的作家是艾迪生和斯蒂尔。他俩都是18世纪前期英国文坛重要作家,特别是艾迪生,由于他在小品文方面的成就,18世纪上半叶的英国文坛被称为"艾迪生时代"。他俩都醉心于阅读各种关于中国的记载和报道,特别是17世纪末来华的法国耶稣会士李明的《中国近事报道》。他们对中国文化的赞扬,主要见于斯蒂尔主办的《闲谈者》和两人合办的《旁观者》两份报纸上,涉及中国故事、中国政治制度、孝道、中国长城、瓷器、茶和中国园林等精神文明和物质文明。斯蒂尔所讲的中国故事,少数出于传教士的记载或中国神话故事,但大多是虚构

---

① [美]史景迁:《大汗之国——西方眼中的中国》,广西师范大学出版社,2013年版,第95页。

的游戏之作,如《旁观者》第584、585期刊载他写的《一篇洪水以前的故事》,其素材并非取自《山海经》或《淮南子·天文训》之类中国历史神话,完全是自己编造的关于家族、财富和婚姻的荒诞而又诙谐的故事。刊于第545期的《中国故事》更是与中国神话、传说沾不上边。他说的是中国皇帝写给罗马教皇克莱蒙十一世的一封信,建议中国与教会建立联盟。斯蒂尔的目的自然是用来攻击英国政体,但这封建议特意用中国皇帝诏书的文体,雅致而幽默,阅读之中,也会激起英国人对中国文化的向往。斯蒂尔的中国故事虽多是虚构的游戏之作,但在英国文学史上却有着重要的地位:18世纪中期以后英国文学中流行一种虚构的书信文学,真真幻幻、诙谐之中夹以讽刺,被称为"伪信体",始作俑者应该就是这位仰慕中国文化的斯蒂尔。

  艾迪生对中国文化的赞扬主要集中在孝道、园林、瓷器和茶饮等方面。他在《旁观者》和《冒险杂志》上讲述几个故事,都是中国瓷器在英国让人入迷到发疯的地步:一位妇女重价购得两件中国瓷器,准备运送到一个中国式小庙内收藏,但在运送的过程中却被车夫打碎了,这位妇女为此而发疯,医生只得让她住在一个摆满中国瓷器的房子间之中。艾迪生也十分欣赏中国的孝道,他引用李明在《中国近事报道》中所举的一个例子:中国官员惩处忤逆案子,不但逆子本人要受到惩处,而且他的家庭、邻里乃至整个村庄都要受到惩处,因为"他们说,这一族或这一村一定风俗败坏,才会产生这种逆子"。由此看来,艾迪生欣赏中国的孝道,是意在提倡一种更为广泛的道德风尚,为18世纪的英国中产阶级提供一种可资参照的道德准则。

  18世纪中叶,被视为"文人英雄"的约翰逊也对中国文化做出肯定性评价。约翰逊不仅是18世纪中叶以后英国文坛领袖人物,而且在以后的两百多年间在英语世界一直享有崇高地位。1738年,约翰逊以一个读者的名义给《君子杂志》编辑写信,称赞中国的古代文明,认为中国人的宽宏、权威、智慧以及特有的风俗习惯和美好的政治制度,都毫无疑问值得西方学习。约翰逊的中国印象来自杜赫德的《中华帝国全志》中那些传教士书简,书上对中国的监察御史制度也有比较详细的介绍。约翰逊读后认为:中国政府虽然形式上是君主制,但君权却受谏官的制约,因而在精神上可以说体现的是民主共和。约翰逊认为这一点尤其值得英国人注意。但是约翰逊对中国文化的赞扬还是极有分寸的,他也曾批评中国的文字简陋,给学术研究带来困难,是落后的表现。

1710—1712年间,法国作家拉克鲁瓦(François Pétit de la Croix)仿照阿拉伯的名著《一千零一夜》,写作了《一天零一日》,其中的《王子卡拉夫和中国公主的故事》,讲述了这样一个故事:鞑靼王子卡拉夫爱上了中国皇帝的女儿图兰朵。公主要求每一个向她求婚的人回答3个问题,结果许多求婚者因为过不了这一关而被处死。鞑靼王子卡拉夫经受了严峻的考验,成功地回答了公主的3个问题,公主很不情愿地嫁给了他。这个故事具有浓厚的异国情调,获得了很大成功。10年后,法国著名作家勒萨日(Alain Rene Lesage 1668—1747)于1729年改编为小说《中国公主》。意大利作家戈齐(Carlo Gozzi 1720—1806)的剧本"中国悲喜剧童话"《图兰朵》,意大利著名作曲家普契尼(Giacomo Puccini,1858—1924)的歌剧《图兰朵》,都是以这个故事为蓝本写成的。

1723年,法国作家托马斯·西蒙·格莱特(Thomas Simon Gueulette,1683—1766)出版了两卷本的《达官冯皇的奇遇——中国故事》。格莱特是巴黎的大法官,曾任皇家事务律师,文学创作只不过是他的业余爱好。除了这部《达官冯皇的奇遇》外,他还创作了《一千零一刻钟——鞑靼故事》《古扎拉克苏丹后妃或苏醒男人的梦——蒙古故事》和《一千零一小时——秘鲁故事》,号称"四大传奇",是当时巴黎畅销的时尚读物。

在《达官冯皇的奇遇》中,格莱特所描写的是嵌入"中国框架"中的一个虚构传奇,他将"天方夜谭""东方传奇"套上"中国服装",杜撰了一系列逸闻趣事。这个故事说,甘南国国王(即书中所说的中国)通格卢克对落难的格鲁吉亚国公主居尔尚拉兹一见倾心,公主要求中国皇帝先为其惩处叛逆,以雪亡国之恨,然后再要求他信奉伊斯兰教,力除中国的偶像崇拜,方肯嫁给他。通格卢克国王在大臣冯皇的奇书帮助下,神奇地飞往格鲁吉亚,铲除篡位的暴君,恢复了老国王的王位,并发誓尊崇伊斯兰教,这样,格鲁吉亚公主就成了中国的新皇后。新皇后请冯皇每天晚上来宫廷畅谈,给她讲述种种奇异的故事。故事中主人公神游世界,从地中海东岸到太平洋西岸的亚洲广大地区,印度、波斯、中国、阿拉伯;从南亚到中亚、波斯湾;从非洲的埃及到欧洲的希腊,甚或远及西半球的加拿大。书中还描写了各式各样的人物，从王公贵族，到平民百姓；从将帅大臣，到郎中优伶；从清真寺长老，到庙堂和尚，所有这一切风情和人物，都在格莱特那出神入化的笔触下，被描绘得栩栩如生。

在这部"中国故事"中，谈到最多的是印度、波斯和中亚的故事，直接涉及中国的，大约只占十分之一的篇幅，而且大部分是作者自己的想象，与真实的中国相去甚远。但正是这样的虚构想象，符合当时人们的阅读心理和阅读期待，适应了当时流行的异国情调的文化潮流，所以在当时的读者中很受欢迎。

三 哥尔斯密的《世界公民》

18世纪后期，欧洲出现了信札体的文学作品。1721年，法国启蒙思想家孟德斯鸠出版《波斯人信札》，取得很大成功，推动了这种讽刺文体的发展，引来众多的模仿者，其中包括若干托名中国人的讽喻性"旅行信札"。例如阿让侯爵（Marquis d'Argens）所撰《中国人信札》；托名本特尼教派的僧人实为伏尔泰所作的《中国人、印度人及鞑靼人的信札》。这种讽刺文章中，还有卡桑尼（Cassagne）的《欧洲的中国间谍》；格拉达尔（Grudar）所撰而托名译自中文的《北京皇帝派驻欧洲密使的报告书》等。假借外国人写游历自己国家的观感，是18世纪欧洲作品采用的一种基本模式，即借理想的"他者"来对自己的社会现状发表感慨和评论。这一传统在欧洲文学里一直延续到19世纪末20世纪初。

英国著名作家哥尔斯密（Oliver Goldsmith，1728—1774）的《世界公民》是上述这类作品中的一部杰作。哥尔斯密是18世纪最有名的散文作家之一，也是一位对中国文化有浓厚兴趣的作家，他曾计划到东方旅行，并且做了一些准备，只是最后没有成行。他曾为墨菲的《中国孤儿》写过评论，与编译出版《好逑传》的珀西有过交谊，在珀西到伦敦洽谈《好逑传》出版事宜的时候，曾多次与哥尔斯密见面叙谈，哥尔斯密很可能读过手稿。所以，哥尔斯密很可能对中国文化有了许多了解。

从1760年1月24日起，哥尔斯密在伦敦《公薄报》上连载了一系列书信。这些书信假托是一位懂英语的中国哲学家李安济·阿尔坦基(Lien Chi Altangi)所作。这位李安济据说是中国河南人,经过 700 多天的旅程到达伦敦。他从伦敦写信给他在北京的朋友,给北京的礼部官员和他流落在波斯的儿子,其中大部分是写给北京礼部官员的,也有北京礼部官员写给李安济的。这些信连载几个月,共 119 封,原来称为《中国人信札》。1763 年,哥尔斯密将这些信编辑修订,又增加了 4 封,合为 123 封,以八开本两大册出版,题名《世界公民》,副题为"中国哲学家从伦敦写给他的东方朋友的信札"。实际上,在当时的伦敦文坛,已有几起借用中国人、中国哲学家之口评论英国时事的事情,而且都使用"李安济"这个名字。例如何瑞思·沃尔波尔在 1757 年发表了一篇批评英国时政的《旅居伦敦的中国哲学家叔和致北京友人李安济书》,简称《叔和通信》。这篇书信在当时反响颇为热烈,两周内竟翻印了四五次,也出现了一些仿作,很可能给哥尔斯密以一定的启发。

在《世界公民》中,哥尔斯密批评当时一些欧洲游历家们缺乏文化素养和文化意识,认为传教士和商人们在东方之行之后普遍都没有完成作为一个游历家最有意义的任务。他指出,游历家应是有知识、有教养的文化使者,他们不在于描述岩石与河流,不在勘查古庙里的断碑或采集海滩上的贝壳,而在深入民间,描绘风俗习惯、工艺发明和学术水平。哥尔斯密把他笔下的中国主人公当作他所理想的游历家的化身,既保持了中国人的眼光,又摆脱了乡土观念和民族偏见,对诸事物发表了各种评论,所以自称"世界公民"。哥尔斯密把他叫做"哲学家""学者"或"哲学流浪者"。并且说:"孔子说过,读书人的责任在加强社会的联系,而使百姓成为世界公民"。

哥尔斯密在写《世界公民》时运用了当时已有拉丁文译本的《大学》《中庸》《论语》等儒家典籍,李明的《中国近事报道》和杜赫德的《中华帝国全志》等文献,此外他也参考了伏尔泰的《风俗论》等书。《世界公民》是 18 世纪利用中国材料的文学中最主要也是最有影响的作品,谈到了中国文化的诸多方面的问题,可以说是综合了当时西方开明人士对中西方关系的总体看法,是一部关于中国的百科全书。他多次提到中国古代学术思想,还谈到许多中国的风俗习惯、文化娱乐、园林艺术等。他特别赞扬中国的政治和道德。在他的笔下,中国的形象是一个大国,历史悠久,文化传统完整发达,不像欧洲那样战争绵延。他谈到中国的宗教,指出中国虽多为佛教徒,但他们的宗教大体上是宽容的、容忍的;谈到中国的政治制度,指出中国人的政府是家长专制政治,中国皇帝喜欢庄严的称号,他们的权力来自强力和恐惧,以此来稳定政府。又指出中国虽是君主制,但皇帝的法律是开明而仁慈的,不仅惩罚罪恶,而且奖励美德。他在其中一封由中国官员写的信中说:

> 当我将中国与欧洲的历史进程进行对比时,我为自己能成为这样一个起源于太阳的王国的子民感到激动不已。翻开中国的历史,我看到的是一个扩展中的、按照自然和理智支配的律法运行的古代帝国。子女对于父母的责任——这一造物主植根在每个人心中的责任(孝道),构成了自太古时代便存在了的政府的力量源泉。孝道是一个国家首要的和最高的要求,这样我们便成为我们国王的好臣民,便能够对我们的上级表现出适当的服从,成为上苍的依附物而满怀感激;这样我们便会更加喜爱婚姻,为了我们也可以从他人那里要求服从;这样我们便成为好长官,因为最初的屈从是一个人学会统治之道的最实在的课程。这样整个国家便可以说成是像一个大家庭,其中国王是保护人、父亲、朋友。①

哥尔斯密还分析了中国科技落后的原因:中国人很少到国外旅行,而且也不允许这么做。由于处于一种文化孤立状态,他们的发明才能渐渐地被忽视和扼杀。但哥尔斯密写作此书的目的不在于传播有关中国的知识,而是要借这些中国故事寓言、圣人格言、哲理,运用他所接触到的中国的社会理想和政治理想,如开明的统治、幸福的生活、奖善惩恶的法律制度、合乎情理的道德准则,去评论英国的政治制度和社会生活,对英国的选举制度、法律和司法制度以及宗教等等都进行了批评和嘲讽。

受哥尔斯密的影响,英国作家赫勒斯·沃波尔(Horace Walpole,

---

① 引自[英]雷蒙·道森:《中国变色龙——对于欧洲中国文明观的分析》,中华书局,2006年版,第250页。

1717—1797)创作了小说《象形文字的故事》,里面创造了一个中国人物。他还出版了《密立,中国神仙的故事》,讲述一个中国王子密立周游世界寻找未来妻子的故事。

在德国第一个写这类"旅行信札"的是法斯曼(D. F. Fassman),此人是普鲁士国王腓特烈·威廉一世身边讲笑话的弄臣式小官,他那长篇累牍的"信札"题名为《奉钦命周游世界的中国人》。腓特烈·威廉一世的儿子、普鲁士国王腓特烈大帝也曾写过这类"旅行信札",题名为《费费胡游欧书简》,于1760年发表。腓特烈大帝的"书简"共6封,用法文写成,都是假托的主人公费费胡在旅行途中向中国皇帝作的观感报告,内容涉及宗教、民俗、警务、政治诸方面,而重点在于批评讽刺罗马教廷和教会。如在第四封信中,费费胡写道:"您的帝国是多么幸运啊,陛下,它有一个宽容而务实的、没有统治别人的欲望的教会!"在第五封信中,费费胡和一个葡萄牙朋友一起参观罗马的圣彼得大教堂,看见教皇竟然为人们用于征战的头盔和宝剑祝福,大为惊诧和不满。腓特烈大帝"用这个虚构的中国人的口吻抨击了欧洲,尤其是天主教的陈规陋习。""虽然小说中的'使臣'报道的是欧洲的情况,但作者却以他的口吻不断地揭露天主教的腐败堕落,从而衬托出一幅正面的中国形象。"①

与讽喻性的"旅行信札"同时盛行的还有所谓"道德小品"和"道德故事"。这类作品都是用当时欧洲人想象中道德高尚的中国故事或寓言,去劝喻世人提高自己的德行。

四 歌德:视线所窥,永是东方

1 歌德对中华文化的接触和了解

歌德生活在18世纪后半期和19世纪前期。他生活的这个时代,洛

---

① [德]夏瑞春编:《德国思想家论中国》,江苏人民出版社,1989年版,第265、270页。

可可风格已经退潮，但中国趣味和中国风格已经渗透到欧洲大地社会生活的各个角落，成为欧洲人日常生活方式的组成部分。歌德时代的欧洲仍然处于中国强大的文化影响之下。

德国法兰克福的歌德雕像

歌德是中西文化交流史上的一位文化巨人。他并没有像他的前辈人那样染上狂热的中国癖，但"他对于东方性质的认识，虽然没有强调过，实远较前一代的人为深刻"①。

歌德的父辈显然也受过中国热的影响。在美茵河畔法兰克福的歌德故居，二楼的主厅名字叫"北京厅"，厅中陈设着中国式的描金红漆家具，蓄着八字长须的彩色小瓷人，墙上挂的也是印有中国图案的蜡染壁被。在同一层楼的音乐室里，摆着一架仿照中国家具风格制作的古老风琴，琴盖上绘有一幅典型的中国风景画：山水、杨柳、宝塔、垂钓，一派中国乡村的静谧气氛。歌德谈到少年时学画，"临摹那些中国的、富于幻想但又自然的花卉画"。可以说，歌德在儿童少年时代，就已经开始不自觉地受到中国文化的濡染。他在斯特拉斯堡求学时，又通过卢梭接触到了中国的哲学，可能读过《大学》《中庸》《论语》《孟子》《孝经》等中国经典的拉丁文译本。

但是，年轻时的歌德并不喜欢他周围的这些中国式的或洛可可式的

---

① ［德］利奇温：《十八世纪中国与欧洲文化的接触》，商务印书馆，1962年版，第111页。

东西。他多次以讽刺和批评的口吻谈到当时传到欧洲的中国艺术风格,他批评当时有人仿作的中国诗,认为这"是以中国杂碎材料镶砌而成的,适于放在镜奁之间"。他还在一首诗中讽刺当时流行的中国式的造园艺术。他还曾对家中"一些有涡卷形花饰的镜框加以指摘,对某些中国制的壁纸加以讥评",结果引起父亲的不快。不过,不管是否喜欢,这种中国风的家居环境以及整个社会弥漫的中国风,成为他成长的一个潜移默化的背景。

1775年,歌德到了魏玛,接触和了解中国文化的机会增多了,对中国文化的看法也逐渐发生了变化。1776年,他搬进伊尔姆河畔的别墅时在园子里建了一所中国式的小屋,作为他体验安静与孤寂的"隐居处"。在歌德参与设计的魏玛公园中,也有中国式的拱桥和圆顶亭子。另外,在歌德的私人收藏品中也有一些中国的工艺品。1786—1788年他在意大利旅行时,对在那不勒斯等地的博物馆中见到的中国工艺品大加赞赏。他评论中国的艺术作品,认为是"出乎其类的美"。他对中国整个的造型艺术并不熟悉,但对中国工艺品的巧夺天工评价极高。他在《颜色学》中比较说:

> 我们在定居民族中,在埃及人、印度人和中国人那里,找到一种如此高度美感的颜色。这些定居民族用宗教来处理他们的技术……用一种自然缓慢的确定形式加工作品,从而使其作品居于前列,他们是更开化的、快步前进的民族。①

歌德在魏玛时开始接触和研读了大量有关中国的文献。杜赫德的《中华帝国全志》在当时魏玛宫廷颇为流行。歌德在1781年时已经读过此书。在这年1月10日的日记中,歌德写下"……读关于神学之通信。啊,文王!"一句话,这是他在读杜赫德的《中华帝国全志》第二卷关于周文王的论述时的感叹,表露了他对于"以德化民"的"理想君主"的羡慕惊叹。

---

① 引自丁建弘:《"视线所窥,永是东方"——中德文化关系》,周一良主编:《中外文化交流史》,河南人民出版社,1987年版,第114页。

同年8月,歌德动笔将《中华帝国全志》所载的《赵氏孤儿》故事改编成悲剧《哀兰伯诺》,这是一部被歌德的朋友席勒称之为可以"引导或敦促人通过作品本身而直探作家心灵的作品之一"。这部悲剧几经修改,时辍时作,一直到1806年还是未能完成,令歌德感到非常遗憾。

在歌德的一生中,曾有两个时期对中国进行了比较集中和认真的研究。第一个时期开始于1813年,此时歌德已经64岁。在欧洲历史上,1813年是一个重要的转折点,拿破仑在莱比锡大会战中的失败,带来了封建复辟的黑暗时期。歌德对欧洲大陆上出现的动乱和历史倒退感到非常失望和厌倦,遂把目光转向东方。卫礼贤曾经指出,歌德思想范围的推广是和他的年岁同时增进的,"人类在他心中渐成一个整体,东方也随着得到他的注意。最堪注意的,就是他留心研究东方情形底开始,正是拿破仑战争底时候,大多数的德国民族正在受着最大的政治底刺激。"①歌德在1813年11月10日给友人克内伯尔(C. V. Knebel)的一封信中谈到研究中国的动机:"最近一段时间,与其说是真想干点什么,不如说是为了散散心,我着实做了不少事情,特别是努力地读完了能找到的与中国有关所有书籍。我差不多是把这个重要的国家保留了下来,搁在了一边,以便在危难之际——像眼下正是这样——能逃到它那里去。即使仅仅在思想上能处于一个全新的环境中,也是大有益处的。"②仅据魏玛公爵图书馆借书登记的统计,歌德在此期间涉猎的有关中国的图书不下44种,内容包括历史、地理、文学、哲学等。其中有的书如《马可·波罗游记》还多次借阅。另外,歌德还曾在耶那大学图书馆和耶那皇宫图书馆借过同类图书。

歌德集中研究中国文化的第二个时期是1827年开始的。1827年是歌德一生创作中最后一个兴旺时期的开端,这一年也是他接触中国文学作品最多的一年。歌德不仅再次阅读《好逑传》,并且在与艾克曼(J. P. Eckermann,1792—1854)的谈话中对中国文学的特点作了认真的分析,指出"诗是人类的共同财富",预言"世界文学的时代已快到来"。他还接

---

① 引自宗白华等:《歌德研究》,中华书局,1936年版,第259页。
② 引自杨武能:《歌德与中国》,生活·读书·新知三联书店,1991年版,第36页。

连花了好几天时间研究和阅读中国诗体小说《花笺记》，并将附在后面的英译《百美新咏》中的《薛瑶英》和《梅妃》等四首诗转译成德文，发表在他自己出版的《艺术与古代》杂志上。他称《花笺记》为"一部伟大的诗篇"。他还读了中国另一部小说《玉娇梨》的法译本，并在书上写了很多评注。另外，他还在这年读了法国人大卫（M. M. Davis）选译的《中国短篇小说集》，这个集子计收《今古奇观》里的小说10篇，其中4篇原已包括在《中华帝国全志》之内。歌德在晚年大量认真研读中国文学作品，从中获得了许多启示和灵感。在歌德最后几年的创作中，可能在许多方面受到中国文化的影响。歌德在他的《西东合集》中一首题为《逃亡》的诗中写道：

> 北方西方南方在解体，
> 王座崩溃，国家战栗，
> 你逃亡吧，在纯洁的东方
> 去品尝淳朴的空气，
> 投身于爱情、饮酒、歌唱，
> 返青春于基色泉旁。

2　中华文化对歌德的影响

歌德在当时就已被人称为"魏玛的孔夫子""魏玛的中国人"。

前面几章中已经多次提到，经过传教士们的介绍和翻译以及许多启蒙思想家的大力张扬，孔子的儒家伦理学说在17—18世纪时广泛传播于欧洲文化思想界，并且产生了深刻的影响。中国儒家典籍的西译本在欧洲许多知识分子中传阅。在德国，1724年，法兰克福出版了毕尔芬格（Bülffinger）编辑的拉丁语《孔子格言》；1794年，舒尔茨（Ch. Schuukltze）编辑出版了德文的《孔夫子的格言与警句》。歌德曾阅读过卫方济的拉丁文译本"六经"，并通过大量接触中国文学作品和其他有关中国的文献，对儒家的伦理学说和思想有比较多的了解。这些都在歌德的思想和作品中留下影响的印记。卫礼贤曾指出"中国道德的出发点和他（歌德）的人类教育底出发点的相同"，并把歌德在《威廉·迈斯特的漫游时代》中的话和

《孝经》具体对照,认为它们十分相似,只是"他有没有见过《孝经》,则吾人现尚不能断定"①。

《威廉·迈斯特的漫游时代》是歌德晚年的一部重要作品,表达了一种改良社会现状的乌托邦理想。书中有一部分对"教育省"的描写。在"教育省"这一理想的人类社会制度下,自觉人格修养的因素得到发展,这种人格修养以集体主义为方向,目的则在于进行共同的有益活动。歌德特别强调教育优先地位,其最主要之点在于三种敬畏的学说。一是对于处于人之上的事物的敬畏,另一个是对于人之下的事物的敬畏,最后第三种敬畏,它涉及与它相等的一切,而崇敬的这三种要素当然象征性地表示人在自然界和社会中的地位。② 有研究者指出,歌德的这种"三敬畏"学说很可能是受到孔子教育思想的启发。在强调实践和"因材施教"方面,歌德与孔子也多有相似之处。③

歌德对儒家伦理说持积极赞赏的态度。他特别推崇儒家提倡孝道。1817 年,他读了元杂剧《散家财天赐老生儿》。这部杂剧讲的是财主刘禹年老夫子,为了不绝香烟后代,先是向穷人散钱,以求上天给以子嗣;待到侍妾小梅为他生了儿子后,又将财产分为三份,女儿、侄儿和自己的儿子各得一份,以息财产继承权利之争,所谓"疏财留子"。歌德在读后写给友人的一封信中说:"我们一谈到远东,就不能不联想到最近新介绍来的中国戏剧。这里描写一位没有香烟后代不久就要死去的老人的感情,最深刻动人。"④

歌德晚年写的组诗《中德四季晨昏杂咏》更明显地受到中国文学的影响。这部组诗包含长短抒情诗和格言诗 14 首,大部分写成于 1827 年的 5—6 月间,是在歌德读《花笺记》和《玉娇梨》这两部小说以及《百美新咏》中的一些诗歌的同时或稍后。从组诗的题目本身以及诗的内容都可看出,他是把自己阅读所得的印象和感受,与自己当时的所见、所闻、所思、所感融合在一起。借景抒情,托物咏志。在组诗中,歌德刻意模仿中国诗

---

① 引自宗白华等:《歌德研究》,中华书局,1936 年版,第 283 页。
② [德]汉斯-尤尔根·格尔茨:《歌德传》,商务印书馆,1982 年版,第 180 页。
③ 杨武能:《歌德与中国》,生活·读书·新知三联书店,1991 年版,第 49—51 页。
④ 同上书,第 33 页。

歌的格调,以表现中国的精神和情趣。所以组诗的题名一开始就叫《中国的四季》,直到后来经过修改补充,在 1830 年正式发表时,才更名为《中德四季晨昏杂咏》。在艺术形式上,组诗的所有 14 首诗都简短严整,多为八句一首、四句一阕;使用的语言也都十分精练,耐人寻味,很可能是歌德有意模仿中国诗的格律。这些诗的格调恬淡、明朗、清新。感情的抒发含蓄、委婉,常常采用比兴的手法,寄情于风月花鸟,疏淡清雅,中国味儿十足。另外,歌德还特意使用了一些中国词语,诗中出现一些中国特有的或从中国传去的事物,也加强了组诗的中国色彩。有的研究者指出,《中德四季晨昏杂咏》是歌德晚年抒情诗创作的重要成果。"它是歌德多年来孜孜不倦地学习中国文化的结晶。在组诗中,反映出中国文学给予歌德的启迪和影响,反映出了歌德对于中国精神的理解、共鸣和接受。"①

3 歌德论中华文化

利奇温指出:"在中西文化关系上,歌德也是一个伟大人物,……我们相信,即使这位天才的随便发言中,亦可以发现其精义所在。歌德一生发表关于中国的意见不少,如果我们把它们合拢统观,即使在这方面,也充分表现他思想发展的成熟。"②

歌德晚年提出有关世界文学(文化)的思想,而在这样广阔的世界文化的视野下,歌德给予中国文化和中国文学以高度的评价。歌德在世界文化的视野下审视中国文化,从世界文化发展的宏观文化背景下评说中国文化的伟大意义。

1827 年 1 月 31 日,歌德在与爱克曼的谈话中提到他正在读一部中国传奇即《好逑传》。爱克曼说:"中国传奇!那一定显得很奇怪呀。"歌德说:

  并不像人们所猜想的那样奇怪。中国人在思想、行为和情感方

---

① 杨武能:《歌德与中国》,生活·读书·新知三联书店,1991 年版,第 57 页。
② [德]利奇温:《十八世纪中国与欧洲文化的接触》,商务印书馆,1962 年版,第 111 页。

面几乎和我们一样,使我们很快就感到他们是我们的同类人,只是在他们那里一切都比我们这里更明朗更纯洁,也更合乎道德。在他们那里,一切都是可以理解的,平易近人的,没有强烈的情欲和飞腾动荡的诗兴,因此和我写的《赫尔曼与窦绿台》以及英国理查生(S. Richardson)写的小说有很多类似的地方。他们还有一个特点,人和大自然是生活在一起的。你经常听到金鱼在池子里跳跃,鸟儿在枝头歌唱不停,白天总是阳光灿烂,夜晚也总是月白风清。……①

歌德具体分析了中国小说留给他的印象,赞赏中国文化中人与自然的和谐一致。他特别注重中国文化的道德价值,认为"中国的礼节可为其文明的代表"。他把《好逑传》与法国诗人贝朗瑞(Béranger,1780—1857)的作品相比较,认为贝朗瑞的诗歌几乎每一首都根据一种不道德的题材,而中国诗人却彻底坚持道德,有许多典故都涉及道德和礼仪。

在另一处,歌德还将当时读到的中国剧本与一部德国作品比较,认为两者很相近,"所不同的,在德国人,家庭及社会环境的空气和新异事物已经够剧中的需要,而在中国人的作品里,除具有这种本事外,还加有宗教的和社会礼仪的点缀。"②在中国的文学作品中,歌德看到了如他所描绘的那么一幅明朗、和谐、合乎道德的社会图画,在那儿没有他厌恶的矛盾、斗争和动乱,只有阳光灿烂、花香鸟语、月白风清。歌德认为,在这样"纯洁的东方",道德发挥了重要的功能,他说:"正是这种在一切方面保持严格的节制,使得中国维持到几千年之久,而且还会长存下去。"③

在同一篇谈话中,爱克曼问歌德,《好逑传》"这部中国传奇在中国算不算最好的作品呢"? 歌德说:"绝对不是,中国人有成千上万这类作品,而且在我们的远祖还生活在野森林的时代就有这类作品了。"④歌德的这个判断表明了他极高的鉴赏水平和洞察力。歌德阅读过并给予赞赏性评

---

① [德]爱克曼辑录:《歌德谈话录》,人民文学出版社,1978年版,第112页。
② 引自忻剑飞:《世界的中国观——近二千年来世界对中国的认识史纲》,学林出版社,1991年版,第250页。
③ [德]爱克曼辑录:《歌德谈话录》,人民文学出版社,1978年版,第112、113页。
④ 同上。

价的《好逑传》《花笺记》和《玉娇梨》等几部明清小说,虽然都在所谓"十才子书"之内,实则价值不大,唯有《好逑传》在结构和男女主人公个性的塑造上有某些特点。这种情况在文化交流史上是时常出现的。一部作品,可能由于种种偶然的原因被介绍和迻译到国外,并且可能广为流传,产生了很大影响,而在国内却可能并非是最好的作品。例如在盛唐时代的中日文化交流过程中,白居易的诗作传到日本,朝野争相传阅,白居易在日本的名声竟远在李白、杜甫之上。歌德能认识到中国还有比《好逑传》更好的作品,对中国文化有正确的见解,除了其超乎常人的洞察力之外,更得益于他拥有丰富的关于中国文化的知识。

歌德通过对中国文学作品的分析,进一步论证了他关于世界文学的思想。他说:"我愈来愈深信,诗是人类的共同财产。……诗随时随地由成百上千的人创作出来。……民族文学在现代算不了很大的一回事,世界文学的时代已快来临了。现在每个人都应该出力促使它早日来临。"①

---

① [德]爱克曼辑录:《歌德谈话录》,人民文学出版社,1978年版,第113页。

未尽的结语　被发现的中国

一　近代欧洲的黎明时期

16世纪以后,进入西方历史学所说的"大航海时代"。沿着达·迦马开辟的绕过好望角的航道,成百上千的大帆船,踏过惊涛骇浪,梯航万里,直奔中国而来。在太平洋航线上,往来于东西的马尼拉大帆船也相望于道,络绎不绝。

大帆船承载着欧洲人的东方梦想。当初欧洲人努力去寻找和发现新航路,最初的动机就是要寻访东方,寻访他们心目中的中国,寻找中国的财富。乘着大帆船而来的,主要的是欧洲各国东印度公司的商人,他们把中国生产的精美的瓷器、丝绸、漆器以及茶叶和大量的日常生活用品、工艺品等,一船一船地贩运到欧洲。他们是海上丝绸之路上的搬运工,把中国的财富搬运到西方,在欧洲人的生活中引起一阵阵激动,改变着欧洲人的生活。

与他们同船而来的,还有许多旅行家、冒险家,他们就是要来看一看马可·波罗所描绘的那个"大汗之国",领略地球这边的异域风情。还有许多怀揣着宗教热忱的传教士,他们要把天国的福音传达到东方。当踏上中国大地的时候,他们看到了一个不同的世界,看到了一个繁华富庶的国度,一个奇异风韵的文化。于是,旅行家们写下了一篇又一篇关于中国的报道,传教士们写下一篇又一篇中国报告,向欧洲反馈回去有关中国文化的信息。

精美的中国商品,奇异的中国报道,以及添加了奇异想象的有关中国的传闻,都在欧洲引起强烈的震动,掀起了持续两个世纪的中国风。上至宫廷王府,下至街头巷陌,"中国"成为一个时髦的话题;摆设中国的瓷器漆器,身着中国丝绸服饰,成为流行一时的时尚风潮;哲学家的沙龙里,讨论中国的"开明君主制度",成为他们的乌托邦理想;文学家们在笔下描绘出他们想象的中国风情,绘画、工艺、园艺、建筑,也都以中国风为最时尚的流行形式。在那个时代,"中国"成为欧洲人的梦想,成为他们的想象的异邦,成为他们文明的镜鉴。

在世界文化的历史上,曾出现了几次大的中国风流行。最早的是在罗马帝国时代,中国的丝绸大为风行,引起了罗马的"文化革命"。在奈良时代的日本出现了"全面唐化"风潮,还有幕府时代日本的"唐物趣味"。在波斯的伊儿汗王国时代,则出现了影响广泛的中国风情。还有就是17—18世纪欧洲出现的中国风。这几次"中国风"的共同特征是,中华文化的传播和影响,是通过具体的进入消费领域的物质载体实现的。因而,就具有这样几个特征:一是深入公众的日常生活层面,部分地成为当地人们日常生活的组成部分,甚至改变了人们的生活方式;二是以贸易的形式,使大宗中国的物品进入消费领域,并且成为人人喜爱的物品;三是带有明显的美学性质,部分地改变了人们的审美情趣;四是带有大众文化的特征,成为一个时期内人们争先恐后谈论、模仿、追逐的社会流行时尚。而所有这些,都是源于对于"中国"的想象,对于来自遥远中国的异国情调的向往。中国也适时地提供了可以看得到、摸得着的带着鲜明中国文化色彩的创造物,起先是丝绸,而后是瓷器、茶叶以及其他许许多多美好的东西。通过中国文化的输入,改变着人们的生活方式,提高了人们的生活品质,对他们的文化的发展产生了深远的影响。

与前几次"中国风"不同的是,欧洲的中国风则持续时间更长,影响更广泛,并且深入思想文化的层面,许多哲学家、思想家都参与了讨论,给正在发生的启蒙运动提供了思想的刺激和启发。对于欧洲人来说,"中国"是一个"有意义的他者",它为正在变革的欧洲社会提供了镜鉴,提供了乌托邦的理想,提供了刺激的力量。这样,在欧洲的社会大变革时代,中国因素也参与了进来。中国因素参与了欧洲文明变革发展的历程。

中国历史学家吴于廑指出,在15、16世纪:

> 亚欧大陆农耕世界东西两端封建国家的农本经济,在这两个世纪中都发生着明显的变化……与这些变化相伴随,在变化较剧烈、较深刻的亚欧大陆西端,航海活动开始越出了沿海和内海的局限,飞跃为跨越大洋的、连接世界新旧大陆的远航。由此,基于农本经济的各地区、各民族之间的互相闭塞的状态,开始出现了有决定意义的突破。分散隔绝的世界,逐渐变成了联系为一体的世界。人类历史也就在愈来愈大的程度上成为全世界的历史。①

西方近代文明影响着整个世界的文明历史进程。这种影响整个世界历史进程的近代文明并不是欧洲传统文化的自动延续,而是各文化圈交融的过程。它是全人类共同创造的成就。其中也包括西传的中华文化参与这个过程。由于当时欧洲社会文化处在大变动的阶段,传统的文化体系已经被打破,失去了权威性的尊严和地位,新的近代文明正在成长之中,还没有达到成熟、完备的程度。因而整个社会文化结构呈现出一种全面开放的态势。在这种情况下,一切外来的异质文化都容易传播进来并得以流传,一切新鲜的思想材料都容易被接受和利用,整个社会充满了对新鲜事物的好奇心和容纳、吸收外来文化的活力机制。正因为广泛吸收和融合了外来文化、特别是东方文化的优秀成果,才有了西方近代文明的诞生。李约瑟曾经指出:

> 现代科学的诞生经历了几个世纪的准备时期,在这个时期内全欧洲曾经吸收了阿拉伯的学术知识,印度的思想意识和中国的工业技术。

---

① 吴于廑:《十五十六世纪东西方历史初学集》,武汉大学出版社,2005年版,第1页。

确实,现代科学在欧洲是从伽利略时代开始的,但是,对于科学本身,对于产生科学革命的科学基础,却是一切国家和一切人民都有所贡献的,而其中最突出的就是中国。①

英国学者 R. G. 普尔也曾指出:

人所未知的最大历史秘密之一是:我们生活的"现代世界"是中国和西方种种成分的独特综合而成的。"现代世界"赖以建立的基本创造发明和发现可能有多一半来自中国。

我们应牢记这一使人惊讶而令人不安的事实:为工业革命打下基础的欧洲农业革命,只是在输入中国的思想和发明以后才开始的。作物行播,精心锄草,"现代"播种机,铁犁,翻土犁壁以及高效的马具都是从中国传入的。……确实,直到两个世纪以前,与中国比较,西方在农业上是如此落后,可以说与中国的发展世界相比,西方乃是未发展世界。②

社会大变动时代的人们最具有开放的精神。近代欧洲人的开放精神,使他们能大规模地容纳和吸收从遥远的东方传播而来的文明成果,并把它们融合到他们自己的文化创造之中。近代欧洲人向海外的扩张和殖民,大规模的海外贸易,特别是与中国的贸易,不仅仅是积累了巨额的财富,而且还获得了丰饶的文化之果。德国学者汉斯·波塞尔(Hans Poser)说道:

17 世纪欧洲文化方面最伟大的发现是认识了中国,发现了与西方旗鼓相当的文化,一个高度发达而又陌生的帝国。

美洲的发现曾给欧洲带来巨大的财富,中国的发现同样将给欧

---

① 李约瑟:《四海之内》,生活·读书·新知三联书店,1987 年版,第 6、129 页。
② R. G. 坦普尔:《中国的创造力量》,《哲学译丛》1992 年第 3 期,第 70—71 页。

洲带来财富,不过与金银不同,这种财富可以传到世界各地同样发挥作用,而在自己的发源地却不会随着外传而日益减少。这一财富的特点决定了:从一开始对中国的发现便是对文化的发现。①

所以,在近代文明的黎明时期,虽然他们对遥远的东方还仅仅有一些模糊的印象,便对那方神秘的沃土充满向往和憧憬。于是,他们筚路蓝缕,不遗余力地要去寻访东方。而在这段承载着光荣与梦想的历史中,我们看到,欧洲人对遥远的东方、对中国和中华文明,始终充满着温情的敬意。

16至18世纪,在这个人类文明大转折的时代,这个充满着激情、梦想和光荣的时代,西方文明对中国文明的奇异想象、广泛吸收和直接借鉴,是东西方的一次伟大的文化相遇,是人类文明互鉴的一次伟大经验,是波澜壮阔的世界文明史上的一个光辉夺目的灿烂篇章。

二 从相遇与到相识

在中西文化交流史上,明清之际这段时期是一个非常重要的阶段。这一阶段的中西文化交流,既是过去历史的继续,又是在新时代条件下的发展。如果从交流所持续的时间,以及交流所达到的深度来看,甚至可以说,正是在这个时期,中西两大文化体系开始了实质性的、直接的接触,开始了大规模的、多层次和多渠道的交流,中国与西方之间彼此有了较为全面的认识。莱布尼茨曾热情地赞颂这种中西文化交流的积极意义,称"这是一次互相的启蒙",是那个时代最大的事情,其伟大意义将超越人们的想象。

法国汉学家谢和耐认为,明末时期的中西文化交流"是发生在1600年前后的一件极为有趣的事,因为这实际上是两个完全独立发展的伟大文明第一次真正的接触。"荷兰汉学家许理和也指出,16—18世纪中国与

---

① 李文潮、[德]H.波塞尔编:《莱布尼茨与中国》,科学出版社,2002年版,第1页。

欧洲的文化交流史,是"中西关系史上一段最令人陶醉的时期:这是中国和文艺复兴之后的欧洲高层知识界的第一次接触和对话。"①这种交流和接触,不仅对于中国与欧洲双方的文化具有特别重要的意义,而且更是文化全球化历程的一个极为关键的事件。英国学者小约翰·威尔斯指出:"从利玛窦入华起,耶稣会开始接触到中国文明,这是近代世界史初期全球文化沟通的一件大事。"②

明清之际中西文化交流的契机,在于西方人的东来。首先是新航路的开辟,早期殖民主义向东方的扩张,接着是随着这种扩张而来的中西贸易的增加。贸易历来是文化交流和传播的重要渠道。在不断增长着的中西贸易中,不仅是双方的具有民族特色的物产传播到对方的国家,而且人员的往来增多,文化信息的交流在增加,而且彼此都增长着进一步互相了解、互相认识的愿望。来往于中国和欧洲之间的商船,劈波斩浪,扬帆渡海,交换着两地人民创造的物质文明成果,也架设着中西文化交流的桥梁。与此同时,大批传教士东来,成为两种文化联系的先锋。他们本来担负着寻找新的福音之地的宗教使命,却成为中西文化交流的使者。传教士们在向中国传播基督教的同时,也把西方的文化、特别是西方的科学知识传到中国;他们通过书信、著作、翻译等方式,又把古老的中国文化介绍给西方,向西方人展示出古老而神秘的中华帝国的辉煌画卷。在明清之际的中西文化交流中,传教士们起到了非常重要的作用。英国学者艾兹赫德(S. A. M. Adshead)指出:"欧洲和中国是那时两个欣欣向荣的世界,通过广州和恰克图,通过北京的耶稣会士,通过清朝对西亚的征服,两者之间的交往日益增多。"③

明清之际的中西文化交流是全方位、多层次的。在这一时期,中国和西方之间,不仅仅是通过贸易进行的物质文化层面的交流,虽然物质文化的交流仍然是十分重要的,也不仅仅是生产技术的传播,如前一时期四大发明、制瓷技术、丝织技术等等在西方的传播,而且深入科学知识和艺术

---

① [荷兰]许理和:《17—18世纪耶稣会研究》,《国际汉学》第4期,大象出版社,1999年版,第429页。
② [英]小约翰·威尔斯:《1688年的全球史》,海南出版社,2004年版,第194页。
③ [英]艾兹赫德:《世界历史中的中国》,上海人民出版社,2009年版,第314页。

文化的层面,深入思想观念的层面。在中国方面,传来的西方科学文化知识,包括天文学、地理学、算学、力学、物理学、医学和药物学等等,还有西方哲学和逻辑,以及美术和音乐等艺术形式,部分地改变了中国人的学术传统和关于世界的观念图景。在欧洲方面,传来的中国儒家伦理思想和文化典籍,对反宗教专制的启蒙思想起到了激励和参照作用,而中国的艺术风格和审美趣味,渗入西方人的日常生活领域,成为社会追求的时尚,部分地改变了他们的生活方式。因此,明清之际的中西文化交流,既包括器物层面文化的交流,也包括艺术层面文化的交流,也包括思想观念层面文化的交流。并且各个层面上的交流都是在较大规模、较大范围上进行的。美国学者孟德卫指出:

> 1500—1800 年的 300 年间,欧洲与中国的广泛接触产生了巨大影响。
>
> 在 1500—1800 年间,东西方之间的相互影响时断时续。尽管双方之间的影响并不均衡,但这种交流始终是双向的。在运用外来文明的某些观念时,双方通常有着大相径庭的态度,但双方吸收和同化外来文化的动态过程是相似的。例如,当信仰基督教的中国士大夫力争运用基督教替代佛教、道教对儒家的影响时,欧洲启蒙运动的先哲们却在自然宗教理性的影响下使用儒家思想来取代基督教的神奇作用。1500—1800 年的 3 个世纪,是中国对欧洲乃至整个世界产生较强影响的时期。①

我国学者张西平形象地描述了这一时期中国和欧洲文化交流的盛景,他写道:

> 那时的东西方好像处在"初恋"之中,情人眼里出西施,各自都从自己的需要出发,学习对方。徐光启把"泰西"作为人类社会的理想,伏尔泰则时时以孔子弟子自居,对儒学顶礼膜拜。相互的学习,相互

---

① [美]孟德卫:《1500—1800 中西方的伟大相遇》,新星出版社,2007 年版,第 12—13 页。

的尊重,相互的倾慕,成为那个时代东西方的主要特征。从皇帝开始,康熙学西洋数学,听西洋音乐,让八旗子弟演几何,学外语,明末清初的学术领袖们如徐光启、顾炎武等人,个个都读西洋书,谈历学、算学。心学衰,实学兴,与西学有着直接的联系。而大西洋岸边的路易十四则专门将传教士带到法国的中国人黄嘉略留在身边,喝中国茶,建中国亭,用中国漆器,看中国皮影戏,一时间"中国热"遍及欧洲。那是一个会通的时代,尽管有着虚幻,有着矫情,但双方是平等的,心态是平稳的。①

因此,明清之际的中西文化交流在双方都产生了一定的积极影响,对各自的文化发展都起到了一定的积极作用。在这一时期的中西文化交流中,从总的趋势来说,形成了一种积极的、正面的互动关系。

三 从历史中发现西方对中国的敬意

虽然如此,但这个时期的中西交流,是以西方人到东方来为主要载体的。在这一时期,欧洲人对于中国的兴趣,远远大于中国人对于欧洲的兴趣,甚至已经来往了很长时间,中国人还分不清葡萄牙人、西班牙人、荷兰人和英国人,只是笼统称之为"夷人"或"洋人"。那时候中国人中并没有多少醉心于研究欧洲知识的人。反之,对于欧洲人来说,中国却是一个巨大的知识场域,一个急于探索的广袤之地。所以,正如我们在下面将要看到的,谈论关于中国的知识,是这个时代知识分子的一种基本文化修养,是他们的浓厚兴趣所在。所以,这一时期大规模的文化交流,都是欧洲人从西方来,航海家们寻找新的航路,商人们来这里寻找财富,传教士们来这里传播福音,科学家们(耶稣会士身份的)来这里探寻未知的世界。而没有中国人去欧洲传播儒学、去进行贸易、去研究欧洲的学问。艾兹赫德指出:

---

① 张西平:《中国与欧洲早期宗教和哲学交流史》,东方出版社,2001年版,第6页。

在大多数文艺复兴时期的人看来，中国就是一个自足的世界，是一个没有窗户的单一个体。但是，即便说中国人，除了精英阶层，对外部世界不感兴趣，外部世界却对中国有着浓厚的兴趣。哥伦布航行的目的地是中国，麦哲伦航行的主要成果是在马尼拉建立了中国—西班牙殖民地，去中国传教是耶稣会士的光荣使命。①

所以，不能说这一时期的文化交流是完全平衡的。就总体而言，明清之际中西文化交流的基本态势，是中国文化对于西方的影响作用，大于西方文化对于中国的影响作用。无论是就发生影响的深度还是就其广泛性来说，这一时期的西方文化都多得益于中国文化。英国一位研究中英通商史的专家曾指出："自16世纪至19世纪，在将近300年的中西交往中，最显著的事实是西方人希求东方的货物，而又提不出多少商品来交换。在机器生产时代之前，在技术上的优势使西方能够把世界变成一个单一经济之前，在大多数工业技艺方面比较先进的还是东方。"②另一位西方学者也曾指出："在19世纪以前，中国对欧洲的影响不仅胜过欧洲对中国的影响，而且比多年来人们一般想象的要大得多。"③李约瑟也说过同样的看法，他指出："在19世纪初期以前，中国对于欧洲的产品简直毫无需要，而，相反地，欧洲却派遣了不少的调查团到中国去探求中国传统工艺（如陶瓷、纺织、印染、茶叶、漆器等等）的奥秘。"④

英国学者艾兹赫德对这个问题有比较深入的论述，他指出，在文艺复兴时期，"总的来说，中国的物质生活水平还是远远高于欧洲。因此，技术的流动仍然是从东方向西方。欧洲取得的进步主要体现在其进口商品的质量方面。印刷术和科举考试是西方从东方引进的两项主要成果，这强化了西方日益增长的文化力量。引进的第三项成果是酿酒技术，成为西

---

① ［英］艾兹赫德：《世界历史中的中国》，上海人民出版社，2009年版，第195页。
② ［英］格林堡：《鸦片战争前中英通商史》；引自王宏均：《11到19世纪中叶的中国与世界》，《中国历史博物馆馆刊》总第18—19期，第52页。
③ ［法］米歇尔·德韦兹：《18世纪中国文明对法国、英国和俄国的影响》，《法国研究》1985年第2期。
④ ［英］李约瑟：《四海之内》，生活·读书·新知三联书店，1987年版，第10页。

方实现奢华生活的组成部分。"而到了17—18世纪,"这时中国在世界历史上的影响达到了顶峰。……中国在世界历史和世界地理上都引人注目,其哲学、花卉和重农思想受到密切的关注,其经验被视为典范。正如法国耶稣会士钱德明神父所言,中国就是'文化界的秘鲁和波托西(Potosi)'"。艾兹赫德还说道:"世界历史上任何一个时期都没有像启蒙时期这样,使得中国的商业贸易相对而言如此重要,世界知识界对中国的兴趣如此之大,中国形象在整个世界上如此有影响。"①

孟德卫也说:"要从西方历史中发现西方对中国的敬意,我们必须回到1500—1800年这一时段。"②另一位美国学者艾尔曼(Benjamin A. Elman)也说到中国文化对于欧洲历史进程的巨大影响,他指出:"1600年以后欧洲在全球史中的崛起,以及大英帝国在18世纪的兴起,这一历史进程的很多方面和明清中国直接相关,比如它的文官制度、强大的经济,以及它的茶叶和瓷器产业。"③

所以,明清之际的中西文化交流史,是以中国文化大规模西传、以西方效法中国为其显著特征的文化交流史。

明清之际中西文化交流的这种基本态势,是由中西文化各自的发展水平以及双方接触的程度和关系决定的。

关于明清之际中西文化发展水平的比较,有的研究者认为,相对于中国文化来说,明清之际传入的西学是一种"高势能文化",这种高势能的异质文化猛烈撞击了中国文化传统。高势能文化向低势能文化圈的流灌,并不排斥低势能文化向高势能文化圈的流动与传播,但两者无论是在深度、广度、速度上,还是在对于人类文化发展进程的影响上都存在着明显的差异。这种看法是从西学东渐对中国文化影响的角度而论的,并且是长期主导文化关系的一种看法。但是,这种意见并没有充分估计到当时中学西渐对欧洲文化的巨大作用和影响。如果从当时中西文化相互影响的整体来比较研究,上述关于中西文化势能的论断可能就不准确了。关

---

① [英]艾兹赫德:《世界历史中的中国》,上海人民出版社,2009年版,第249、275—276页。
② [美]孟德卫:《1500—1800中西方的伟大相遇》,新星出版社,2007年版,第15—16页。
③ [美]艾尔曼:《日本是第二个罗马(小中华)吗?》,复旦大学文史研究院编:《从周边看中国》,中华书局,2009年版,第2页。

于中西文化孰高孰低的判断,需要放到世界文化发展的历史长河中、放到当时世界文化的整体格局进行比较考察,才能得出比较合乎历史事实的结论。

诚然,如果从未来的角度、从文化史发展的趋势来看,近代西方文化建立在近代科学和工业文明的基础上,反映了新兴的资本主义生产关系,因而是一种新生的、正在成长着的、代表文明发展未来的文化,而明清之际的中国文化,则仍属于中国传统文化的历史范畴,是建立在传统的农业文明基础上、反映封建生产关系,因而是一种陈旧的、正在走向衰落的、属于文明发展的过去时代的文化。如果从文化的时代性来看,明清之际亦即16至18世纪中国文化和西方文化分别属于文化发展历史上的不同阶段,具有不同的时代性。这一时期的西方文化较之中国文化是先进的、进步的,是更有蓬勃发展的力量和光明的前途的。但是,这种先进性、进步性仅仅是从文化史的发展趋势来看,并不就说明在当时世界文化的总体格局中西方文化比中国文化占据明显的优势。这一时期文化格局的实际情况是,虽然近代西方文化具有先进的时代性,但在当时还属于正在生成和发展的初级阶段,正处于早期发展的过程中,一切还都不完备、不成熟、不那么强大,虽然它具有巨大的发展潜能。而中国传统文化虽然已经步入苍老之境,日呈暮气,但在当时还没有到达全面崩溃瓦解的阶段,而是处于漫长发展过程中的最后一个高峰,一切都还显得那么成熟、完备和强大,显得那么气度恢宏和辉煌灿烂。赫德逊指出:

> 在十八世纪的一段时期内,中国在巴黎比起欧洲在北京来在文化上是一个更强大的国家。这是中国古代文化的晚期。十八世纪的古老中国伸张出去并且迷惑了它的未来的征服者,给欧洲文化留下了不可磨灭的痕迹。①

那么,这两种分属于不同时代性的文化在同一个时期相遇和比较,就不能简单地以时代性来判断文化势能的高低。如果一定要进行这样的比

---

① [英]赫德逊:《欧洲与中国》,中华书局,1995年版,第214页。

较,勿宁说,在这一时期的世界文化总体格局中,无论是就发展的成熟程度来说还是就创造的文明成果来说,中国文化都明显高于西方文化。"西方在17世纪时,各方面并不比中国占据优势,中西在这个时代有许多相互学习的机遇和内容。"①所以,关于当时文化交流和传播的态势判断,恰恰是高势能的中华文化向低势能的欧洲文化圈的流灌,虽然并不排斥西方文化向中国的流动与传播,"但两者无论是在深度、广度、速度上,还是在对于人类文化发展进程的影响上都存在着明显的差异。"费正清在论及明清之际西方殖民主义者向东方的扩张和冒险活动时指出:"欧洲人的扩张反映出的不仅仅是他们的贪婪、好奇、嫉妒与爱国,其中也有某种程度上的落后。"②

因此,明清之际中国文化对西方的影响,在深度和广度上都远远超过西方文化对中国的影响。当时传入中国的西学,的确给古老的中国传统文化以一定的冲击和震动。特别是在学术思想领域,近代西方科学知识扩大了中国知识分子的视野和世界图景,在学术精神和思维方法方面引起部分的变化,从而启发和刺激中国传统文化的自我批判和反省,为近代中国的文化蜕变和更新提供了一定的历史性前提。但是,明清之际西学对中国文化的影响及其所引起的变异毕竟还是很微弱的,并没有对中国传统文化体系造成实质性的冲击,并没有引起中国文化的结构性演变。这与19世纪末20世纪初发生的,西方文化大规模地冲击,中国传统文化体系的大厦无可挽回地坍塌下来,从而引起中国文化结构性地蜕变和更新这种情况是无法比拟的。从发生影响的广泛性来说,明清之际的西学东渐,虽有传教士深入民间的传教活动,但西方传来的物质文明成果,多数仅作为贡品在宫廷和贵族中玩赏,西方的学术思想、科学知识以及艺术文化等等基本上还限于在知识分子中流传,没有引起广泛的社会兴趣或西学热,也没有可能对日常生活领域发生深刻的影响。与这种情况不同,在这一时期,中国文化在欧洲的传播和影响则是相当广泛和深刻的。"18世纪的欧洲以享有中国器物为时尚,它不仅表现在对政府中理性的儒家

---

① [法]谢和耐:《中国与基督教——中西文化的首次撞击》(增补本),"耿昇代重版序",上海古籍出版社,2003年版,第4页。
② [美]费正清等:《东亚文明:传统与变革》,天津人民出版社,1992年版,第244页。

道德与慈善专制的理想化印象,其中还包括对中国艺术、建筑风格、陶瓷、家具及装饰艺术的狂热追求。"①西传的中国文化成为一种社会时尚,部分地改变了欧洲人的日常生活方式。不仅如此,中国的儒家伦理思想给启蒙思想家们以新鲜的思想材料,被理想化的中华帝国成为巨大的乌托邦宝藏。在批判基督教神学和封建专制制度的斗争中,中国文化成为一种有利的思想武器和参照系。当时的欧洲文化正处在历史性转折的关键时期,正处在由中世纪神学文化向近代科学文化蜕变的历史演进过程中。而在这时大量西传的中国文化,为这一转折和演进过程提供了新鲜的思想源泉和刺激力量。简单地说,明清之际中国文化的大规模西传,对西方文化的结构性演变发挥了重要的作用。谢和耐指出:

> 我毫不怀疑,17和18世纪的中国人至少与欧洲人具有同等的科学才能。他们甚至还具有比欧洲人更为自由和更为开放的思想,不受欧洲人从中世纪继承而来的世界观和可怕障碍之羁绊。中国人的社会、历史和自然观念,比18世纪的欧洲人更要先进,他们的科学知识在1600年左右绝不比欧洲人逊色。
>
> 因为欧洲向中国学习的东西,无疑要比它向中国传授的内容多得多,中国对于这个时代欧洲的伦理、政治和科学思想的变化绝非置之度外。中国的政治制度、国家组织机构、独立于任何宗教的道德观念、经济、占统治地位的哲学观念及其技术的例证,都强有力地影响了欧洲,向它提供了一种宝贵的贡献。②

艾兹赫德也指出:欧洲"没有什么能给予中国的,但从中国拿来的不仅是消费品,而且还有其他东西,像技术、工艺、组织结构、思想和视野。这种接受性,或者说获得性,反映了欧洲不仅取得了进步,而且在进步的方式上也取得了进步。……从中国获得的东西被称为14世纪欧洲革新

---

① [美]费正清等:《东亚文明:传统与变革》,天津人民出版社,1992年版,第247页。
② [法]谢和耐:《中国与基督教——中西文化的首次撞击》(增补本),上海古籍出版社,2003年版,第241—242页。

的重要因素。"①

四　自东徂西的文化势能

这里,我们就东西方文化在这一历史时期的势能高低问题,再加以更详细一些的讨论。因为这一问题与本书的主旨有关,所以要讨论得充分一些。

首先,关于一个民族、地区、国家以至区域的文化势能之高低问题,似乎不能简单地、笼统地来加以对比和论列,尤其当两种文化都是高级的大文化系统,具有高度复杂的构成时,更不能这样做。因为,这很容易失之片面和偏颇。大凡遇到这种问题时,要考虑到条件、范畴和视角,要把这三种因素纳入认知范围内。条件包括时代、地理、历史和交流的状况等;范畴则包含整体与部分、优点和弱点、不同部分的文化等;而视角便是从什么角度来选取对比因素以及做何种性质的对比等。如果我们从这些方面来考虑立论,就不会轻易简单地作出一个或优或劣的总体结论。

我们在考察整个人类不同文化之间的传播过程,会发现这样一个基本现象:在某一特定时期内,不同文化之间的信息和文化要素的传播往往不是双向的对称性交换,通常情况下是以基于政治、经济、军事等综合实力上相对强势的文化向相对弱势的另一文化的输出为主。所谓"文化势能",就是在特定时期内,一个基于更强综合实力或独特文化异质性而获得相对强势地位的文化对其他相对弱势的文化在心理上产生的吸引、可信任和可接受程度的总和。它反映的是一个文化对另一个文化的一种模糊而综合的心理认可,是两个文化之间客观存在的因综合实力或文化异质性而产生的相互认可和接受程度的心理势差。文化势能的产生有其客观的现实社会经济基础,首先是世界经济社会发展的不平衡性提供了产生文化势能的现实基础。由于世界经济社会发展的不平衡,必然会导致不同国家或地区在同一时期形成不同文明程度和文明形态的文化,导致

---

① [英]艾兹赫德:《世界历史中的中国》,上海人民出版社,2009年版,第157页。

两个文化之间出现文化势差,从而形成文化势能。同时,经济社会发展的不平衡造就了世界文化的丰富性和多样性,使不同文化之间的异质特征也会对对方产生一定程度的吸引力,从而形成各自文化的相对优势或相对优势的文化,使自己能够获得对方一定程度的认可,奠定自己文化输出所必需的文化势能。

中国文化与欧洲文化,在彼此发展到我们现在讨论的历史时期("明清之际",即16世纪中期—18世纪)中,究竟在文化势能上,孰优孰劣呢?答案必须从分析中求得。

中国文化,作为一个由多民族共同创造而以汉文化为核心和主体的、具有两三千年悠久历史并且未曾断裂过的古老文化,发展到明清之际,已经达到高度成熟,在世界上居于前列的文化,并且构成了一个在东亚的汉文化圈,并浸润及于东南亚各国家,它的影响是极大的,它在整体上是一个得到了全面、系统、完整发展的、高层次的文化体系。在整体上和在文化的许多方面,都高于欧洲。而且,时临明清之际,犹有新的发展。

当然,欧洲从14、15世纪开始,冲破中世纪的黑暗,"恢复"古代文化的传统,得益、得力于经济的新的发展和宗教的改革,有了新的发展。它在几个方面,具有新的性质、新的水平、新的高度。其中突出的是人文主义、启蒙主义思想、近代意义的科学和哲学、政治、经济学说等,这些,既是文艺复兴、启蒙运动的产物,工业革命和资本主义的产物,又是它们的催生剂、生发剂。这些,连同整个西方文化的不同于东方——中国文化的整体精神,都是中国文化传统所缺乏的,所不为的,以彼之长比此之短,如果在这样的比较中和在这样的局部中,可以说,中国文化在势能上,是低于西方的,是同样由于自身的经济—社会发展,而需要文化传统中所无或所缺、如今却甚为需要的西方文化的,所以其流向为由西向东。

但是,这绝不是总体趋势、总体势能,在总体上,中国文化由于它的悠久、它的成熟、它的特质优异、它的文化品位上的高层次,它的文化势能是强于欧洲和西方的;也还由于它的在总体精神上、在文化原型上,是迥异于西方的,所以存在很大的互补性,也存在能够激发西方文化在发展中的灵感和启发文化精英们的思路的能量的。

我们且以欧洲的文化大国德国来说,正是在17世纪末期,由于耶稣会会士的关于中国文化的热情而周详的报告,远眺中国,而对其哲学、伦理、文学、艺术发生了浓厚的兴趣,这兴趣之起源又正是对于中国文化之高超和足可补其文化之不足的感受。一时间,德国文化近代化创业者、文化的英俊之士如奥皮茨、托马西乌斯、莱布尼茨、沃尔弗等,都对中国文化欣赏备至,从中获得文化创造的启发和灵感。到18—19世纪之交,德国又一次掀起了中国热,其中特别热忱的正是德国启蒙运动的文化大师歌德,他赞赏中国的小说和诗歌,热情创作了名作《西东合集》。此外还有维兰德、赫尔德、席勒、诺瓦利斯等人,也是欣赏中国文化的。他们共同认为中国人的自然观、思想感情及其艺术地表达的方式,都有与自己相通而又可以启发自己的地方,中华文化既是他们的参照系,又是他们吸取新的营养的渊薮。

以上这些,都不是一种低文化势能的民族向高文化势能的民族的传播,而是相反。只能说,在近代化、在西方文化的传统精神等方面,欧洲存在一种不同于和优于中国文化的势能;但在总体上,在文化的积淀层的丰厚上,在文化的全面化、成熟度以及总体文化精神的高超上,中国又存在优势。

我们看到,那些来到中国传道的耶稣会教士们,在他们的各类记述和著作中,是如何以高度赞扬的语言称颂中国文化,又以多么高的热情,记述、介绍、推行中国文化,而那些正在创造新的文化的欧洲各国的文化大师们,又是如何欣赏中国文化、学习中国文化并从中得到启发,获得了来自东方的文化动力和文化灵感。这一切,都证实了文化势能的优与劣是双方都存在的。在这个时代,不仅有西方文化向东方、向中国的大量地涌进,受到中国人的欢呼和欢迎;而且,同样的情形,也发生在中国文化向西方的传播上。而且,我们看到,在总体上,反倒是中国文化对西方文化的发展所起的作用要更大一些。这是历史的实情。

文化传播所发生影响的深度与广度,既有传播一方文化势能的原因,也有接受一方现有文化条件的原因。从文化传播的一般规律来看,一种文化传播到另一文化圈中并发生作用,需要通过特定的文化机制,使之由外来变为内在,才能逐步与本土的传统文化相会通。在明清之际,中国传统文化的经济社会基础还比较稳固,足以抗拒和排斥外来异质文化的冲击,所以在这一时期东渐的西学没有机会对中国文化发挥更重要的影响。而西方文化正处于历史转折时期,新生的社会力量成长起来并作为融合和汇通异质文化的主体,社会提供强大的动力促使人们积极迎受外来的异质文化,而中国传统文化作为一个文化实在参与了欧洲近代文明的构建过程。这也是中学西渐并产生重大影响和功能作用的重要原因。

明清之际,中国尚沉湎于古老帝国的辉煌,而西方正在发生着历史性的巨变。

让我们再走近一些,看看近代欧洲文化演变的历史图景,并从欧洲社会经济文化发展的脉络和内部机制中探寻它接受作为异质文化的中华文化影响的原因。

五 文化参照系:西方对中国的发现与认识

从16世纪开始的中西文化交流,在很大的程度上就是西方探寻中国的历史,就是西方对中国的发现和认识的历史。美国学者顾立雅指出:"东方的发现开阔了欧洲人的视野,正如伏尔泰所生动说明的,它是'一种新的精神的和物质的宇宙'。"①

自16世纪初以来,一直到18世纪,欧洲与中国的相遇与相识,是两大文明第一次实质性的接触和相识。早在希腊罗马时代,由于丝绸的关系,欧洲人对遥远的东方和中国,有一些传闻,有一些想象,有一些比较模糊但却很有趣味的认识。在此以后,直到马可·波罗的游记出版,人们开始对他所描述的"大契丹"有了一些了解,更多的是有了一些向往和憧憬,尽管这种向往和憧憬的目标仍然是模糊不清的。然而,正是在寻找契丹的感召下,欧洲人开始了走向东方的探险。东方的诱惑,对于西方文化来说,是深藏于历史文化心理深处的一种记忆,而东方作为一种神秘和神奇的文化想象,几乎是西方文化精神从诞生之日起就与生俱来的一种基因。

---

① [美]顾立雅:《孔子与中国之道——现代欧美人士看孔子》,山西人民出版社,1992年版,第380页。

在这个时候,在寻找契丹的激励下,这个文化基因再次被激活了。于是,16世纪的地理大发现,大航海时代的来临,第一次建立了全球性的交通和贸易体系,迎来了全球化时代的第一次浪潮。法国汉学家毕诺指出:"如果16世纪的人发现了美洲,那么17世纪的人则获得了发现中国的成功。"①当时的人们已经认识到这种"发现"的重大意义,出版于17世纪中期的传教士曾德昭《大中国志》,作者在"致读者"中开宗明义地说:

> 我把这部期待已久,最真实的大中国法律、政治、风俗,及现在情况的历史献给你。……(我敢于说)自从美洲发现以来,这是我们世界的最有价值的发现;因此今天远东和西方一样,也得到揭示,并向现世开放。②

阎宗临指出:"中国的被发现,……起源于两种迥然不同而又平行存在的精神。一方面是惟利是图的精神,一种对财富疯狂追求的精神,它推动着人们来到中国沿海;另一方面,是一种企图向全人类传播福音的精神。"③正是这两种精神,形成了这一时期中西文化交流的基本特点:成千上万的商船航行在广袤的大海之中,在中国发现了巨大而富饶的物质财富,从而形成大规模的物质文化交流;一代又一代传教士们背井离乡,来到遥远而陌生的神秘土地,在中国发现的发达而丰富的灿烂文化,从而形成大规模的精神文化交流。于是,中国与欧洲,进入从物质到精神的全面相遇、相识的大交流时代。而一位美国历史学家认为,没有亚洲就没有今日的西方文化,只是在西方掌握了这个世界以后,他们编造出了"东方与西方""现代与传统"这样的二元对立的模式,真实的历史其实不是这样。

所谓西方对中国的发现,不是一种简单意义上的"看见了原来未曾看见过的事物",比如像哥伦布发现了美洲新大陆,那只是原来不知道有这块土地现在发现了,其为"土地"(陆地)是同"旧大陆"一样的。但是,西方对中国文化的发现却大为不同,具有一种"新品质"的发现的意义。在发

---

① [法]维吉尔·毕诺:《中国对法国哲学思想形成的影响》,商务印书馆,2000年版,第212页。
② [葡]曾德昭:《大中国志》,上海古籍出版社,1998年版,第1页。
③ 阎宗临:《传教士与法国早期汉学》,大象出版社,2003年版,第32页。

现中国以前,它是一个神秘的所在,人们知道它所出产的丝绸、瓷器等等,但此外则是一片模糊。现在,不仅发现了这个遥远的国土,原来这么古老、这么富足、这么文明、这么拥有许多不可思议的东西,而且,过着一种"另一样的生活"。这后一种发现,更加是本质意义上的发现:原来人类还可以这样来生活,原来人类还有这样一种生活方式:这样来对待"天"——自然、对待社会、对待生活、对待人自身。与此相连的则是:原来还有这样一种文化,人们拥有一片新的、不同于西方的文化天地,他们这样来思考、认识,这样来反映世界(用各种物质的和精神的手段与方式),这样过一种理性的与情感的生活。

这才是真正的发现。

在深层和本质的意义上,西方对中国的发现,正是这种"另一种模式的文化范型"的发现。正是由于有了这种发现,西方才在文化上有了一个参照系,并从这个参照系中获得刺激、启迪,从而推动了自己的文化的提高和发展。

主要参考文献

有关世界历史与中国历史部分：

1. [英]赫·乔·韦尔斯：《世界史纲——生物和人类的简明史》，人民出版社，1982年版。
2. [美]海斯、穆恩、韦兰：《世界史》(3册)，生活·读书·新知三联书店，1975年版。
3. [法]费尔南·布罗代尔：《文明史纲》，广西师范大学出版社，2003年版。
4. [法]费尔南·布罗代尔：《15至18世纪的物质文明、经济和资本主义》(3卷)，生活·读书·新知三联书店，1992年版。
5. [美]菲利普·李·拉尔夫、爱德华·伯恩斯等：《世界文明史》(第8版)(2卷)，商务印书馆，1998年版。
6. [美]杰里·本特利、赫伯特·齐格勒：《新全球史——文明的传承与交流》(2卷)，北京大学出版社，2007年版。
7. 夏继果、[美]杰里·H.本特利主编：《全球史读本》，北京大学出版社，2010年版。
8. [美]威廉·麦克尼尔：《西方的兴起——人类共同体史》，中信出版社，2015年版。
9. [美]小约翰·威尔斯：《1688年的全球史》，海南出版社，2004年版。
10. [英]贝尔纳：《历史上的科学》，科学出版社，1959年版。
11. [英]亚·沃尔夫：《十六、十七世纪科学、技术和哲学史》，商务印书馆，1985年版。
12. [英]亚·沃尔夫：《十八世纪科学、技术和哲学史》，商务印书馆，1997年版。
13. [苏]约·彼·马吉多维奇：《世界探险史》，世界知识出版社，1988年版。
14. [美]马文·佩里主编：《西方文明史》(2卷)，商务印书馆，1993年版。
15. 叶秀山、王树人总主编：《西方哲学史》第4卷，《近代：理性主义和经验主义，英国哲学》(周晓亮主编)，江苏人民出版社、人民出版社，2011年版。
16. 叶秀山、王树人总主编：《西方哲学史》第5卷，《启蒙时代的法国哲学》(尚杰著)，江苏人民出版社、人民出版社，2011年版。

17. [法]让-皮埃尔·里乌、让-弗朗索瓦·西里内利主编:《法国文化史》(4卷),华东师范大学出版社,2006年版。
18. [美]罗兹·墨菲:《亚洲史》(第4版),海南出版社、三环出版社,2004年版。
19. [美]费正清、赖肖尔、克雷格:《东亚文明:传统与变革》,天津人民出版社,1992年版。
20. [法]雷纳·格鲁塞:《蒙古帝国史》,商务印书馆,1989年版。
21. [法]勒内·格鲁塞:《草原帝国》,商务印书馆,1998年版。
22. [美]牟复礼、[英]崔瑞德编:《剑桥中国明代史》(2卷),中国社会科学出版社,1992、2006年版。
23. 樊树志:《晚明大变局》,中华书局,2015年版。
24. [英]李约瑟:《中国科学技术史》第1卷,科学出版社、上海古籍出版社,1990年版。
25. [英]李约瑟:《中国科学技术史》第2卷,科学出版社、上海古籍出版社,1990年版。
26. [英]李约瑟:《中国科学技术史》第5卷第1分册,《纸和印刷》(钱存训著),科学出版社、上海古籍出版社,1990年版。
27. 潘吉星:《中国古代四大发明——源流、外传及世界影响》,中国科学技术大学出版社,2002年版。
28. [美]卡特:《中国印刷术的发明和它的西传》,商务印书馆,1957年版。
29. 张秀民:《中国印刷术的发明及其影响》,人民出版社,1958年版。
30. 钱存训:《中国纸和印刷文化史》,广西师范大学出版社,2004年版。
31. [新西兰]史蒂文·罗杰·费希尔:《阅读的历史》,商务印书馆,2009年版。
32. [法]弗雷德里克·巴比耶:《书籍的历史》,广西师范大学出版社,2005年版。
33. 中国硅酸盐学会:《中国陶瓷史》,文物出版社,1982年版。
34. 叶喆民:《中国陶瓷史》,生活·读书·新知三联书店,2006年版。

有关中外交流史部分:

35. [美]菲利普·D.柯丁:《世界历史上的跨文化贸易》,山东画报出版社,2009年版。
36. 朱培初:《明清陶瓷和世界文化的交流》,轻工业出版社,1984年版。
37. [美]罗伯特·芬雷:《青花瓷的故事》,猫头鹰出版公司,2011年版。
38. 林瑞萱:《中日韩英四国茶道》,中华书局,2008年版。
39. 陈高华、陈尚胜:《中国海外交通史》,中国社会科学出版社,2017年版。
40. 孙光圻:《中国古代航海史》,海洋出版社,1989年版。
41. [日]长泽和俊:《丝绸之路史研究》,天津古籍出版社,1990年版。
42. [法]让-诺埃尔·罗伯特:《从罗马到中国——凯撒大帝时代的丝绸之路》,广西师范大学出版社,2005年版。

43. [法]布尔努瓦:《丝绸之路》,山东画报出版社,2001年版。
44. [英]吴芳思:《丝绸之路2000年》,山东画报出版社,2008年版。
45. [法]F.B.于格、E.于格:《海市蜃楼中的帝国——丝绸之路上的人,神与神话》,喀什维吾尔文出版社,2004年版。
46. [美]芮乐伟·韩森:《丝绸之路新史》,北京联合出版公司,2015年版。
47. 武斌:《丝绸之路全史》(2卷),辽宁教育出版社,2018年版。
48. 陈佳荣:《中外交通史》,香港学津书店,1987年版。
49. [加]许美德、[法]巴斯蒂等:《中外比较教育史》,上海人民出版社,1990年版。
50. 张西平、耿昇、武斌编:《明清之际中外文化交流史研究新进展》,外语教学与研究出版社,2013年版。
51. 万明:《明代中外关系史论稿》,中国社会科学出版社,2011年版。
52. 沈福伟:《中西文化交流史》(第2版),上海人民出版社,2006年版。
53. 沈福伟:《西方文化与中国(1793—2000)》,上海教育出版社,2003年版。
54. 沈福伟:《中国与欧洲文明》,山西教育出版社,2018年版。
55. 沈福伟:《文明志——万年来,人类科学与艺术的演进》,上海人民出版社,2013年版。
56. 方豪:《中西交通史》(2卷),上海人民出版社,2008年版。
57. 阎宗临:《中西交通史》,广西师范大学出版社,2007年版。
58. 吴建雍:《18世纪的中国与世界》(对外关系卷),辽海出版社,1999年版。
59. [美]J.J.克拉克:《东方启蒙:东西方思想的遭遇》,上海人民出版社,2011年版。
60. [德]贡德·弗兰克:《白银资本——重视经济全球化中的东方》,中央编译出版社,2008版。
61. 徐善伟:《东学西渐与西方文化的复兴》,上海人民出版社,2002年版。
62. [英]约翰·霍布森:《西方文明的东方起源》,山东画报出版社,2009年版。
63. [英]H.裕尔:《东域纪程录丛》,云南人民出版社,2002年版。
64. [法]雅克·布罗斯:《发现中国》,山东画报出版社,2002年版。
65. 丘进:《中国与罗马——汉代中西关系研究》,广东人民出版社,1990年版。
66. 张西平:《中西文化的初识——北京与罗马》,华东师范大学出版社,2012年版。
67. [法]弗雷德里克·J.梯加特:《罗马与中国——历史事件的关系研究》,大象出版社,2009年版。
68. 张铠:《中国与西班牙关系史》,大象出版社,2003年版。
69. 周景濂:《中葡外交史》,商务印书馆,1991年版。
70. 陈乐民:《十六世纪葡萄牙通华系年》,辽宁教育出版社,2000年版。
71. 黄庆华:《中葡关系史》(3卷),黄山书社,2006年版。

72. 熊文华:《荷兰汉学史》,学苑出版社,2012年版。

73. [意]白佐良、马西尼:《意大利与中国》,商务印书馆,2002年版。

74. [法]伯希和:《蒙古与教廷》,中华书局,1994年版。

75. 余士雄主编:《马可·波罗介绍与研究》,书目文献出版社,1983年版。

76. 杨志玖:《马可波罗在中国》,南开大学出版社,1999年版。

77. [美]劳伦斯·贝尔格林:《大旅行家马可·波罗传》,海南出版社,2010年版。

78. 张星烺:《马哥孛罗游记导言》,中国地学会,1924年发行。

79. 周宁:《契丹传奇》,学苑出版社,2004年版。

80. 张维华:《明清之际中西关系简史》,齐鲁社,1987年版。

81. [法]安田朴:《中国文化西传欧洲史》,商务印书馆,2000年版。

82. [美]孟德卫:《1500—1800中西方的伟大相遇》,新星出版社,2007年版。

83. 江滢河:《清代洋画与广州口岸》,中华书局,2007年版。

84. [德]利奇温:《十八世纪中国与欧洲文化的接触》,商务印书馆,1962年版。

85. 许明龙:《欧洲十八世纪中国热》,外语教学与研究出版社,2007年版。

86. 刘海翔:《欧洲大地的中国风》,海天出版社,2005年版。

87. 朱谦之:《中国哲学对欧洲的影响》,上海人民出版社,2006年版。

88. 袁宣萍:《十七至十八世纪欧洲的中国风设计》,文物出版社,2006年版。

89. 陈志华:《中国造园艺术在欧洲的影响》,山东画报出版社,2006年版。

90. [瑞典]罗伯特·贺曼逊:《伟大的中国探险:一个远东贸易的故事》,广东人民出版社,2006年版。

91. 阿海:《雍正十年:那条瑞典船的故事》,中国社会科学出版社、线装书局,2006年版。

92. 澳门《文化杂志》编:《十六和十七世纪伊比利亚文学视野里的中国景观》,大象出版社,2003年版。

93. 方豪:《中国天主教史人物传》,宗教文化出版社,2007年版。

94. [法]谢和耐:《中国与基督教——中西文化的首次撞击》(增补本),上海古籍出版社,2003年版。

95. 崔维孝:《明清之际西班牙方济会在华传教研究(1579—1732)》,中华书局,2006年版。

96. [意]柯毅霖:《晚明基督论》,四川人民出版社,1999年版。

97. 颜炳罡:《心归何处——儒家与基督教在近代中国》,山东人民出版社,2005年版。

98. [美]邓恩:《从利玛窦到汤若望——晚明的耶稣会传教士》,上海古籍出版社,2003年版。

99. 樊洪业:《耶稣会士与中国科学》,中国人民大学出版社,1992年版。

100. 曹增友:《传教士与中国科学》,宗教文化出版社,1999年版。

101. 许明龙主编：《中西文化交流先驱》，东方出版社，1993年版。
102. [法]安田朴、谢和耐等：《明清间入华耶稣会士和中西文化交流》，巴蜀书社，1993年版。
103. 张国刚等：《明清传教士与欧洲汉学》，中国社会科学出版社，2001年版。
104. 张国刚：《从中西初识到礼仪之争——明清传教士与中西文化交流》，人民出版社，2003年版。
105. 李天纲：《中国礼仪之争——历史·文献和意义》，上海古籍出版社，1998年版。
106. 吴孟雪、曾丽雅：《明代欧洲汉学史》，东方出版社，2000年版。
107. 阎宗临：《传教士与法国早期汉学》，大象出版社，2003年版。
108. 张西平：《中国与欧洲早期宗教和哲学交流史》，东方出版社，2001年版。
109. 张西平：《传教士汉学研究》，大象出版社，2005年版。
110. 张西平：《欧洲早期汉学史——中西文化交流与西方汉学的兴起》，中华书局，2009年版。
111. 计翔翔：《十七世纪中期汉学著作研究——以曾德昭〈大中国志〉和安文思〈中国新志〉为中心》，上海古籍出版社，2002年版。
112. [美]孟德卫：《奇异的国度：耶稣会适应政策及汉学的起源》，大象出版社，2010年版。
113. [法]裴化行：《利玛窦评传》(2册)，商务印书馆，1993年版。
114. [美]魏若望：《耶稣会士傅圣泽神甫传：索隐派思想在中国及欧洲》，大象出版社，2006年版。
115. [美]史景迁：《胡若望的困惑之旅——18世纪中国天主教徒法国蒙难记》，上海远东出版社，2006年版。
116. [法]亨利·柯蒂埃：《18世纪法国视野里的中国》，上海书店出版社，2006年版。
117. [法]陈艳霞：《华乐西传法兰西》，商务印书馆，1998年版。
118. 陶亚兵：《明清间的中西音乐交流》，东方出版社，2001年版。
119. [法]维吉尔·毕诺：《中国对法国哲学思想形成的影响》，商务印书馆，2000年版。
120. 耿昇：《中法文化交流史》，云南人民出版社，2013年版。
121. 孟华：《伏尔泰与孔子》，新华出版社，1993年版。
122. 谈敏：《法国重农学派学说的中国渊源》，上海人民出版社，1992年版。
123. [法]戴仁编：《法国中国学的历史与现状》，上海辞书出版社，2010年版。
124. [英]麦克唐纳·罗斯：《莱布尼茨》，中国社会科学出版社，1987年版。
125. 孙小礼：《莱布尼茨与中国文化》，首都师范大学出版社，2006年版。
126. 《歌德自传——诗与真》，人民文学出版社，1983年版。
127. [德]汉斯-尤尔根·格尔茨：《歌德传》，商务印书馆，1982年版。

128. 杨武能:《歌德与中国》,生活·读书·新知三联书店,1991年版。

129. 范存忠:《中国文化在启蒙时期的英国》,上海外语教育出版社,1991年版。

130. 葛桂录:《中英文学关系编年史》,上海三联书店,2004年版。

131. 熊文华:《英国汉学史》,学苑出版社,2007年版。

132. [法]佩雷菲特:《停滞的帝国——两个世界的撞击》,生活·读书·新知三联书店,1993年版。

133. [俄]斯卡奇科夫:《俄罗斯汉学史》,社会科学文献出版社,2011年版。

134. 阎国栋:《俄罗斯汉学三百年》,学苑出版社,2007年版。

135. 张铁夫主编:《普希金与中国》,岳麓书社,2000年版。

136. [美]史景迁:《大汗之国——西方眼中的中国》,广西师范大学出版社,2013年版。

137. [美]史景迁:《改变中国——在中国的西方顾问》,广西师范大学出版社,2014年版。

138. 忻剑飞:《世界的中国观——近二千年来世界对中国的认识史纲》,学林出版社,1991年版。

139. 周宁:《天朝遥远——西方的中国形象研究》(2卷),北京大学出版社,2006年版。

140. 周宁:"中国形象:西方的学说与传说"丛书(8卷),学苑出版社,2004年版。

141. [英]雷蒙·道森:《中国变色龙——对于欧洲中国文明观的分析》,中华书局,2006年版。

142. [英]赫德逊:《欧洲与中国》中华书局,1995年版。

143. [美]哈罗德·伊罗生:《美国的中国形象》,中华书局,2006年版。

有关论述中国的文献:

144. [法]戈岱司编:《希腊拉丁作家远东古文献辑录》,中华书局,1987年版。

145. [摩洛哥]伊本·白图泰:《伊本·白图泰游记》,宁夏人民出版社,2000年版。

146. 李光斌:《伊本·白图泰中国纪行考》,海洋出版社,2009年版。

147. [英]道森:《出使蒙古记》,中国社会科学出版社,1983年版。

148. 《柏朗嘉宾蒙古行纪、鲁布鲁克东行纪》,中华书局,1985年版。

149. 《海屯行纪、鄂多立克东游录、沙哈鲁遣使中国记》,中华书局,1981年版。

150. [法]沙海昂注:《马可波罗行纪》,中华书局,2004年版。

151. [意]雅各·德安科纳:《光明之城》,上海人民出版社,1999年版。

152. [葡]多默·皮列士:《东方志——从红海到中国》,江苏教育出版社,2005年版。

153. [英]C.R.博克舍编注:《十六世纪中国南部行记》,中华书局,1990年版。

154. [西]门多萨:《中华大帝国史》,中华书局,1998年版。

155. [荷]威·伊·邦特库:《东印度航海记》,中华书局,1982年版。

156.［法］托马-西蒙·格莱特：《达官冯皇的奇遇——中国故事集》，上海书店出版社，2006年版。

157.［瑞典］彼得·奥斯贝克：《中国和东印度群岛旅行记》，广西师范大学出版社，2006年版。

158.［法］杜赫德编：《耶稣会士中国书简集——中国回忆录》(6卷)，大象出版社，2001—2005年版。

159.［意］利玛窦、［意］金尼阁：《利玛窦中国札记》，中华书局，1983年版。

160.［意］卫匡国：《中国文法》，华东师范大学出版社，2011年版。

161.［葡］曾德昭：《大中国志》，上海古籍出版社，1998年版。

162.［波兰］爱德华·卡伊丹斯基：《中国的使臣卜弥格》，大象出版社，2001年版。

163.［波兰］卜弥格：《卜弥格文集——中西文化交流与中医西传》，华东师范大学出版社，2013年版。

164.［葡］安文思：《中国新史》，大象出版社，2004年版。

165.［法］李明：《中国近事报道(1687—1692)》，大象出版社，2004年版。

166.［捷克］严嘉乐：《中国来信(1716—1735)》，大象出版社，2006年版。

167.［法］伏尔泰：《哲学通信》，上海人民出版社，1961年版。

168.［法］伏尔泰：《路易十四时代》，商务印书馆，1982年版。

169.［法］伏尔泰：《哲学辞典》(2卷)，商务印书馆，1991年版。

170.［法］伏尔泰：《风俗论》(3卷)，商务印书馆，1995、1997年版。

171.［法］伏尔泰：《论宽容》，花城出版社，2007年版。

172.［法］卢梭：《论科学和艺术》，商务印书馆，1963年版。

173.［法］霍尔巴赫：《健全的思想》，商务印书馆，1966年版。

174.［法］霍尔巴赫：《自然政治论》，商务印书馆，1994年版。

175.［法］孟德斯鸠：《论法的精神》(2卷)，商务印书馆，1961、1963年版。

176.［法］孟德斯鸠：《波斯人信札》，人民文学出版社，1958年版。

177.［法］弗朗斯瓦·魁奈：《中华帝国的专制制度》，商务印书馆，1992年版。

178.［法］孔多塞：《人类精神进步史表纲要》，生活·读书·新知三联书店，1998年版。

179.［德］夏瑞春编：《德国思想家论中国》，江苏人民出版社，1989年版。

180.秦家懿编译：《德国哲学家论中国》，生活·读书·新知三联书店，1993年版。

181.［德］G.G.莱布尼茨：《中国近事——为了照亮我们这个时代的历史》，大象出版社，2005年版。

182.陈乐民编著：《莱布尼茨读本》，江苏教育出版社，2006年版。

183.［德］爱克曼辑录：《歌德谈话录》，人民文学出版社，1978年版。

184. [德]歌德:《歌德的格言和感想集》,中国社会科学出版社,1982年版。
185. [英]休谟:《休谟政治论文选》,商务印书馆,1993年版。
186. [英]亚当·斯密:《国民财富的性质和原因的研究》(2卷),商务印书馆,1972、1974年版。
187. 清华大学思想文化研究所编:《世界名人论中国文化》,湖北人民出版社,1991年版。

附：全书总目录

上 卷

前 言

第一部分 猜想·接触·讲述

第一章 古希腊罗马的东方猜想
一 古希腊艺术所见中国丝绸的影子
二 中国丝绸在罗马
三 希腊拉丁文献记载的中国

第二章 罗马教廷与元朝帝国的接触
一 蒙古西征与东西文化的交汇
二 关于长老约翰的传说
三 罗马教廷与元朝帝国的来往

第三章 马可·波罗及同时代人讲述的中国事情
一 马可·波罗及其游记
二 13—14世纪欧洲人的中国纪事
三 13—14世纪欧洲人关于中国的知识的水平与特点

第四章　中华文明与文艺复兴
一　"四大发明"与文艺复兴
二　中华文化对文艺复兴运动的激发

第二部分　东方的海岸线

第五章　寻访东方与大航海时代
一　大航海时代来临
二　大航海与中国

第六章　16世纪欧洲人的中国纪事
一　关于中国的早期印象
二　有关中国的初步研究
三　门多萨的《中华大帝国史》
四　16世纪欧洲人关于中国记述的特点

中　卷

第三部分　大贸易：西方世界的东进策略

第七章　东印度公司与财富大交换
一　接踵而来的各国东印度公司
二　巨量中国商品运往欧洲
三　丝绸贸易
四　茶叶贸易
五　瓷器贸易

第八章　全球贸易体系与中国
一　明代和清代前期的外贸体制
二　全球贸易体系中的中国
三　全球贸易体系中的欧洲

第四部分　中国报告：西方的见识

第九章　17—18世纪欧洲人的中国游记
一　17世纪前期欧洲人的中国记述
二　荷兰入华使团及其记述
三　奥斯贝克的旅行记
四　安森的《环球航行记》

第十章　传教士对中国的研究和报告
一　传教士与他们的中国研究
二　传教士的书信、报告和著作
三　传教士在中华文化西传中的贡献

第十一章　传教士对中国国情和历史的研究
一　对中国国情的介绍
二　卜弥格和卫匡国的中国地图
三　对中国历史的研究

第十二章　传教士对中华文化的研究
一　对孔子儒家学说的研究
二　对中国教育与科举制的介绍
三　对其他中国学术文化的研究
四　对中医药学的研究
五　对中国天文学和生物学的研究
六　对中国音乐的研究与介绍

第十三章　传教士与欧洲汉学的兴起
　　一　传教士与欧洲汉学
　　二　沈福宗与黄嘉略在欧洲的学术活动
　　三　汉籍在欧洲的流布

第五部分　思想之澜：乌托邦的中国库藏

第十四章　中国思想与近代欧洲哲学
　　一　17世纪欧洲哲学家关于中国的评论
　　二　莱布尼茨：中国使我们觉醒了
　　三　"真理持有者"沃尔夫
　　四　维柯对中国文化的评论

第十五章　中华文化与启蒙运动
　　一　伏尔泰：在中国发现了新世界
　　二　魁奈："欧洲的孔子"
　　三　孟德斯鸠对中华文化的批评
　　四　其他启蒙思想家的中国观
　　五　中华文化与启蒙思想的形成

下　卷

第六部分　风从东来：中华文化的格调与气质

第十六章　欧洲的"中国风"
　　一　对中国风情的迷恋
　　二　茶文化在欧洲的流行
　　三　图像里的中国风情

第十七章　中国趣味的新风格
　　一　中国风格与欧洲艺术
　　二　瓷器与制瓷技术在欧洲的传播
　　三　中国造园与建筑艺术在欧洲的推广

第十八章　欧洲"中国风"的外溢扩散
　　一　中国风在俄罗斯
　　二　中国风从欧洲吹到美洲
　　三　中国风的衰落与复活

第十九章　中国文学在欧洲的传播与影响
　　一　《赵氏孤儿》与《好逑传》
　　二　欧洲作家们的中国知识
　　三　哥尔斯密的《世界公民》
　　四　歌德：视线所窥,永是东方

未尽的结语　被发现的中国
　　一　近代欧洲的黎明时期
　　二　从相遇与到相识
　　三　从历史中发现西方对中国的敬意
　　四　自东徂西的文化势能
　　五　文化参照系：西方对中国的发现与认识

主要参考文献
附：全书总目录